Regina Mars

Kuss & Gut 2

KURZGESCHICHTEN

Impressum

Regina Mars
c/o Block Services
Stuttgarter Str. 106
70736 Fellbach

regina@reginamars.de
www.reginamars.de

ISBN 9783757956516

Herstellung und Druck über tolino media GmbH & Co. KG,
Albrechtstr. 14, 80636 München. Printed in Germany.
Fragen zu Produktsicherheit an: gpsr@tolino.media.

Inhaltsverzeichnis

Der Torwart, das erste Date und der viel zu teure Whisky

Ich bin nicht nervös. Warum sollte ich nervös sein? Ich habe ein Date mit einem Kerl, mit dem ich bereits geschlafen habe, also ...

Alter.

Ich habe mit einem Kerl geschlafen. Und mit was für einem Kerl.

Langsam setze ich mich auf mein Bett und überhöre dessen Protestknarren. Der Geruch meines Deos weht mir um die Nase und aus dem Spiegel starrt mir ein ziemlich hilfloses Gesicht entgegen.

Ich schnüffle an meinen Achseln. Ist das zu viel Deo? Entlarvt mich der Duft »Epic Fresh Mojito and Chill« als Proleten? Ist das Joakim wichtig? Ich meine, er ist einer von diesen Oasenwichsern, äh, Leuten. Ja, Leuten. Vielleicht sind die doch nicht alle so scheiße, wie ich dachte.

Ich meine, er hat mir gestern das Leben gerettet. So richtig. In meiner Brust wird es ganz warm, wenn ich daran denke. Er hat mich durch den halben Mörkelsee geschleppt statt mich ertrinken zu lassen. Alleine wäre er viel schneller gewesen, aber er hat mich mitgeschleppt und dann habe ich ihn gerettet, als er einen Krampf hatte und dann sind wir lebend aus dem See gestiegen und haben uns im Van meines Onkels aufgewärmt und dann ...

Ich vergrabe das Gesicht in den Händen. Meine Wangen sind knallheiß. Hinter meinem Fenster geht die Sonne unter und mein Date rückt immer näher und mein Magen hebt und senkt sich.

»Fuck«, murmele ich. »Fuck, fuck, fuck.«

Tief Luft holen. Einatmen. Ausatmen. Verdammt, ich bin doch sonst nicht so!

Aber sonst habe ich auch keine Dates mit Kerlen, die mir den Arsch gerettet haben und mich endlich vom Fluch der Jungfräulichkeit erlöst haben und die außerdem irgendwie ... also. Heiß sind. Und ...

»Fuck.«

Ich springe auf. Recke den Kopf in die Höhe und spanne den Bizeps an.

»Hey«, sage ich zu meinem Spiegelbild. »Du siehst verdammt gut aus.«

Hoffentlich hört mich keiner. Und hoffentlich ist Joakim genau so beeindruckt von meinen Muskeln, wie es die Mädels normalerweise sind. Er hat nämlich mehr Muskeln. Er ist ein echter Schrank und ich nur athletisch. Keine Ahnung, ob ihm das reicht. Gestern fand er mich ja gut genug, um mit mir zu vögeln.

Das Gesicht im Spiegel verliert wieder an Sicherheit.

»Doch«, sage ich. »Du lässt dich doch nicht davon einschüchtern, dass er größer ist und mehr Geld hat, oder? Das war gestern Abend ja auch egal.«

Gestern Abend war der beste Abend meines Lebens. Auch wenn es zunächst nicht so aussah. Fast zu ertrinken könnte man schon als unschön bezeichnen. Aber dann! Sex. Und Joakims Hand in meiner und die Sterne im Dachfenster über uns, deren Namen wir nicht kennen und für die wir uns viel bessere ausgedacht haben als sie vermutlich in Wirklichkeit haben. Ich meine, wer will »Perseus« heißen, wenn er stattdessen »Die intergalaktische Zahnfee« heißen kann? Niemand, oder?

Wir haben so lange aneinandergekuschelt dagelegen, dass ich dachte, es wird bestimmt gleich hell. Aber nachdem wir halbnackt über den Weg zur Party geschlichen sind und unsere Klamotten und Handys aus dem Farn geborgen hatten, war es kaum halb eins. Zur Party sind wir nicht zurückgekehrt. Da hat immer noch Lily auf uns gewartet und inzwischen war selbst mir klar, dass ich die Nacht nicht mit ihr verbringen würde. Oder wollte.

Zurück auf dem Parkplatz ist Joakim in seinen Porsche gestiegen und ich in meinen Van. Der Abschied war irgendwie komisch. Uns wurde wohl da erst richtig klar, was wir getan haben. Ich konnte ihn kaum anschauen. Am liebsten hätte ich ihn zum Abschied geküsst, aber als wir Tschüss gesagt haben, habe ich mich nicht getraut. Außerdem hätte uns jemand sehen können und dann hätten sie alle gewusst, was ich selbst kaum kapiere. Und worüber ich jetzt nicht nachdenken will. Nicht, wenn alles in mir kribbelt, wenn ich an seinen Geruch denke. Fast tut es mir leid, dass ich geduscht habe. Dass ich alle Spuren der letzten Nacht getilgt habe.

Meine Kehle wird eng. Gleich nach dem Abendessen werde ich in mein Auto steigen und zu ihm fahren. Und dann? Er wohnt in dieser schicken Neubausiedlung, die ich nur von Weitem kenne. Klar, ich wollte da auch nie hin. Bis jetzt. Aber was, wenn er es sich inzwischen anders überlegt hat?

Ich schaue auf mein Handy. Lese seine letzte Nachricht. Ein Daumen nach oben. Das ist alles. Unser gesamter Nachrichtenverlauf ist nicht besonders romantisch:

Heute um acht?

Passt. Wie ist deine Adresse?

Ludwigsgasse 11

Alles klar. Bis dann.

Und dann ein Daumen nach oben. Hätte ich irgendetwas anderes schreiben sollen? »Ich freue mich« zum Beispiel? Oder sogar »Ich freue mich auf dich«? Ehrlich, ich bin sonst nicht so. Echt. Wird Zeit, dass ich mich zusammenreiße, sonst bin ich gleich ein totales Nervenbündel. Und das bin ich nicht. Ich bin ein Mann. Ein verdammt gutaussehender Mann mit einem Führerschein und 31.952 Insta-Followern. Und Fußball spielen kann ich auch. Sehr männlich.

Und überhaupt nicht nervös.

***

»Wie siehst du denn aus?«, fragt meine Mutter beim Abendessen. Bisher haben wir schweigend unsere Fischstäbchen mit Kartoffelsalat aus dem praktischen Ein-Liter-Eimer gemümmelt. Mein Onkel ist heute mit Kochen dran und die ganze Küche riecht nach Bratenfett. Er ist überglücklich mit der Mahlzeit, aber Mama und mir hängen Fischstäbchen und Kartoffelsalat langsam zum Hals raus, nach fast zehn Jahren oder so.

»Wieso?« Ich starre sie an. Eine Kartoffel löst sich von meiner Gabel und fällt auf die Plastiktischdecke. »Wie sehe ich denn aus?«

»So gut.« Sie lächelt. Heute wirkt sie gar nicht so müde wie sonst. »Mit dem Hemd und allem.«

Ich sehe an dem Leinenhemd hinunter. Bisher hatte ich selten Gelegenheit, es anzuziehen, deshalb ist es tatsächlich noch weiß. Ich dachte, das wäre das Richtige für ein Date, solange ich gleichzeitig noch Jeans und schlabbrige Sneakers trage, um klarzumachen, dass das Hemd eigentlich nur ein Witz ist, aber ... Ich schlucke. Wird Joakim denken, dass ich die Sache zu ernst nehme?

Verdammt. Ich muss mich zusammenreißen. Wann hört diese blöde Unsicherheit endlich auf?

»Hast du ein Date?« Mein Onkel zwinkert mir zu. »Wer ist die Glückliche?«

Oh. Ein neues Problem, von dem ich vor ungefähr 24 Stunden noch nichts geahnt habe. Ich zucke mit den Achseln.

»Komm schon.« Mein Onkel grinst. »Erzähl uns nicht, dass du dich für deine Kumpels so schick gemacht hast. Ich riech dich bis hier.«

»Willst du damit sagen, dass ich stinke?«

»Wie eine Blumenwiese.«

»Lass ihn«, sagt meine Mutter. »Dave, du musst uns nichts über dein Date erzählen.« Sie lächelt. »Ich bin sicher, dass sie sehr nett ist.«

Ich zwinge mich zu einem Lächeln. »Ja.« Räuspern. »Sehe ich echt so anders aus?«

»Ein bisschen.« Ihr Lächeln vertieft sich. »Das ist wohl ein ganz besonderes Mädchen.«

Argh. »Ja, schon.«

Die beiden wirken plötzlich sehr interessiert.

»Nein.« Mein Onkel hebt beide Brauen. »Du bist doch nicht etwa verliebt?«

»Überhaupt nicht!« Ich knalle die Gabel auf den Tisch. »Wir sind nur ... Ich schaue nur, ob ... Weiß noch nicht, ob das passt.« Mist. Sieht man es mir an? Wird er es mir ansehen? Was wird er davon halten? Was ...

Okay, das reicht. Diesmal wirklich. Ich bin stark, schön und selbstbewusst. Alles Wörter, die mit S anfangen, genau wie ...

Ich hebe den Kopf.

»Mal schauen.« Ich grinse vielsagend. »Gestern Abend war auf jeden Fall nett.«

»Ach, hast du sie bei der Party kennengelernt?« Mama legt den Kopf schief. »Kennen wir sie?«

»Ich dachte, ich muss euch nichts erzählen.«

»Nur, wenn du willst.« Sie steckt sich ein halbes Fischstäbchen in den Mund. »Willst du?«

»Nein.«

»Schade.«

Ich vernichte die Fischstäbchen und die Kartoffelpampe so schnell wie ich kann und springe auf. Schon halb acht. In einer halben Stunde muss ich da sein. Nicht, dass es eine halbe Stunde dauert, bis zur Oase zu kommen, aber was, wenn es unterwegs einen Stau gibt oder ...

Nein. Halt. Ich sollte zu spät kommen. Nur ein wenig. Gerade so spät, dass es nicht so aussieht, als wäre ich total verrückt nach ihm, was ich absolut nicht bin, schließlich kennen wir uns kaum und ...

»Tschüss, muss los.« Ich winke lässig und versuche, aus der Küche zu flüchten.

»Warte!«, ruft meine Mutter.

»Was?« Ich bin schon halb aus der Tür.

»Nimm Kaugummis mit.« Sie deutet auf die Schublade, in der immer eine angebrochene Großpackung liegt. »Du hast gerade Fischstäbchen gegessen. Du stinkst.«

»Fischstäbchen sind megalecker«, brummt mein Onkel.

»Fuck. Danke.« Ich stopfe mir gleich zwei Kaugummis in den Mund. Was, wenn Joakim sich vor Fisch ekelt und ich mir mit meinem Mundgeruch alle Chancen verbaue? »Danke, Mom.«

Sie steht auf und drückt mir einen Kuss auf die Wange. »Viel Spaß, Schatz. Tu nichts, was ich nicht auch tun würde.«

Was immer das heißt. Ich nicke und verlasse das Haus. Als ich in meinem Volvo sitze, atme ich tief durch. Das Innere des Wagens riecht nach alten McDonalds-Tüten und dem Lufterfrischerbäumchen, das mein Onkel mir zum Geburtstag geschenkt hat. Er ist furchtbar schlecht im Beschenken. Und das Lufterfrischerbäumchen kommt nicht gegen den Geruch nach alter Schrottkarre an, nicht im Geringsten. Ich denke an Joakims Porsche und ärgere mich. Kein Grund, sich unterlegen zu fühlen. Das Ding haben ihm seine Eltern geschenkt und was kann ich dafür, dass die reich sind und meine nicht?

Die Strecke führt vor allem über die Landstraße. Inzwischen ist es dunkel und jedes Scheinwerferpaar, das mir entgegenleuchtet, kommt mir vor wie Raubtieraugen. Irgendwie fühle ich mich selbst wie ein Raubtier. Ich denke an gestern. Daran, wie sich sein Körper unter meinem angefühlt hat, und lecke mir die Lippen. Jetzt, wo ich unterwegs bin, ist es leichter, nicht nervös zu sein. Trotzdem parke ich kurz in einer Haltebucht, damit ich auf keinen Fall zu früh da bin. Ich darf nicht zu verzweifelt wirken.

Ludwigsgasse 11 ist eine Neubauvilla in einer langen Reihe von Neubauvillen, die alle unterschiedlich aussehen und doch einem gemeinsamen Stil folgen. Die Edelversion der Reihenhäuser, in denen mein Kumpel Victor wohnt. Sie sehen aus wie ... Keine Ahnung. Wie ich mir so eine Finca vorstelle. Terrakottafarben, mit verwinkelten Balkonen und Palmen auf der Dachterrasse. Und groß. Vermutlich gibt's sogar einen Pool im Innenhof.

Ich knurre verächtlich und parke auf einem der Parkplätze vor der Villa. Ein Blick in den Rückspiegel bestätigt, dass ich zwar ein armer Schlucker bin, aber verdammt gutaussehend. Die Autotür knalle ich extra laut zu. Hoffentlich wird der arme Volvo nicht abgeschleppt, weil sein Farbton nicht zum Putz der umliegenden Gebäude passt.

Der Weg über den breiten Kiesweg, der eine halbrunde Schneise in den akkurat gestutzten Rasen schlägt, kommt mir viel zu lang vor. Oder zu kurz. Ich sehe Licht hinter zwei Fenstern im Erdgeschoss. Er ist da, jubelt mein Herz. Mein Magen krampft sich panisch zusammen.

Cool bleiben. Ich hole tief Luft, bevor ich klingle, und setze schon mal ein überhebliches Lächeln auf. Gerade noch rechtzeitig erinnere ich mich daran, die Hände locker in die Hosentaschen zu stecken und mich an einen der Türpfosten zu lehnen.

In der Tür ist ein blindes Glas-Bullauge und dahinter geht das Licht an.

Hey, denke ich und stelle mir vor, ich sei vollkommen entspannt. *Joakim. Wie geht's?*

Er öffnet die Tür und ich starre zu ihm hoch. Irgendwie habe ich vergessen, wie groß er ist. Erst sehe ich sein Gesicht kaum, weil er von hinten angestrahlt wird. Nur die breiten Schultern und die kurzgeschorenen Haare. Er trägt einen schwarzen Pulli und ähnliche Jeans wie gestern. Solche, in denen man seine Oberschenkelmuskeln erkennt und ... Ich zwinge mich, den Kopf zu heben und nicht seine Oberschenkel anzustarren, die so prall sind, dass sie den Stoff fast sprengen. Eigentlich ist er mehr gebaut wie ein Rugbyspieler als wie ein Fußballer.

»Hey«, bringe ich heraus, bevor meine Stimme in ein Krächzen abschmiert. Mist! Aber es ist egal, denn er schneidet mir eh das Wort ab.

»Es tut mir leid«, sagt er und sein Bass bohrt sich in meine Magenwände. »Wir haben ein Problem.« Endlich erkenne ich mehr von seinem Gesicht und es ist finster. Was ist los?

Ihm ist klar geworden, dass ich nicht der Richtige für ihn bin. Garantiert. Also nicht der Richtige für Sex. Von allem anderen hätte ich ja eh nicht mal geträumt, echt nicht.

Ich räuspere mich. »Ein Problem?«

Er reibt sich die Nasenwurzel. »Meine«, er macht eine winzige Pause, »Freunde haben rausgekriegt, dass meine Eltern heute nicht da sind. Sie sind im Wohnzimmer. Alle.«

»Oh.« Ich versuche zu schlucken, aber es geht nicht. Klar, er will nicht, dass seine Freunde mitkriegen, was hier läuft. Oder, dass sie mich zu Gesicht bekommen. Was soll er ihnen auch erklären, was ich hier tue?

Hey, das ist Dave. Wir haben gestern Abend gevögelt und wollten das eigentlich wiederholen, aber jetzt seid ihr vorbeigekommen.

Ja. Nee. Besser, dass er mich hier abfängt und nach Hause schickt. Ich nicke lässig und schlucke den Kloß runter, der meine Kehle zudrückt.

»Alles klar«, flüstere ich.

»Sorry.« Er reibt sich den Nacken, was irgendwie sexy ist und fast ein bisschen süß. Also, wenn man Zwei-Meter-Kerle süß finden kann, was ich offensichtlich tue.

»Kein Problem.« Ich zucke mit den Achseln, um ganz klar zu machen, dass es mir wirklich scheißegal ist, dass er mich wegschickt.

»Echt?«

»Echt.« Ich schaffe ein lässiges Grinsen.

Er atmet aus. »Danke. Ich weiß auch nicht, warum sie ausgerechnet heute ... egal. Komm mit.« Er dreht sich um und winkt mir, ihm zu folgen.

Hä?

Oh.

Er schickt mich gar nicht weg.

Ist natürlich dämlich, sich darüber zu freuen, aber ich tue es trotzdem. Ein bisschen. Mein Herz flattert wie Gardinen in einer Brise.

Der Flur ist so breit wie mein Zimmer und der Boden ist mit Marmor gefliest. An den Wänden hängen schnörklige Lampen und alles sieht aus wie in einem Film über reiche Säcke in New York oder so. Alles glänzt. Bis auf meine ausgetretenen Sneakers, die auf dem Marmorboden aussehen wie alte Putzlappen.

»Nett hier«, sage ich. »Genau so habe ich mir das vorgestellt.«

Er dreht sich zu mir um und ein winziges Lächeln spielt um seine Mundwinkel. »Ah ja. Gefällt's dir?«

»Klar. Gibt es auch einen Pool, oder ...« Ich lege den Kopf schief.

»Einen draußen, einen im Keller.«

»Haha.« Ich mustere ihn von der Seite. »Was, echt?«

»Ja.« Das Lächeln wird breiter. »Sag es ruhig.«

»Was denn?« Ich versuche, unschuldig zu schauen.

»Geldsack. Oder Bonze. Oder ... wie hast du mich gestern genannt? Goldjunge?«

»Hab ich das?« Ich räuspere mich. »Das war, bevor du mich gerettet hast. Außerdem hast du mich als Knilch bezeichnet. Das hat mich schwer verletzt.«

Er lacht. Leise, aber er lacht. Dabei war das echt nicht SO witzig. Vielleicht lacht er einfach, weil er ... na ja. Vielleicht findet er mich witziger als ich bin.

»Tut mir leid«, sagt er. »Ich mach es wieder gut. Versprochen.«

Mein Magen macht einen Freudensalto, dabei bin ich gar nicht sicher, wie er das meint. »Hast du doch schon.« Ich grinse. »Aber ich nehme gern mehr.«

He, das ist einfacher als ich dachte. Es ist nicht ... na, irgendwie seltsam zwischen uns. Nicht wie am Anfang oder, als wir uns gestern verabschiedet haben. Es fühlt sich mehr an wie im Van, als wir gemeinsam aus dem Dachfenster geschaut haben. Als es das Natürlichste der Welt war, meinen Kopf auf seine Brust zu legen und seine Finger in meinen Haaren zu spüren. Meine Hand streift seine, einen Moment lang. Er sieht mich an. Ich sehe ihn an.

Ich höre seine Freunde, lange, bevor ich sie sehe. Sie klingen, ehrlich gesagt, wie meine Freunde. Laut. Jemand brüllt etwas und alle lachen. Fast alle Stimmen sind männlich. Ich frage mich, ob Joakims Freunde sich auch dauernd beschweren, dass niemand Mädchen mitbringt. Bei unseren Treffen ist meist nur Bens Freundin dabei. Wenn wir Glück haben, bringt die noch ein weiteres Mädchen mit.

Aber als wir das Wohnzimmer betreten, wird klar, dass meine Freunde und seine nichts gemeinsam haben. Meine Freunde tragen weder gebügelte Klamotten noch cremefarbene Pullover über den Schultern. Ich erkenne einige vom See. Und von unserem letzten Spiel gegen die Flachpfeifen.

»Als ob du dich trauen würdest, mit Ariane zu reden«, sagt gerade ein Blonder mit einem Reicher-Bubi-Haarschnitt und karierten Socken an den Füßen. »Wenn die nur in deine Richtung schaut, wirst du doch rot.«

Ein anderer, der exakt den gleichen Haarschnitt hat, nur in Braun, wirft einen Cracker nach dem ersten. »Klappe. Ich hab gestern erst mit ihr gequatscht.«

»Ach ja?« Eins der zwei anwesenden Mädchen schmiegt sich an den Blonden. »Und was hast du ihr gesagt?«

Der Braunhaarige zuckt mit den Achseln.

»Wahrscheinlich hat er sie gefragt, ob sie sein Händchen halten kann, wenn er ...« Der Blonde sieht mich und verstummt. Seine Augenbrauen verschwinden in seinen perfekt frisierten Stirnlocken. »Was macht der denn hier?«

Nun starren alle. Ich grinse in die Runde und stecke die Hände in die Hosentaschen. »Joakim hat mich eingeladen. Was dagegen?«

Nun starren alle Joakim an. Ich zähle sieben Augenpaare unter sieben Fönfrisuren.

»Das ist Dave.« Joakim deutet auf mich. »Ihr kennt ihn vom Endspiel, richtig?«

Der Blonde nickt langsam. Die anderen sehen zwischen ihm und Joakim hin und her. Wirkt, als wäre der Blonde der Alpha-Affe. Vielleicht, weil er als Einziger ein Mädel dabei hat. Das andere weibliche Wesen sitzt allein in einem Sessel, mit überschlagenen Beinen, und schaut gelangweilt.

»Hallo.« Der Blonde nickt mir zu. Dann wendet er sich wieder Joakim zu. »Und was macht er hier?«

»Wie er bereits sagte«, Joakims Stimme wird noch ein wenig tiefer, »habe ich ihn eingeladen. Im Gegensatz zu euch.«

Wow. Ich mustere ihn überrascht. Hätte nicht gedacht, dass er sich für mich einsetzt. Also, so richtig. Die anderen wirken genau so verblüfft.

»Das kommt wahrscheinlich unerwartet«, sage ausgerechnet ich und lächle charmant. So charmant, dass das Mädchen im Sessel mich interessiert ansieht. »Aber wir haben uns gestern am See kennengelernt und haben gemerkt, dass wir mehr gemeinsam haben als wir dachten.«

»Kann man so sagen.« Joakim lässt sich auf einen freien Platz auf dem Sofa fallen und sieht mich fragend an. Ich setze mich neben ihn. Er riecht gut. Sieht aus, als hätte er auch geduscht und sich mit irgendwas eingerieben, das garantiert zehnmal so teuer ist wie Epic Fresh Mojito and Chill-Deo. »Dave hat mich gestern gerettet. Ich hab ihm dafür ein Glas Yamazaki versprochen. Er hat noch nie einen getrunken.«

Der Blonde schnaubt. »Du willst ihm Yamazaki geben? Ist das nicht Verschwendung?«

»Bist du neidisch?« Ich grinse überheblich. »Ich wette, er hat dir nie einen Yamazaki angeboten.« Was zur Hölle ist Yamazaki? Irgendwas klingelt in meinem Gehirn, aber ich komme nicht darauf.

Der Braunhaarige lacht. Das Mädchen im Sessel auch. Der Blonde sieht Joakim böse an.

»Hast du echt nicht. Ich wusste nicht mal, dass du eine Flasche hast.«

»Hat mein Dad mir zu Weihnachten geschenkt.« Joakim lehnt sich zurück. Irgendwie passt er zu den anderen reichen Säcken und irgendwie gar nicht. Vielleicht, weil ich hinter seine Maske geschaut habe. Vielleicht, weil er als Einziger keine Fönfrisur trägt.

»Was? Wo ist das gute Zeug?« Der Blonde sieht sich um.

»Sag ich dir nicht.« Joakim verzieht den Mund. »Ich weiß doch, wie das endet. Hinterher ist die Flasche leer und du kotzt in unseren Pool.«

Der Braunhaarige lacht erneut.

»Mann, das war ein Mal. Du bist echt nachtragend.« Der Blonde fährt sich durch die Haare.

Joakim streckt seine langen Beine aus und legt die Füße auf den Couchtisch. Auf dem stehen Häppchen, langstielige Gläser und eine dunkle Flasche, die ziemlich sicher Champagner enthält. Von den Häppchen erkenne ich nur irgendwelche Käse und Cracker und ... Ist das Kaviar?

»Wie hat er dich denn gerettet?« Das Mädchen im Sessel sieht Joakim aus Katzenaugen an. »Und vor was? Ich kann mir nicht vorstellen, dass du gerettet werden musst.«

Joakim schaut düster. »Ertrinken.«

Sie verdreht die Augen. »Mehr Infos, bitte. Du kannst ruhig mehr als Einwortsätze verwenden.«

Er beugt sich vor und gießt ein Glas voll. Fragend sieht er mich an. Ich zucke mit den Achseln und nicke dann. Klar trinke ich Champagner. Wann habe ich sonst die Gelegenheit?

»Er hat mich auch gerettet«, stelle ich klar und nehme das Glas entgegen. »Er hat mich durch den halben See geschleppt.«

Seine Freunde wirken angemessen beeindruckt, bis auf den Blonden. »Was habt ihr Trottel denn im See gemacht?«

»Also.« Ich räuspere mich. Und überlege. »Eigentlich müssen wir das nicht erzählen.«

»Nein«, pflichtet Joakim mir bei. »Diese Flachpfeifen machen sich eh nur lustig über uns.«

Die Augen der Flachpfeifen leuchten.

»Komm schon«, sagt der Blonde. »Erzähl es uns, Joakim. Dann verzeihe ich dir auch, dass du mir nicht von dem Yamazaki erzählt hast.«

»Das ist mir scheißegal.« Joakim schnaubt. Er ist so männlich. So eindeutig männlich. Er wirkt erwachsener als die anderen, von denen mindestens zwei noch mit Akne kämpfen. Und mit diesem Mann habe ich ... Fast verschlucke ich mich am Champagner. Die prickelnden Blasen zerplatzen auf meiner Zunge.

»Komm schon.« Das Mädchen auf dem Sessel legt den Kopf schief. »Was ist passiert?«

»Er hat mich genervt«, sagt Joakim und deutet auf mich. »Also haben wir ein Wettschwimmen veranstaltet.«

»Was?« Einer der anderen runzelt die Stirn. Sein Hemd ist absolut faltenfrei und der Pullover darüber sieht aus wie aus der Weichspülerwerbung. »Moment. Joakim, das letzte Mal, als ich dich gesehen habe, bist du mit diesem Mädel runter zum Wasser gegangen. Ihr wisst schon, die Hübsche. Hätte nicht geglaubt, dass ausgerechnet du die abschleppst.«

Joakim hat sichtlich keine Lust auf dieses Gespräch. Hätte ich auch nicht, wenn das hier meine Freunde wären. Seine Freunde sind allerdings nicht so übel, wie ich dachte. Immerhin haben sie sich größtenteils mit blöden Bemerkungen zurückgehalten und reden mit mir.

Aber ich wäre so viel lieber mit ihm allein.

»Sie heißt Lily«, sage ich und betrachte mein Glas. »Und eigentlich wollte ich sie abschleppen. Joakim ist mir in die Quere gekommen.« Ich räuspere mich. »Er hat sich besser angestellt, als ich dachte. Ich hab eigentlich erwartet, dass ich zwei Minuten brauche, um sie ihm auszuspannen.«

»Danke«, sagt Joakim trocken. »Warum hänge ich eigentlich mit Leuten rum, die so eine schlechte Meinung von mir haben?«

»He«, ich grinse, »es ist ein Wunder, dass irgendjemand mir Konkurrenz machen konnte. Ist dir aufgefallen, wie atemberaubend schön ich bin?«

»Nein«, sagt er, was ganz klar eine Lüge ist.

»Bin ich aber. Ich bin letztes Jahr zum hübschesten Körper gewählt worden.«

»Nicht zum besten Charakter?« Er hebt eine Augenbraue. »Erstaunlich.«

Ich lache.

»Und wer hat dich gewählt?«, fragt er. »Deine Mutter?«

»Nein, *deine* Mutter.«

Halbherzig schlägt er nach meinem Hinterkopf und ich weiche aus.

»Es waren die Mädels aus meiner Klasse. Die machen jedes Jahr eine Umfrage. Wer die schönsten Augen hat, wer am erfolgreichsten wird, wer den knackigsten Hintern hat und so.«

»Was?« Er wirkt erstaunt. »Sowas machen die an eurer Schule?«

»Ja, klar. Bei euch nicht?«

»Nein«, sagt er.

Die Freundin des Blonden und das Mädchen im Sessel werfen sich einen Blick zu. Ich lache. Sie schauen mich ertappt an. Das Mädchen im Sessel grinst.

»Ja, erwischt.« Ihr Grinsen wird breiter.

»Was?« Die Jungs starren sie an.

»Was? Wir wissen genau, dass ihr auch eine Liste über uns macht.« Sie verschränkt die Arme. »Tut doch nicht so. Ernest hat sie mir gezeigt.«

Böse Blicke richten sich auf den Braunhaarigen. Der räuspert sich und sinkt tiefer in den Sessel. Der Blonde wirft ein Sofakissen nach ihm.

»Verräter«, knurrt er. »Die ist geheim, du Halbdackel.«

»Ich hab sie nur einen Blick darauf werfen lassen«, murrt Ernest. »Einen winzigen. Ich hab sie ihr nicht gegeben oder so.«

»Das ist der Unterschied zwischen uns.« Die Freundin des Blonden lächelt süß. »Kein Junge hat unsere Liste je zu Gesicht bekommen. Und das werdet ihr auch nie.«

»Komm schon«, sagt der Blonde. »Jetzt, wo wir davon wissen, müsst ihr sie uns zeigen. Das ist nur fair.«

»Wir müssen gar nichts.« Das Mädchen im Sessel streicht eine hellblonde Strähne aus ihrem Gesicht. »Vor allem nicht, wenn ihr Christies Beine so überbewertet. Die hat Haxen wie eine gebratene Ente.«

Der Blonde stöhnt. »Deshalb haben wir euch die Liste nicht gezeigt. Wir wussten, dass ihr dann eifersüchtig werdet und ...«

Seine Freundin zieht an seinem Ohr. »Wer ist hier eifersüchtig? Und ihr würdet nur rumzicken, wenn ihr unsere Liste sehen würdet.«

Er lacht. »Jungs sind nicht so. Außerdem weiß ich eh, dass ich den besten Körper habe.«

Seine Freundin und das Mädchen im Sessel werfen sich einen Blick zu.

Seine Miene verfinstert sich. »Bitte?« Ungläubig sieht er die Frau an seiner Seite an. »Du hast für mich gestimmt, oder?«

Sie gibt ihm einen Kuss. »Natürlich habe ich das.«

»Es hat halt nicht gereicht.« Das Mädchen im Sessel lächelt wie eine vollgefressene Katze.

Der Blonde streicht sich durch die Haare. »Wer hat denn bitte einen schöneren Körper als ich?«

Die Blicke der beiden Mädels wandern durch den Raum und verharren genau neben mir. Ich mustere Joakim. Dem ist die Aufmerksamkeit wohl unangenehm. Sein Gesicht versteinert. Genau so sah er aus, als wir gegeneinander gespielt haben. Und, als wir um Lily gekämpft haben. Ich weiß erst, dass er auch andere Gesichtsausdrücke als »mürrisch« hat, seit wir fast abgesoffen sind. Danach war er anders. Ganz anders.

Ich unterdrücke ein hingerissenes Lächeln und grinse stattdessen. »Nicht euer Ernst.«

»Das unterschreibe ich ausdrücklich.« Der Blonde verschränkt die Arme. »Joakim? Der ist doch gebaut wie ein Panzer. Ich dachte, Mädchen hätten mehr Geschmack.«

»Was meinst du denn damit?«, fragt das Mädchen im Sessel.

»Na, dass ihr auf eine ausgewogene Mischung achtet«, sagt er und schnalzt mit der Zunge. »Nicht nur auf die dicksten Muskeln.«

»Wenn ihr Christies Beine wählen könnt, weil die am längsten sind, können wir auch Joakims ...« Sie macht eine kreisende Bewegung, die seinen ganzen Körper umfasst, »positiven Gesamteindruck wählen.« Sie räuspert sich dezent.

»Ich komme mir vor wie ein Stück Fleisch«, sagt Joakim. Wirkt sarkastisch, aber ich glaube echt, die Aufmerksamkeit stört ihn. Klar stört die ihn. Glaub nicht, dass seine Freunde wissen, dass er ... ja. Dass er nichts mit Mädchen anfangen kann. Genau wie ich.

Die Erkenntnis trifft mich mehrere Stunden verspätet. Dafür umso härter.

Genau wie ich.

Wie oft hatte ich die Gelegenheit, mit einem Mädchen zu schlafen? Oft. Also, na ja, mindestens drei Mal. Und habe ich es getan? Nein. Weil es sich ... Weil es sich irgendwie komisch angefühlt hat.

Ich schlucke. Der Raum verschwimmt. Wollte ich das wissen? Diese Erkenntnis bringt nur Ärger, was vermutlich der Grund ist, aus dem ich sie bisher erfolgreich vermieden habe. Ich wollte nie mit Mädchen schlafen. Aber bei der ersten Gelegenheit, als Joakim mir seinen Körper angeboten hat ... Ich schlucke erneut.

Nichts anmerken lassen. Ich kann doch jetzt keine Krise haben. Nicht hier, wo alle zusehen. Nicht jetzt, wo eh schon alle auf den Mann neben mir schauen und nur knapp davon entfernt sind, mir alles anzusehen, was in mir tobt ...

Nur bemerkt niemand irgendwas. Sie sind alle noch mit Joakims preiswürdigem Körper beschäftigt, was ich, ehrlich gesagt, verstehen kann.

»Echt jetzt?« Der Blonde ist immer noch nicht darüber hinweg. »Er?«

Ernest, der Braunhaarige, lacht. »Ach deshalb bist du heute mitgekommen, Chloe.« Er deutet auf das Mädchen im Sessel wie ein Kommissar, der die Mörderin überführt hat. »Sonst zierst du dich doch immer. Aber kaum haben wir gesagt, dass wir zu Joakim gehen ...« Sein Grinsen enthüllt blendend weiße Zähne. »Alles klar.«

Sie schweigt vornehm und spielt mit einer dezent gewellten Haarsträhne.

Der Blonde schnaubt. »Warum hast du dich nicht gleich neben ihn gesetzt, wenn du hinter ihm her bist?«

»Von hier aus kann er meine Beine besser sehen«, sagt sie und schlägt ihre Knie übereinander. Es sind wirklich sehr nette Beine, die aus ihrem glänzenden Rock hervorschauen. Ihr Lächeln strahlt heller als tausend Glühbirnen.

Ernest und der Blonde pfeifen. Alle sehen zu Joakim. Dessen Gesicht versteinert immer mehr. Ich kann mir kaum vorstellen, wie unangenehm das für ihn ist, und gleichzeitig bewundere ich Chloe für ihre Ehrlichkeit.

Ich muss ihn retten.

Ich meine, was, wenn er sich jetzt genötigt fühlt, was mit Chloe anzufangen? Nur, weil sie heiß ist und alle gehört haben, dass sie auf ihn steht? Wenn er Nein sagt, macht er sich nur verdächtig und ... Ich schlucke. Ich meine, was, wenn sie gleich rumknutschen und ich zusehen muss?

Ich haue ihm auf die Schulter. Fest.

»Au«, knurrt er.

»Du Sack«, knurre ich zurück. »Warum bekommt ein gefühlloser Brocken wie du die schönsten Frauen ab? Das ist unfair.«

»Kein Grund, mich zu schlagen«, sagt er und rammt mich mit dem Ellenbogen. Nicht allzu fest. Ich hoffe, er versteht, dass ich ihn retten will.

»Schlag ihn nochmal«, sagt Ernest. »Du hast recht«, er zögert kurz, »Dave. Das ist wirklich eine Zumutung.«

»Ja.« Der Blonde nickt. »Ausgerechnet Joakim. Interessiert der sich überhaupt für Frauen?«

Nein! Themenwechsel! Aber wie? Zum Glück kriegt Joakim allein die Kurve.

»Ja«, brummt er. »Für deine Mutter. Könnt ihr euch jetzt verziehen? Sie wollte nachher rüberkommen und ...« Ein Cracker fliegt auf seine Stirn zu, geworfen von dem Blonden. Ich danke Gott, Buddha und dem Universum für »Deine Mutter«- Witze. Billig, aber wirkungsvoll.

Joakim fängt den Cracker aus der Luft und steckt ihn sich in den Mund. »Danke«, sagt er kauend. »Ich brauche gleich Energie, damit ich sie so richtig rannehmen kann.«

»Ich nehm deine Mutter gleich ran, du Brocken.«

»Mit was denn, deinem Zeigefinger?« Joakim verschränkt die Arme.

Gerettet. In der nächsten halben Stunde macht Chloe keine weiteren Annäherungsversuche. Und dann brechen sie endlich auf. Chloe gibt Joakim zum Abschied mindestens ein Küsschen zu viel. Ich sehe genau, dass sie auf seinen Mund zielt und er den Kopf dreht, damit der Schmatzer auf der Wange landet. Ich bezähme meine Eifersucht und verabschiede alle lächelnd.

Der Blonde schlägt vor, dass wir mitkommen. Sie wollen zu irgendeinem Club, der mindestens eine Stunde entfernt ist. Na ja, mit ihren Angeberkarren sind sie vermutlich schneller. Aber wir winken ab. Joakim behauptet, dass er morgen früh trainieren muss, und alle verdrehen die Augen. Scheint eine bekannte Ausrede von ihm zu sein.

Als die Tür hinter ihnen zuschlägt, atmen wir aus. Die Stimmen draußen werden leiser und dann ist es still. Er sieht mich an und es wird schwer, zu atmen. Er ist so groß und dunkel und so eindeutig ein Kerl, dass diese blöde Erkenntnis sich wieder in mein Gehirn zurückkämpft. Ganz langsam sinke ich zu Boden und lehne meinen Hinterkopf gegen die Holztür. Ich sehe zu ihm hoch. Ja, immer noch ein Kerl. Und nie habe ich jemanden mehr gewollt.

Er sieht fragend auf mich herab, dann setzt er sich neben mich.

»Was ist los?« Seine Stimme ist sanft. Sein Gesicht, das eben noch versteinert schien, wird weicher. Er sieht so viel jünger aus, fast so jung, wie er tatsächlich ist.

»Ich«, beginne ich und weiß nicht weiter. »Also.« Ich schlucke. Ich kann ihm nicht mehr in die Augen sehen, also blicke ich den Flur hinunter. Auch nicht so gut. Der ganze Schöner Wohnen-Prunk hinterlässt ein schales Gefühl in meinem Mund und erinnert mich daran, was uns alles trennt.

»Hey.« Er klingt unsicher. »Du musst nichts tun, was du nicht willst. Nur weil wir gestern ... Egal. Danke für die Rettung eben.«

Ich lächle matt. »Dasselbe hättest du doch für mich getan.« Meine Lider schließen sich und ich versinke in Schwarz. »Ich kenn das. Bei mir werden sie schon misstrauisch, weil ich so viele Chancen habe und alle verstreichen lasse. Nächste

Woche ist die nächste Party und ich hab jetzt schon Angst, da hinzugehen.«

»Ja.« Er klingt müde.

»Scheiße«, sage ich. »Was machen wir bloß?«

»Gar nichts.« Er klingt wütend. »Das geht sie nichts an, oder? Ist nicht so, als müssten wir uns dafür rechtfertigen.«

»Nein.« Ich hasse, wie unsicher ich klinge. »Nein, wohl nicht. Willst du was Lustiges hören?«

»Ist es wirklich lustig?«

»Ich weiß nicht.« Ich schlucke. »Ich habe es eben erst kapiert. Ich ... Dass ich ...« Ich reibe mir die Stirn. »Ich hätte mit Lily vögeln können. Schon früher. Und nicht nur mit ihr. Aber ich konnte nicht. Ich hab es nicht getan, weil es sich nicht richtig angefühlt hat. Aber mit dir ... hat es sich richtig angefühlt, also ...« Den Rest kann ich nicht aussprechen. »Ich komme mir so blöd vor. Ich hatte keine Ahnung, verstehst du? Gestern war ich noch total überzeugt, dass ich auf Mädchen stehe. Also, wenigstens wollte ich das glauben. Ich ... Mann, sowas weiß man doch, oder?«

Er schweigt. Sein Arm legt sich um meine Schulter und ich sinke dankbar gegen seinen massiven Körper. Seinen massiven, warmen Körper. Ich schnuppere.

»Du riechst echt gut«, sage ich und spüre, wie meine Wangen heiß werden.

»Du auch.« Seine Stimme ist rau. »Also.« Ich höre, wie er Luft holt. »Man muss doch nicht alles wissen.«

»Aber sowas? Dir war es klar, oder?« Ich erinnere mich daran, dass er Lily angeflirtet hat. »Oder?«

»Ich dachte, ich bin vielleicht bi?« Er lacht trocken. »Ich hab ... Es gab da Sachen, die ich einfach nicht ignorieren konnte. Aber ich habe mir fest eingeredet, dass ich vielleicht auch auf Mädchen stehe. Wenn ich mir echt Mühe gebe. Und mich nicht so anstelle. Und den Arsch zusammenkneife und die Sache durchziehe.«

»Hat nicht geklappt, was?« Ich seufze.

»Nicht wirklich.« Er drückt die Lippen auf meinen Scheitel. So selbstverständlich, dass mein Herz einen Salto schlägt. »Sorry. War das okay?«

»Ja. Klar. Mann, wir haben gestern ...« Meine Kehle wird eng.

»Ja.« Joakim küsst mich erneut.

Ich will den Kopf heben, aber ich bin zu fertig.

»Wirst du Ärger bekommen, wenn jemand das herauskriegt?«, raunt er.

Das habe ich mich auch schon gefragt. Immerhin. Leider weiß ich die Antwort nicht. »Glaub nicht, dass ich dann gemobbt werde. Ich meine ... Nee. Nicht mal hier. Nicht mal in diesem Kuhkaff. Aber sie werden mich anders behandeln und ... Aber das ist mir egal. Total egal.« Ich huste männlich.

»Mir nicht.«

»Ja, okay, mir auch nicht.« Ich denke nach. »Es ist alles so plötzlich. Vielleicht muss ich mich erst an den Gedanken gewöhnen.«

»Ja.« Er hält mich fester. »Hey. Ich bin auch überfordert. Aber ... Ich meine, es gibt ja nicht nur Probleme. Es gibt auch schöne Seiten.«

»Ach ja? Welche denn?«

»Dich.«

Ich lache. Gerührt sehe ich ihn an. Hoffentlich meint er das ernst.

»Stimmt«, sage ich. »Ich bin wirklich sehr schön.«

Ein Lächeln. »Bist du.«

Meine Wangen werden heiß. »Meinst du? Also ... ja, klar. Wunderschön.« Ich richte mich auf und räuspere mich. »Sorry. Ich bin wieder okay.«

»Du musst dich nicht verstellen.«

»Ich verstell mich nicht. Ich bin okay. Und wunderschön.« Ich stehe auf, laufe ein paar Schritte und drehe um. Direkt vor Joakim gehe ich in die Hocke. Ich nehme seine Hände und schaffe es nicht, ihm in die Augen zu schauen. »Danke.«

Er packt meine Finger und küsst die Knöchel. Er ist so anders, so ganz anders als sonst. Ich glaube, ich schmelze.

»Weißt du.« Ich schwenke seine Hände nach links, dann nach rechts. Sammle meinen Mut und hoffe, dass ich nicht alles versaue. »Ich hab mich ein bisschen in dich verguckt, glaube ich.« Argh! Wie klingt das denn?

Seine Finger krallen sich um meine. »Was?!« Sein Kopf ruckt hoch.

Panisch sehe ich ihn an. »Nur ein bisschen! Echt! Es ist nicht ... He, es ist kein Problem, wenn du nicht ... wenn ich dir egal bin. Echt kein Problem.« Ich lache wenig überzeugend.

Er starrt mich an. Und wird rot. Ehrlich. Joakim, der zwei Meter-Brocken wird rot bis zum Haaransatz. Sein Mund öffnet sich, aber nichts kommt heraus.

»Alles okay«, krächze ich. »He, lass uns doch einfach diesen Whisky trinken. Wo ist der?«

Ich reiße mich los und stehe auf. Wende mich zum Gehen und verfluche mein loses Mundwerk. Aber ich komme nicht weit. Seine Arme umschlingen mich und reißen mich zurück. Ich rieche ihn und er ist köstlich und warm und ich lege den Kopf in den Nacken, um seine Wange an meiner zu spüren. Seine Stirn, die sich in meine Schulter drückt.

»Ich auch«, murmelt er in mein Hemd. »Ich doch auch.«

Mein Herz schlägt so schnell, dass es droht, die Rippen zu durchbrechen. Meine Hände legen sich auf seine, ganz automatisch. Fuck. Ich schließe die Augen. Spüre seinen Herzschlag in meinem Rücken, oder ist das mein eigener? Fühlt er, dass mein Puls rast, als hätte ich einen 400-Meter-Sprint gewonnen? Ich fühle mich, als hätte ich gewonnen. Ein Lächeln breitet sich auf meinem Gesicht aus und meine Brust wird eng, auf die beste Art.

»Also«, murmele ich. »Das ist ja schön.«

Ich spüre sein Nicken auf meiner Schulter. Seine Arme halten mich fest, als hätte er Angst, ich würde wegfliegen, wenn er mich loslässt. Dabei will ich nirgendwo anders sein als hier. Wenn ich könnte, würde ich mit ihm verschmelzen.

»He.« Ich klinge wie ein schnurrender Kater. »Ich habe eine Idee. Wenn du mich loslässt, kann ich dich küssen.«

»Moment.« Seine Stimme klingt gepresst. »Ich brauche einen Moment.« Ich spüre die Feuchtigkeit, die durch mein Hemd dringt, da, wo er das Gesicht hineinpresst. »Fuck. Ich bin so mies in sowas.«

»Sowas?«, krächze ich. Ich kann kaum noch atmen, und das liegt nicht an seiner Bärenumklammerung.

»Sowas halt.« Er seufzt. »Du weißt schon.«

»Romantik?«

Er zuckt zusammen. »Ja.«

»Da muss ich dir vehement widersprechen.« Ich versuche, den Reiche-Kinder-Tonfall seiner Freunde nachzuahmen. »Mit alleräußerster Vehemenz.«

Er lacht verzweifelt. Zögernd lässt er mich los und wischt sich über die Augen. Sein Gesicht ist immer noch knallrot. Ich lege die Arme um ihn und küsse sein Kinn. Ziemlich unverschämt von ihm, größer zu sein als ich. Noch unverschämter, dass er trotzdem diese zartweichen Gefühle in mir weckt. Ich schmiege mich an ihn. Rieche sein teures Deo, das sich erstaunlich harmonisch mit meinem Epic Fresh Mojito and Chill-Duft vermischt. Als ich Joakims Hals küsse, spüre ich seinen Puls unter meinen Lippen. Er rast.

»Dave?«, flüstert er. Sein Daumen malt Muster auf meinen Rücken.

»Hm?«

»Nichts. Ich wollte nur deinen Namen sagen.« Er räuspert sich leise. »Du bist doch mein ... also.« Seine Muskeln verhärten sich. »Mein ...« Er verstummt.

»Ja?«

»Nee.« Er schnaubt leise. »Ich will dich nicht überfordern. Ich, also. Ich will nicht zu weit gehen. Nicht jetzt.«

»Du sagst mir jetzt sofort, was du sagen wolltest, ist das klar?«

»Warum?«

»Na, weil ich mich nicht traue. Geh zu weit. Sofort. Übertreib. Überspring mindestens zehn Schritte.«

Er schweigt. Einen Herzschlag lang. »Mein Freund. Du bist mein Freund?«

Ich wusste nicht, wie gut ein paar Worte tun können. Wohlig schmiege ich mich an ihn. Ich packe ihn noch fester.

»Ja«, raune ich gegen seine Haut. Ein dämliches Grinsen breitet sich auf meinem Gesicht aus, ach was, auf meinem ganzen Körper. »Ja, das bin ich.«

Stumm stehen wir da. Seine Wärme vermischt sich mit meiner, ich sauge seinen Duft ein, lausche auf seinen Atem, spüre seinen Puls. Es ist der erste absolut perfekte Moment meines Lebens. Noch besser als damals auf dem Jahrmarkt, als ich acht Jahre alt war und direkt vor dem Süßigkeitenstand einen Fünfzig-Euro-Schein gefunden habe.

»Dave?« Seine Stimme ist fester als beim ersten Mal.

»Hm?«

»Wie wär‘s mit einem Schluck Yamazaki?«

»Ich dachte, du fragst nie.« Ich gebe ihm einen Kuss auf die Unterlippe.

Er küsst mich zurück und ich vergesse, dass es sowas wie Whisky gibt. Oder sowas wie ein Sofa oder ein Bett. Ein paar Küsse später liege ich auf dem Boden, er auf mir und wir sind immer noch im Flur. Seine Küsse werden drängender. Sein Körper presst mich gegen den Marmorboden und der kühle Stein in meinem Nacken ist ein harter Kontrast zu seinen warmen Händen an meinen Wangen. Zu seinen Lippen, die mich fast verbrennen. Ich versuche, ein Stöhnen zu unterdrücken und scheitere.

»Fuck«, ächze ich gegen seinen Mund. Mein Unterkörper hat von selbst begonnen, aktiv zu werden. Er hebt sich vom Boden und reibt gegen Joakims Schritt. Meine Hände versuchen, so viel von seinem Körper zu berühren, wie es geht. Seine Rückenmuskeln bewegen sich unter meinen Fingerspitzen. Seine Zunge dringt in meinen Mund, zieht sich wieder zurück, stößt in mich hinein.

Heißer Atem trifft meine Lippen. Fiebrig sieht Joakim auf mich hinab. Er richtet sich auf. Seine Schenkel gleiten auseinander und dann sitzt er rittlings auf mir. Sein Stöhnen hallt durch den Flur. Ohne mir in die Augen zu blicken, beginnt er, sich auf mir zu bewegen. Seinen Arsch über meinen Harten zu reiben, obwohl beide noch in unseren Jeans verpackt sind.

»Hey«, flüstere ich. »Sieh mich an.« Ich wimmere leise, als er das Becken erneut nach vorne kippt. »Sieh mich an. Es ist okay. Echt.« Kribblige Wellen rinnen durch meinen Körper. »Ich mag, was du machst.«

Er nickt. Zögernd blickt er auf mich hinunter. Seine Zähne graben sich in die Unterlippe und seine Bewegungen werden schneller. Ein langgezogenes Stöhnen, das mir bis in die Knochen fährt.

Ich packe seine Hüften und dränge nach oben. Er reibt mit seinem Arsch über meinen Schwanz, immer schneller. Sieht mich an. Sein Blick wird glasig.

Ich kann ihn sehen. Sein Ständer drückt sich durch die Jeans und hinterlässt eine deutliche Form. Vorsichtig streiche ich über die Länge und er stöhnt erneut. Es fühlt sich warm an, so warm. Ich glaube, er ist kurz davor. Gleich wird sich ein dunkler Fleck auf der Hose ausbreiten. Oder …

»Moment.« Ich nestle an seinem Gürtel herum. Zielsicher befreie ich ihn. Hat doch einige Vorteile, das mit einem Mann zu tun. Immerhin habe ich eine grobe Ahnung, was ich mache.

Er knurrt, als ich ihn berühre. Als ich ihn in der Hand halte. Mit beiden Fingern umschließe ich seinen Harten. Heiß, samtig, glatt. Ich muss nicht viel tun, als meine Hände mit Spucke zu befeuchten und ihn zu umschließen. Den Rest erledigt er mit seinen Bewegungen. Hektisch stößt er in meine Finger. Seine Augen schließen sich, eine Hand krallt sich in mein Hemd, die andere legt sich über meine, als hätte er Angst, ich würde loslassen. Niemals. Er ragt über mir auf wie ein Gebirge und ich stöhne nur von dem Anblick. Joakim wirft den Kopf in den Nacken. Wie beim letzten Mal kommt er stumm. Zuckend übergießt er meine Hand, warm läuft es über meine Finger und das, zusammen mit der Berührung seiner prallen Arschbacken, bringt mich gefährlich nahe an die Grenze. Ein letztes Zucken, dann stößt er die angehaltene Luft aus. Keuchend kniet er über mir.

»Wow«, raunt er und sieht mich an. »Du, also …«

»Ich platze gleich«, ächze ich. »Runter von mir. Ich will mir nicht die Hose vollsauen.«

Seine Zunge befeuchtet pralle Lippen und das sollte er echt lassen. Ich bin so schon kurz davor. Viel zu langsam zieht er sich zurück. Und öffnet meine Hose. Fragend sieht er mich an, aber ich bin zu geil, um auch nur zu fragen, was er tun will.

»Ja.« Ich spüre den Luftzug auf meiner Eichel. »Ja.«

Er senkt den Kopf in meinen Schritt und ich muss an die Decke schauen, um nicht sofort zu kommen. Um mich zu beruhigen, zähle ich die Kristalltropfen im Kronleuchter über mir.

Ich komme bis elf, bevor ich den Faden verliere.

Sein Mund ist nass und lebendig. Seine Zunge macht Sachen mit meinem Schwanz, die ich nicht beschreiben kann. Zielstrebig schlängelt sie sich um ihn, reibt und leckt und saugt, bis sich der verdammte Kronleuchter über mir in Sternbilder verwandelt. Mein Körper spannt sich wie ein Bogen und dann vergeht alles in einem Funkenregen. Ich stoße in seinen Mund. Vergrabe die Finger in seinen kurzen Haaren. Brülle. Ein Wunder, dass der Kronleuchter nicht klingelt, so laut bin ich.

Als ich erschöpft zurücksinke, schaut Joakim mich beeindruckt an. Langsam wischt er sich über den Mund.

»Bist du immer so laut?«

»Stört's dich?«

Er schüttelt den Kopf. »Das ist sexy.«

»Das, was du machst, auch.« Ich lächle matt. »Bist du immer so leise?«

Er verzieht das Gesicht. »Ich hab immer Angst, dass mich jemand hört.«

»He.« Glücklich betrachte ich den Kronleuchter über mir. »Meinst du, ich bringe dich irgendwann mal so richtig zum Brüllen?«

Er schweigt. Als er das Gesicht auf meine Brust legt, ist es heiß. Ich streiche über seine Haare und kraule seinen Stiernacken. Er schmiegt sich an mich wie ein überdimensionierter Kater. Wir müssen ein komischer Anblick sein, mit unseren runtergelassenen Hosen auf dem edlen Marmorboden.

Seine Hand sucht nach meiner und als sich unsere Finger verschränken, ist es so schön, dass ich fast hier und jetzt einschlafen möchte. Aber dafür ist der Boden unter meinem nackten Arsch doch zu kalt.

»Frierst du auch?«, frage ich.

Er brummt etwas Zustimmendes. Trotzdem dauert es ewig, bis wir uns erheben. Bis wir die Hosen wieder hochziehen und uns etwas verschämt anschauen.

»He«, sage ich. »Lass es nicht wieder so komisch werden wie gestern Nacht, ja? Trinken wir diesen Whisky und dann ... also. Dann können wir uns ja richtig kennenlernen.«

Er legt den Kopf schief. »Meinst du damit Runde zwei oder dass wir reden?«

»Reden. Aber gegen Runde zwei habe ich auch nichts. Ich dachte nur ... Ich weiß fast nichts über dich. Also eigentlich gar nichts.« Ich grinse. »Was, wenn du in Wahrheit ein furchtbarer Mensch bist? Wenn du in deiner Freizeit Welpen quälst oder so?«

Er schnaubt. »Was, wenn du in deiner Freizeit Ballermann-Hits schreibst?«

»Das denkst du von mir?« Ich schaue verletzt.

Er zuckt mit den Achseln. »Was weiß ich denn?«

»Ich wette, du und deine Freunde veranstalten Treibjagden auf Katzenbabys. Sowas macht ihr reichen Säcke, oder?«

»Nur sonntags.« Er schubst mich. Ich schubse zurück. Peinliche Situation erfolgreich beendet. Wir kabbeln uns, bis wir im Wohnzimmer stehen. Er zieht den Whisky aus einer Vitrine und ich versuche, bewundernd zu schauen.

»Aha«, sage ich und versuche, wie ein Whiskykenner zu klingen. »So, so.«

»Verarschst du mich?« Misstrauisch schaut er mich an.

»Ich habe keine Ahnung von Whisky. Mein Onkel kann ohne Ende darüber reden, aber für mich schmeckt das alles fast gleich. Ich hab noch nie ein Harzaroma oder eine Meersalznote erkannt. Ich freu mich nur, dass ich Hartalk probieren darf, wenn er mal wieder eine neue Flasche hat.«

Joakim lacht. »Mein Vater ist extra mit mir nach Speyside gefahren, um eine Destillerietour zu machen. Totale Verschwendung. Ich kann einen Dalwhinnie nicht von einem Bourbon unterscheiden. Aber er hatte Spaß und ich durfte trinken.«

»Immerhin haben wir etwas gemeinsam.«

»Immerhin.« Er holt Gläser aus der Vitrine. »Sollen wir ihn im Whirlpool trinken?«

»Verstärkt das die dezent-penetrante Honignote?«

»Bestimmt.«

»Du willst mich doch nur nackt sehen.« Ich kann meine Freude nicht unterdrücken. »Aber okay. Ausnahmsweise.«

»Zu gütig.«

»Ihr habt echt einen Whirlpool?«

Sie haben einen. Im Innenhof, der mit Laternen beleuchtet ist und aussieht wie ein Wellnessparadies. Türkisfarbenes Mosaik glitzert, Palmwedel rauschen. Über uns funkeln die Sterne und es ist fast zu schön, um wahr zu sein. Ich lehne mich im heißen Wasser zurück. Mein Rücken gleitet über Joakims Brust und die ist noch viel angenehmer als das sprudelnde Wasser.

Er reicht mir mein Glas und ich nippe daran.

»Mmh«, sage ich. »Diese rauchige Fülle.«

»Und dieses mittellange Aroma«, brummt er. Die Vibration kitzelt meine Haut.

Ich kichere. »Und diese fesche Torfnote.«

Er stößt mit mir an. »Zum Wohl, du Banause.«

»Prost, du Nichtkenner.« Ich probiere. »Lecker. Schmeckt wie Whisky.«

»Erstaunlich.« Er schmatzt vornehm. »Also.«

»Ja?«

»Was willst du wissen?« Er legt eine Hand um meinen Bauch und ich verschränke meine Finger mit seinen. Alle Sorgen, die ich eventuell mal hatte, sind weit weg. Sehr weit. Ich weiß schon gar nicht mehr, was das Problem war.

Oh, richtig.

»War ich wirklich ... Wie viele Kerle hast du vor mir geküsst?«, frage ich.

»Was? Keinen.«

»Echt?« Ich verrenke mich, um ihn anzusehen. »Warum kannst du dann so gut küssen?«

Er wirkt erstaunt. »Kann ich das?«

»Ja! Ich meine … Es ist ziemlich okay.«

»Oh, gut.« Er räuspert sich. »Ich hatte Angst, dass ich nicht mit dir mithalten kann.«

»Mit mir?« Wenn ich so weiter mache, renke ich mir den Nacken aus. Also drehe ich mich um und setze mich auf seinen Schoß. Auf seine gigantischen Oberschenkel. Fühlt sich an, wie auf heißem Marmor rumzurutschen. »Du findest, ich kann gut küssen? Also, ich meine, klar kann ich das, aber«, ich schlucke, »echt?«

»Sehr gut.« Er lächelt und sieht dabei ein bisschen aus wie ein Pirat. »Ich hab dir doch gesagt, dass ich davor nie … also.«

»Na ja.« Ich schaffe es mit Mühe, ihm in die Augen zu schauen. »Als wir im Van waren, hattest du kein Problem damit, mich … in dir aufzunehmen.«

»Du klingst wie ein Heftroman.«

»Du klingst wie ein Schnösel.«

»Du klingst wie …« Er beugt sich vor und küsst mich. »Sorry. War abgelenkt.«

Ich starre ihn an. Seine Augen glänzen im Halbdunkel.

»Es stimmt, oder?«, murmele ich. »Du magst mich.«

Er nickt.

Ich lege meine Stirn auf seine Schulter. »Puh. Wenn du wüsstest, was ich mir für einen Stress gemacht habe. Ich hab mich bestimmt dreimal umgezogen, bevor ich hergekommen bin.«

»Ich viermal.«

»Musst du immer gewinnen?« Ich küsse ihn. Das Whiskyglas stelle ich auf der Steinumrandung ab, um beide Hände frei zu haben. Beim nächsten Kuss rutsche ich näher und spüre, wie sein Schwanz zum Leben erwacht. Und nicht nur seiner. Sie berühren sich im warmen Wasser und ich schlucke. Wenn ich noch näher rutsche, werden sie zwischen uns eingeklemmt. Und wenn ich wollte ... Das Bild, wie er vorhin auf mir geritten ist, kommt mit aller Macht zurück. Ich schlinge die Arme um seinen Hals und raune in sein Ohr.

»Du magst es wirklich, oder? War es gut, als ich in dir war?«

Seine Wange wird heiß. »Ja. Ja, schon.« Er schmiegt sich an mich. »Ich bin irgendwie ... besessen davon. Ich will das schon ewig. Wenn ich wichse, habe ich meistens ... also. Es fühlt sich so gut an. Ich habe mir ...« Er zögert.

»Ich erzähl es keinem.«

»Ich trau mich nicht mal, das dir zu erzählen«, knurrt er.

»Bitte?«

Schweigen. Er holt Luft. »Ich bin zwei Stunden«, er lacht trocken, »zwei fucking Stunden gefahren, um mir einen Buttplug und einen Dildo zu kaufen, wo mich garantiert keiner kennt. Bestellen wollte ich nicht, weil dann irgendwer meine Daten hätte haben können. Allein, dass irgendwer wissen könnte, dass ich ...« Er lässt die Luft raus. »Ich habe natürlich bar gezahlt. Habe fast alles fallen gelassen und an der Kasse kein Wort rausgebracht. So war das. Absolut feige.«

»Ich finde das sehr mutig.«

»Bitte was?«

»Na, du wolltest etwas und hast es dir besorgt. Du hast gewusst, was du brauchst und du hast es bekommen.«

»Ich bin fast gestorben vor Angst«, murmelt er.

»Aber es hat sich gelohnt, oder?« Ich überlege. »Benutzt du sie oft?«

»Jeden Tag«, knurrt er. »Ich krieg nicht genug davon, okay?«

»Wow.« Ich schlucke. »Uh. Soll ich auch ... Ich meine, ich kann versuchen ...«

»Was?«

»Willst du mich auch ficken? Wär fies, wenn du der Einzige bist der ... seinen Arsch hinhält?« Ich sehe ihn an.

Er blinzelt. »Nur, wenn du willst.«

»Ich weiß nicht, ob ich will.«

»Dann lass es, bis du es weißt.« Er streicht eine Strähne aus meiner Stirn.

»Und wenn ich nie will? Ich meine ... Bis gestern habe ich an sowas nicht mal gedacht.«

»Wenn du nie willst, ist das okay.« Er blinzelt. »Nur, weil du schwul bist, musst du doch nicht ...«

Ich zucke zusammen. Oh. Richtig.

»Was hast du?«

»Ich hab's noch nie ausgesprochen. Oder ausge...dacht.« Ich räuspere mich. »Ich bin schwul.«

Stille. Das Wasser blubbert und spritzt um uns herum, aber wir schweigen.

»Und?«, sagt er schließlich. »Wie fühlt es sich an?«

»Gut«, sage ich erstaunt. »Doch. Gut.« Ich überlege. Seufzend reibe ich mir den Nasenrücken. »Aber bis ich mich daran gewöhnt habe, dauert es wohl noch ein bisschen.«

Er zuckt mit den Achseln. »Du hast Zeit.«

»Ja.« Stimmt eigentlich. Ich muss ja niemandem davon erzählen, wenn ich nicht will. Reicht erstmal, wenn Joakim Bescheid weiß. Mein ... Freund. Ich schnappe mir das Whiskyglas und stürze es hinunter. Das Zeug brennt sich durch meine Speiseröhre und ich japse nach Luft.

»Trinkst du dir Mut an?« Joakim hebt eine Augenbraue.

»Ja.«

»Wofür?«

»Weiß ich noch nicht.«

Er lacht.

»Was?« Ich stöhne. »Ist ja nicht so, als würd mir nicht eine Peinlichkeit nach der nächsten rausrutschen, seit ich hier bin.«

»Nicht nur dir.«

»Zum Glück.« Ich räuspere mich. »Okay. Sind wir jetzt wirklich zusammen? So richtig?«

»Ja! Also, wenn du willst. Nur dann natürlich, ich ... also.« Plötzlich ist er entzückend unsicher. Entzückend. Nicht das richtige Wort für einen fleischgewordenen Berg. Aber es stimmt halt.

»Ich will.« Ich strahle. »Absolut.«

Er strahlt ebenfalls, was ich ihm nie zugetraut hätte. Glücklich lächelnd packt er meine Wangen, küsst mich und zieht mich unter Wasser. Erst, als wir fast ertrunken sind, unterbricht er den Kuss und lässt mich zurück an die Oberfläche.

»Kein Grund, mich gleich umzubringen«, japse ich.

Er klopft mir auf den Rücken. »Sorry.«

»Schon gut. Ich kann verstehen, dass du überglücklich bist.« Ich huste. »Wo du dir so einen wunderschönen Freund geangelt hast.«

»Hab ich.« Er zieht mich an sich. »Kann ich mal ... also. Bei dir vorbeikommen?«

»Was? Willst du etwa meine Mutter kennenlernen?« Entsetzt schaue ich ihn an.

Sein Gesicht verschließt sich. »Sorry. Ich dachte nur ...«

»Bist du sicher, dass du das willst? Wir leben in einer Bruchbude und essen jeden dritten Tag Fischstäbchen mit Kartoffelsalat aus dem Eimer.«

Er runzelt die Stirn. »Ihr esst aus Eimern?«

»Nein! Mein Onkel kauft das Zeug in Eimern und serviert es uns alle drei Tage. Meine Mutter und ich geben uns mehr Mühe, also komm lieber an einem Tag, an dem wir kochen.«

»Okay.« Seine Mundwinkel zucken. Er wirkt erleichtert. »Ich kann dir beim Kochen helfen, wenn du willst.«

»Du kannst kochen? Ich dachte, dafür hättet ihr Leute.«

»So reich sind wir nicht.« Er wirkt irritiert. »Und wir kochen. Sonntags. Unter der Woche sind meine Eltern meistens zu beschäftigt.« Er deutet auf die Wellnessoase, in der wir uns befinden. »Es kostet eine Menge Geld, das hier abzubezahlen. Manchmal sehe ich sie tagelang nicht.«

»Das heißt, ich könnte sehr oft vorbeikommen und mit dir hier rumsitzen?« Ich grinse. Er nickt und wirkt aufgeheitert. Ich frage mich, ob er einsam ist. War. Jetzt bin ich ja da. Vorsichtig küsse ich ihn. »Willst du etwas über mich wissen?«

Er überlegt. »Hast du nur deine Mutter und deinen Onkel? Wo ist dein Vater?«

»Abgehauen. Na ja.« Ein kühler Hauch streift meine Schulter. »Sie haben sich getrennt. Ab und zu besuche ich ihn in Frankfurt. Da lebt er jetzt.«

»Oft?«

Nein. Zuletzt war ich kurz nach Weihnachten bei ihm. Weihnachten vorletztes Jahr.

Ich schüttele den Kopf. »Er hat selten Zeit. Früher hat's mich gestört, aber jetzt habe ich aufgegeben.«

Helle Augen mustern mich. »Tut mir leid. Ich wollte nicht ...«

»Kein Problem. Es ist, was es ist.« Ich weiß nicht so recht, was ich sonst sagen soll. »Immerhin habe ich eine Familie. Onkel Dennis ist gar nicht übel. Und er hat mir seinen Van geliehen. Ohne den wären wir gestern erfroren und wir würden nicht hier sitzen, richtig?«

Sein Blick ist so weich. Langsam streicht er etwas von meiner Wange. Einen Wasserspritzer. Ich sitze ganz still, während er die Formen meines Gesichts nachzeichnet, und die meiner Lippen. Es fühlt sich schön an, so gestreichelt zu werden. Wirklich gesehen zu werden. Weiß nicht, ob ich je so angeschaut wurde. Als wollte er hinter mein Gesicht blicken und meine Gedanken erkennen.

Gut, dass er dasselbe fühlt wie ich. Wirklich gut. Mein Daumen streicht über eine Narbe in seiner Augenbraue.

»Woher hast du die?«, raune ich.

»Ein Spiel vor zwei Jahren. Ein Fußtritt.«

»Fuck. Das muss ganz schön geblutet haben.« Ich fühle die Wärme seiner Haut.

»Hat es. Aber ich habe gehalten.«

»Na dann.« Ich lache. Küsse ihn. Spüre dem Kribbeln nach, das sich in meinem Bauch ausbreitet. Keine Ahnung, was heute Nacht noch passiert. Keine Ahnung, was morgen früh geschehen wird, oder nächste Woche oder nach dem Abi oder ... irgendwann. Aber ich weiß, dass ich jetzt bei ihm bin und dass es sich verdammt gut anfühlt. Verdammt besser als alles andere, das ich kenne, also lasse ich mich nach vorne fallen, schlinge die Arme um ihn und küsse ihn, als würde mein Leben davon abhängen. Tut es auch, irgendwie. Ich kann es nicht erklären, aber es stimmt.

»Das ist nett«, murmele ich in sein Ohr, was ja wohl die übelste Untertreibung aller Zeiten ist. »Ziemlich nett.«

»Annehmbar«, brummt er und legt den Kopf in den Nacken, damit ich besser an seinen Hals komme. Er seufzt wohlig. »Bleibst du bis morgen?«

»Was?« Ich sehe ihn an. »Natürlich bleibe ich bis morgen. Das ist ja wohl ... Hast du eine Zahnbürste für mich?«

»Bestimmt.«

»Also gut.« Ich zucke mit den Achseln und versuche, locker zu wirken. »In dem Fall bleibe ich.«

Er grinst mich an. »Gut.«

»Ja.« Ich räuspere mich. »Sehr gut. Also echt. Als ob ich nicht … Also.« Ich verschränke die Arme. »Vielleicht komme ich sogar wieder. Wenn du nett bist.«

»Ich bin immer nett«, sagt er, bevor er mich erneut packt, küsst und unter Wasser zieht.

Bastard.

Süßer, nach Whisky schmeckender, absolut unwiderstehlicher Bastard.

ENDE

Der Page im Porsche

Zikaden. Überall Zikaden, verborgen im halb verdorrten Gras der Abhänge, an denen ich mich vorbeischleppe. Die Viecher zirpen so laut, dass ich die herankommenden Autos kaum höre. Was schlecht ist. Dank der Serpentinen sehen die Autofahrer mich immer erst im letzten Moment und mehr als einmal muss ich aus dem Weg springen, um nicht überfahren zu werden.

Die Nachmittagssonne heizt den Asphalt auf. Ich spüre die Wärme selbst unter den Sohlen meiner Sandalen und seufze. Wische mir den Schweiß von der Stirn. Sollte ich versuchen, ein Auto anzuhalten? Aber alle, die vorbeikommen, fahren in die falsche Richtung. Weg von Capricorne-sur-Mer, die Steigung hinauf. Und außerdem bin ich ein Mann und frage grundsätzlich nicht nach Hilfe, es sei denn, ich bin kurz vorm Tod, und das bin ich noch lange nicht.

Immerhin habe ich noch genug Wasser dabei und die Umgebung ist traumhaft. Die Luft riecht es nach Lavendel und Thymian. Wenn die Kronen der Zedern links von mir es zulassen, sehe ich das Mittelmeer glitzern und kann nicht anders als zu lächeln.

Ich wollte immer am Meer leben und jetzt tue ich es. Nicht mal die Sonnenstrahlen, die versuchen, mich zu verbrutzeln, können meine Laune trüben. Ich habe es geschafft. Ich lebe im Paradies.

Okay, diese endlos lange Straße fühlt sich nicht an wie das Paradies, aber da ich mich verlaufen habe und mein Handyakku leer ist, sind die Straßenschilder meine beste Chance, nach Capricorne-sur-Mer zurückzufinden. Davor bin ich über schmale, schattige Waldwege gewandert, den Duft der Kiefernnadeln in der Nase. Das hier muss ich wohl aushalten, bis ich wieder weiß, wo ich bin. Irgendwann werde ich die rotgeziegelten Dächer meiner neuen Heimat sehen. Bald. Bestimmt.

Hoffentlich bin ich nicht allzu weit entfernt. Meine Wasserflasche ist noch zu einem Drittel gefüllt, aber bei der Hitze wird sie schneller leer, als mir lieb ist.

»Gleich«, sage ich laut, um mir Mut zu machen. »Gleich weiß ich wieder, wo ich bin ... whoah.«

Ich bin um eine weitere Ecke gebogen und plötzlich bin ich nicht mehr allein. Zahlreiche braunweiß und grau gefleckte Leiber stehen auf der Straße. Ziegen. Große und kleine. Ihre Hörner glänzen in der prallen Sonne und sobald die erste mich sieht, fängt sie an zu blöken. Die anderen machen mit.

Verwundert bleibe ich stehen. Die Ziegen auch. Einen Moment lang liefern wir uns ein Blickduell, dann fange ich an zu lachen. Es ist einfach zu albern, wie wir uns gegenüberstehen.

»Bonjour«, sage ich, immer noch mit leichtem Birminghamer Akzent. »Würden die Damen mich wohl durchlassen?«

Ein Ziegenbaby blökt und klingt dabei fast wie eine Katze. Es sieht aus, als würden sie warten, bis die ganze Herde auf der Straße steht. Immer mehr von ihnen hüpfen leichtfüßig den Abhang hinunter und landen auf dem Asphalt.

»Passt auf«, sage ich und gehe langsam auf sie zu. »Ihr solltet nicht auf der Straße herumstehen. Was, wenn ein Auto kommt und euch plattfährt?«

Sie weichen mir aus, bleiben aber auf der Straße. Ich stöhne. Hoffentlich sind sie aus dem Weg, bevor der nächste Autofahrer hier durchheizt. Wenn die mich schon fast überfahren, was passiert dann mit den Ziegen? Besorgt sehe ich eine winzige an, deren weiße Schnauze aussieht, als habe sie Milch geschleckt.

»Wirklich.« Inzwischen bin ich durch die Herde gewandert. Sie scheint niemandem zu gehören. Kein Hirte taucht auf und treibt sie weiter. »Ihr solltet gehen. Husch, husch.«

Ich versuche, sie von der Straße zu vertreiben, aber sie weigern sich. Sie weichen mir aus, doch sobald sie einen Hüpfer zur Seite gemacht haben, bleiben sie wieder stehen.

»Bitte«, sage ich mit wachsender Verzweiflung. »Hier ist es gefährlich, ihr dummen ... äh, meine Damen. Bitte. Husch, husch.«

Sie blicken mich immer noch unbeeindruckt an, als ich es höre. Ein Röhren, als würde sich eine Armee Rasenmäher nähern. Sehr, sehr schnell nähern. Es erklingt hinter der nächsten Kurve. Ein Auto.

»Mist!« Ich renne auf die Kurve zu und lege mich fast hin. Meine Sandalen schlappen in Windeseile über den Asphalt. Ich muss den Fahrer aufhalten, bevor er mitten in die Ziegen und ihre Babys hineinrast!

Mit den Armen fuchtelnd umrunde ich die Kurve. Metall glänzt auf einer schwarzen Motorhaube. Viel zu nah. Bremsen quietschen. Ich sehe die Sonnenbrille des Fahrers, sehe, wie er den Mund aufreißt, wie der Fahrtwind seine kurzen Haare zum Flattern bringt. Das Cabrio umkurvt mich. So knapp, dass ich umfalle und mit dem Arsch zuerst auf dem heißen Asphalt lande.

»Fuck!«, rufe ich und springe wieder auf. Ich habe mir fast die Hände verbrannt, und die Unterschenkel auch.

Der Fahrer flucht auch, allerdings auf französisch. Klingt deutlich netter als mein Akzent. Leider sieht der Kerl richtig sauer aus. Sein Porsche steht quer auf der schmalen Straße und das sonnengebräunte Gesicht des Mannes ist hart. »Was soll das, du Trottel?«, brüllt er. »Ich hätte dich fast umgefahren!«

»Die Ziegen«, keuche ich in mittelmäßigem Französisch. Eigentlich spreche ich sehr gut. Nur nicht, wenn ich gerade knapp dem Tod entkommen bin. »Hinter der Kurve.«

»Was?« Er steigt aus, offenbar immer noch stinksauer. Mit geballten Fäusten kommt er auf mich zu und ich schlucke.

»Ziegen.« Ich deute auf die Kurve. »Viele, äh, Ziegenbabys. Sehr süß.«

Er bleibt stehen. Nimmt die Sonnenbrille ab und schiebt sie in seine Haare, in denen eine dämliche kleine Kappe thront, die perfekt zu seiner lila Uniform mit den goldenen Knöpfen passt. Ist mir vorhin gar nicht aufgefallen, als er mich fast überfahren hat, aber er trägt eine Pagenuniform. Eine Pagenuniform, die ihm ausgezeichnet steht. Er muss in einem der schickeren Hotels in Capricorne-sur-Mer arbeiten.

»Sorry.« Ich lächle. »Eigentlich spreche ich besser Französisch.« Einen tiefen Atemzug später klärt sich mein Hirn. »Hinter der Kurve steht eine Herde Ziegen herum. Ich wollte sie überreden, weiterzugehen, aber sie hören nicht. Deshalb habe ich mich in den Weg gestellt.«

Er reibt sich den Nacken und mir fällt sehr verspätet auf, dass er sehr gut aussieht. Die Uniform schmiegt sich an einen athletischen Körper und sein Gesicht ist das einer griechischen Statue.

»Echt jetzt?« Eine Augenbraue wandert hoch. »Du riskierst dein Leben für ein paar Ziegen?«

»Es sind Babys dabei«, sage ich und verschränke die Arme. »Ausgesprochen niedliche Babys mit weißen Schnauzen.«

Er lacht. Seine Zähne blitzen im Sonnenlicht und ich revidiere meine Meinung: Er sieht nicht sehr gut aus, er ist absolut perfekt. Neben ihm komme ich mir noch verschwitzter und verklebter vor. Und frage mich, was für ein Hotel das ist, in dem solche Halbgötter arbeiten. Ob ich mir da ein Zimmer leisten kann?

Vermutlich nicht. Aber ein Frühstück vielleicht.

»Na dann.« Er zuckt mit den Achseln. »Kümmern wir uns um die Ziegen.«

»Hä?«, sage ich, äußerst intelligent.

Er geht zurück zum Porsche und holt das Warndreieck aus dem Kofferraum. Lässig wirft er es mir zu. Ich fange es, leider eher unlässig. Immerhin fällt es mir nicht hin.

»Stell das in der Richtung auf.« Er deutet hinter mich. »Ich such was, mit dem ich die andere Seite markieren kann. Ah.« Er holt eine grellgrüne Warnweste aus dem Kofferraum. »Voilà!«

Nachdem wir die Straße gesichert haben, machen wir uns daran, die Ziegen zu verscheuchen. Kein Problem. Absolut kein Problem. Also, es wäre kein Problem, wenn wir zu zehnt wären und jeder mindestens so viele Arme hätte wie ein Oktopus.

»Kusch, kusch!«, brülle ich und renne hinter einer Ziege her, die empört blökt. »Runter von der Straße!« Sie hüpft den Abhang hinunter, zwischen die Stämme der Zedern. Kaum habe ich mich umgedreht, steht sie schon wieder auf der Straße.

Der göttliche Page wischt sich über die Stirn. »Unmöglich, die Biester.« Er klatscht in die Hände und versucht, zwei Muttertiere zu verscheuchen, an deren prall gefüllten Eutern Ziegenbabys trinken. »Ihr könnt später Milchbar spielen! Verschwindet von der Straße!«

»Absolut kein Selbsterhaltungstrieb. Wie haben die so lange überlebt?«, frage ich verzweifelt.

»Keine Ahnung.« Er stemmt die Hände in die Hüften und sieht sich um. Die Ziegen blicken ausdruckslos zurück. So süß sie sind, ihre Augen mit den Sanduhrpupillen sind ganz schön gruselig. »Verschwindet endlich!«

Müdes Blöken.

»Hast du irgendwas dabei, mit dem wir sie verscheuchen können?«, frage ich. »Ein Megaphon? Feuerwerkskörper? Flammenwerfer?«

»Ausnahmsweise nicht.« Er schnaubt.

Inzwischen ist auch das letzte Zicklein den Abhang hinuntergehüpft. Verzweifelt schaue ich den Nachzügler an und er schaut niedlich-gruselig zurück.

»Jetzt seid ihr doch komplett«, sage ich. »Bewegt euch.«

Eine Mutterziege blökt. Ein Bock kackt auf die Straße.

»Bitte«, flehe ich, weil mir nichts Besseres einfällt.

»Simsalabim«, sagt der Page und wedelt erschöpft mit der rechten Hand. »Abrakadabra.«

Der Bock setzt sich in Bewegung. Elegant hüpft er den Abhang hinunter. Eine graue Ziege folgt ihm und dann kommt endlich Bewegung in die Herde. Augenblicke später sind sie zwischen den Bäumen verschwunden und nur die dunklen Kötel auf dem Asphalt verraten, dass sie je hier waren.

Verdutzt sehen wir uns an, der Page und ich. Er wirkt so fassungslos, dass ich lachen muss.

»Sieht aus, als wäre das Zauberwort Abrakadabra.« Ich grinse.

»Darauf hätte ich ja gleich kommen können«, murrt er, aber dann zucken seine Mundwinkel. »Ich wusste gar nicht, dass ich zaubern kann.«

»Du Glückspilz. Wie wär's, wenn du mich zurück nach Capricorne-sur-Mer zauberst?«

Mitleidig mustert er meine verschwitzten Klamotten. Oder checkt er meinen Körper aus?

Nein, vermutlich ist es Mitleid.

»Verlaufen, hm?« Er legt den Kopf schief.

»Wie kann man mit so einer blöden Kappe nur so gut aussehen?«, murmele ich, natürlich auf Englisch. Und vergesse, dass so gut wie jeder Mensch auf der Welt Englisch spricht.

Etwas blitzt in seinen Augen. »Danke«, sagt er und ich überlege, mich den Ziegen hinterher zu stürzen. Oder auch nicht.

Ich räuspere mich. »Danke für deine Hilfe. Ja, stimmt, ich hab mich ein bisschen verlaufen. Wie weit ist es noch bis Capricorne?«

»Zu Fuß? Weit.« Er zuckt mit den Achseln. »Spring rein, ich fahre dich.«

»Was? Aber ...« Ja klar, eigentlich sollte ich mich freuen, dass mich ein gutaussehender Mann mitnimmt, vor allem, nachdem ihm versehentlich mitgeteilt habe, dass ich ihn für gutaussehend halte. Aber so einfach ist das nicht. Wenn es um Männer geht, bin ich einfach eine Pfeife und alles, an das ich denken kann, ist, wie verschwitzt ich bin. Was, wenn ich Flecken auf den Autositzen hinterlasse?

Er deutet hinter sich auf die Straße. »Du kannst natürlich auch die restlichen neunzehn Kilometer laufen.«

»Neunzehn?!«

Ich muss richtig lustig aussehen, seinem Gesichtsausdruck zufolge. »Neunzehn.«

»Alles klar.« Tut mir leid um seine Sitze. »Danke für dein Angebot, göttlicher Page. Ich nehme es gern an.«

»Göttlicher Page?« Er hebt eine Augenbraue und ich verdamme mein loses Mundwerk. Verdamme es aufs Äußerste! Das liegt nur an der Hitze, jawohl!

»Das sagt man so. Da, wo ich herkomme.« Ich deute auf die Warnweste, die weiter oben auf der Straße liegt. »Ich sammle das noch kurz ein. Ja.«

Ich glaube, er schüttelt den Kopf, als ich mich umdrehe. Egal. Neunzehn Kilometer. In dieser Hitze. Spätestens auf der Hälfte wäre ich tot.

Kurz darauf gleiten wir die Serpentinen entlang. Der Fahrwind kühlt meine verschwitzte Haut und ich lehne glücklich den Kopf zurück. Ein lauter Seufzer entkommt meinen Lippen.

»Das tut gut«, stöhne ich. »Danke. Hättest du mich nicht gerettet, wäre ich jetzt ein verbrutzeltes Grillhähnchen am Straßenrand.«

Er wirft mir einen Seitenblick zu. »Gut, dass ich vorbeigekommen bin. Das wäre wirklich eine Verschwendung gewesen.«

»Ja, oder?« Flirtet er mit mir? Nein, bestimmt nicht.

»Absolut.«

Moment, das klingt aber nach Flirten. Aber das kann nicht sein. Schließlich ist er ein Halbgott und ich nur … na ja, ziemlich durchschnittlich, um ehrlich zu sein. Und vor allem ziemlich langweilig. Ich zerfließe unter seinem Blick wie vorhin unter der Sonne. Meine Wangen gehen in Flammen auf.

»In welchem Hotel arbeitest du eigentlich?« Ich räuspere mich.

»Im Grand Palais.«

»Oh.« Ich richte mich auf. »Das riesige an der Strandpromenade? Wow.«

»Ja.« Er legt den Kopf schief. »Warst du schon Gast bei uns?«

»Ich?« Ich lache. »Sowas kann ich mir nicht leisten. Du etwa?«

»Warum sollte ich mir das nicht leisten können?«

»Oh, ich meinte, als Page und so.« Habe ich etwas Blödes gesagt? »Oder verdient man da so gut?«

Er blinzelt. Dann lächelt er. »Sorry. Ein missglückter Witz. Ich könnte mir nicht einmal ein Einbettzimmer für eine Nacht leisten.«

»Wer könnte das schon?« Ich denke an meinen Ex und habe plötzlich richtig schlechte Laune. »Ich meine, außer so richtigen Geldsäcken.«

Er lächelt, als würde er sich selbst einen Witz erzählen. »Gut, dass es genug richtige Geldsäcke gibt. Sonst wäre ich arbeitslos.«

Ich weiß nicht genau, was ich sagen soll. »Der Porsche gehört einem Gast, oder? Oder ...« Ich weiß nicht genau, wie ein Page sich so etwas leisten soll.

»Ja. Einem echten Baron. Ich bringe die Karre zu seiner Strandvilla, weil der Baron bereits mit einem Freund vorgefahren ist.« Der Page grinst. »Enttäuscht?«

»Wovon?«

»Davon, dass ich keinen Porsche habe.«

»Was? Nein!« Ich richte mich auf. »Ich hab doch auch keinen. Außerdem mag ich keine reichen Männer.«

»Tatsächlich.« Er mustert mich.

Ich starre durch die Windschutzscheibe. »Überhaupt nicht. Die sind alle selbstverliebte beziehungsunfähige Trottel. Mein Ex war reich. Nicht, weil er dafür gearbeitet hat, sondern weil seine Großeltern schon ein riesiges Unternehmen hatten. Er hat ...« Ich verstumme.

»Ja?«

»Unwichtig. Ich will dich nicht mit meiner Vergangenheit langweilen.«

»Mir ist ganz und gar nicht langweilig.«

Ich überlege. Vermutlich würde ich attraktiver wirken, wenn ich nicht über meinen Ex herziehen würde. Aber die Wunde, die Rafael geschlagen hat, ist noch zu frisch und die Worte purzeln aus meinem Mund.

»Er hat sich ständig über mich lustig gemacht. Über meine Klamotten, die keine Markenklamotten waren, über meine Wohnung, die zu klein war und über mein Auto, also als ich noch eins hatte. War natürlich eine Schrottkarre. In seinen Augen. Ich glaube, ich war ein einziger Witz für ihn.«

»Warum war er dann mit dir zusammen?«

»Vermutlich, weil er es unterhaltsam fand. Gab ja immer was zu lachen.« Ich schnaube. »Er war stinksauer, als ich Schluss gemacht habe. Aber ich konnte nicht mehr. Ich habe mich die ganze Zeit abgestrampelt, um die Miete zu zahlen, und er musste nur seinen Papa anrufen und der hat ihm eine

Wohnung gekauft. Er hat darüber gelacht, dass mein Bad keine Badewanne hatte.« Ich zögere. »Wahrscheinlich hat er es nicht einmal böse gemeint. Aber … als ich endlich meinen Abschluss geschafft habe, hat er nur mit den Achseln gezuckt. War ja nicht von einer Eliteuniversität. Aber ich hatte alles dafür gegeben. Ich habe zwei Nebenjobs gehabt, während ich studiert habe, und das Geld hat trotzdem kaum gereicht und ich war so stolz. Na ja. Ich denke, sowas funktioniert einfach nicht. Beziehungen mit solchen Männern.« Ich sehe ihn nicht an. »Mein nächster Freund ist normal, jawohl.«

»Mit normal meinst du nicht reich?« Er sieht mich fragend an.

»Ja.«

»Oh.« Er zögert. »Dein Ex klingt wirklich unangenehm. Aber nicht alle wohlhabenden Männer sind wie er. Ich meine … Also, ich kenne unsere Gäste. Viele von denen sind sehr bodenständig.«

»Meinst du?« Schwer zu glauben. »Hattest du je was mit einem von denen?«

Er zuckt mit den Achseln, was vermutlich »Ja« bedeutet.

»Mit vielen?« Ich grinse. »Du hast genug Gelegenheiten, richtig?«

»Weil ich so gut aussehe, meinst du?«

Ich wende den Blick ab. »Äh. Ja.«

»Ab und zu«, sagt er. »Wenn mir jemand wirklich gefällt. Ich bin nicht …« Er zögert.

»Erzähl.« Ich lächle ermutigend. »Ich hab dir doch auch die Ohren vollgeheult.«

»Gar nicht.« Er lächelt ebenfalls. Seine Finger trommeln auf das Lenkrad. »Ich weiß nie, also ... Das klingt sicher wie Jammern auf sehr hohem Niveau, aber ich weiß nie, ob mich jemand wirklich mag. Weil ich ...« Er bricht wieder ab.

»Oh, klar.« Ich nicke. »Weil du so gut aussiehst.«

Er schaut mich nicht an. »Also ... Genau. Halt mich bitte nicht für eingebildet, das bin ich nicht ... sehr.« Hilfloses Lachen. »Aber ich weiß nie, woran ich bin. Ob mich jemand mag, weil ich ... bin, wer ich bin.« Witzig, das klingt, als hätte er im letzten Moment etwas anderes gesagt. »Ich weiß nicht einmal, ob ich liebenswert bin. Ich meine, was, wenn die Fassade alles ist, was ich habe?« Er räuspert sich. »Jetzt jammere ich wirklich. Entschuldige.«

Ich schüttle den Kopf. »Ich versteh das. Aber du bist doch sehr liebenswert.«

Überrascht sieht er mich an. »Woher willst du das wissen? Du kennst mich nicht.«

»Na, aber du hast mir mit den Ziegen geholfen. Du hast dich richtig ins Zeug gelegt, obwohl du einfach hättest weiterfahren können. Und du fährst mich heim, obwohl du in die andere Richtung unterwegs warst ...« Ich schlucke. »Wirst du Ärger bekommen, wenn du zu spät bei diesem Baron ankommst?«

Seine Mundwinkel verziehen sich, als hätte ich etwas sehr Lustiges gesagt. »Der wird nicht mal merken, dass sein Porsche fehlt. Diese reichen Geldsäcke haben doch alle einen ganzen Fuhrpark voller Angeberschlitten.«

»Puh.« Ich atme aus. »Gut. Ich wollte dich nicht in Schwierigkeiten bringen.«

»Du bringst mich in Schwierigkeiten.«

»Was? Warum?«

»Weil wir gleich da sind.« Tatsächlich, die ersten rotbraunen Dächer erscheinen hinter den Baumspitzen. »Und ich immer noch nicht weiß, wie du heißt.«

»Andy«, sage ich verwirrt. »Warum bringt dich das in Schwierigkeiten?«

»Weil ich dich nach deiner Nummer fragen will und na ja …« Zähne blitzen. »Falls ich Glück habe und du sie mir gibst, muss ich doch deinen Namen dazuschreiben.«

Aha! Er hat also mit mir geflirtet! Meine Freunde behaupten immer, dass ich bei Männern blind und taub bin, aber diesmal habe ich es gemerkt. Verspätet fluten Glücksgefühle meine Brust. Warm und kribblig ergießen sie sich in mein Herz.

»Oh. Ach so.« Meine Stimme wackelt. »Also, ich schätze, du hast Glück. Du kannst sie gern haben.« Ich räuspere mich. »Und wie heißt du?«

»Louis.«

»Oh, wow.«

»Das ist ein ziemlich normaler Name, aber danke.« Er wirkt wieder amüsiert.

»Nein, ich meine …« Ich sollte wirklich lernen, die Klappe zu halten. »Ich … äh. Ich hab nur … Ich wollte hier leben, seit Mom, Dad und ich vor zehn Jahren hier Urlaub gemacht haben, weißt du? Und ich hatte immer diesen Traum, dass«, erneutes Räuspern, »ich mal ein Date unten an der Strandpromenade habe, in einem von den kleinen Fischrestaurants. Mit, äh, einem echt französischen Franzosen. Louis klingt so französisch.«

»Du bist wirklich leicht zu beeindrucken.«

»Klappe.« Ich rutsche tiefer in die Polster. Inzwischen haben wir die ersten Häuser passiert und fahren in die Stadt. Bunte Fassaden mit überquellenden Blumenkästen ziehen an uns vorbei. Die Luft riecht nach Lavendel und Meer. Genau in diesen Anblick habe ich mich damals verliebt. In diesen Duft. Ich stütze den Kopf in die Hand und seufze.

»Lebst du schon immer hier?«, frage ich.

Er nickt.

»Wie ist es, hier aufzuwachsen? Ich meine ... für mich ist es das Paradies. Ist es das auch, wenn man schon immer hier war?«

»Meistens.« Er fährt sich durch die Haare und die Kappe verrutscht. »Ich liebe es auch. Capricorne ist schließlich mein Zuhause. Wenn ich sehe, wie die Sonne auf den Wellenkämmen glänzt, dann werde ich ganz ruhig. Und ich könnte mich nirgendwo daheim fühlen, wo man keine Möwen schreien.«

»Aber?«

»Wer sagt, dass es ein Aber gibt?«

»Dein Gesichtsausdruck.«

Er schnaubt. »Aber. Es hat auch Nachteile, wenn man immer an einem Ort bleibt. Wenn einen jeder von Kindheit an kennt.«

»Was, die ganze Stadt? Warst du so ein schlimmes Kind?«

Lachen. »Was? Nein! Ich war viel zu brav.«

»Glaub ich nicht.«

Sein Gesichtsausdruck hat etwas Seeräuberhaftes. »Vielleicht habe ich ab und zu nicht gehört, aber ich war ganz harmlos, echt.«

Ich glaube ihm kein Wort. »Sicher.«

»Wir sind fast da.«

Sind wir, und das ist schade. Ich könnte für immer an seiner Seite durch die Straßen fahren. Aber das türkisfarbene Haus, in dem sich mein neues Apartment befindet, kommt immer näher und schließlich hält der Porsche neben dem Bürgersteig. Zwei ältere Damen flanieren vorbei und werfen Louis Blicke zu. Ziemlich anerkenne Blicke. Ich kann sie verstehen. Er ist fast zu gut, um wahr zu sein. Attraktiv, lustig und hat ein Herz für Ziegen.

Und so jemand interessiert sich wirklich für mich?

Misstrauisch blicke ich ihn an. Er blickt zurück.

»Ja, bitte?«

»Nichts.« Ich zögere. Könnte ich ihm wenigstens einen Abschiedskuss auf die Wange geben? Würde ihn vermutlich nicht stören, aber ich schaffe es nicht. »Also. Ich freue mich. Auf ... oh, meine Nummer!«

Er holt sein Handy hervor und ich gebe sie ihn. Sein Handy ist das neueste iPhone-Modell und ich frage mich echt, wie viel Trinkgeld so ein Page bekommt. Wenn ihm jeder Gast einen Fünfer zusteckt ...

»Woran denkst du?« Er wirkt schon wieder höchst amüsiert. »Du schaust, als würdest du ein schweres Matheproblem lösen.«

»He, Kopfrechnen ist schwer.« Ich öffne die Tür und schlüpfe aus dem Porsche. Die Straße liegt im Schatten, aber selbst hier ist es knallheiß. Einerseits kann ich es kaum erwarten, oben anzukommen und meinen geliebten Ventilator anzuschmeißen. Andererseits: Ich will nicht weg. Überhaupt nicht. »Also.« Ich stecke die Hände in die Hosentaschen und versuche, selbstsicher zu wirken, was ganz bestimmt schief geht. »Möchtest du noch etwas trinken, bevor du weiterfährst? Etwas mit Eiswürfeln darin? Ist bestimmt besser bei der Hitze und so. Da soll man viel trinken.«

Sein Gesicht leuchtet auf. »Das stimmt. Es wäre verantwortungslos, durstig weiterzufahren.«

Ich nicke eifrig. »Absolut. Vielleicht würdest du mitten auf der Straße einen Hitzschlag bekommen und in eine Ziegenherde rasen.«

»Das gilt es unter allen Umständen zu vermeiden«, sagt er ernst und steigt aus. Er wirft die Tür so lässig zu, als hätte er das hundertmal geübt.

»Hier entlang.« Ich deute auf meine Haustür. Kurz, bevor wir sie erreichen, ertönt hinter uns ein Ruf.

»Louis!« Ein braungebrannter Mann im weißen Leinenanzug schlendert über die Straße. Seine Sonnenbrille ist so teuer wie mein ganzes Outfit. Muss einer der Gäste im Grand Palais sein. Sieht der nicht, dass Louis nicht arbeitet? Oder sind sie Freunde?

Oder … mehr?

»Julien.« Louis wirkt erstaunlich unerfreut, den Mann zu sehen. »Wie geht's?«

Der Mann ist bei uns angekommen.

»Hallo«, sage ich.

»Hallo.« Sein Blick gleitet an mir ab, als wäre ich aus Teflon. »Louis, was zur Hölle machst du in dem schrecklichen Outfit?«

»Nichts.« Das Gesicht des Pagen verspannt sich. »Julien, hör mal. Wir sehen uns morgen, richtig? Ich habe es leider eilig und …«

»Ah!« Der Braungebrannte schlägt sich gegen die Schläfe. »Ceciles Kostümparty, oder? Unglaublich, Mann. Ich hätte dich fast nicht erkannt. Auf den ersten Blick habe ich dich für einen richtigen Pagen gehalten.«

Für einen richtigen Pagen. Ich sehe Louis an. Die makellose Uniform. Das hübsche Gesicht, die Sonnenbrille in seinen Haaren. Erst jetzt erkenne ich das Label. Dior. So eine hat mein Ex immer getragen. Und der hatte auch immer das neueste iPhone-Modell und sogar einen ziemlich ähnlichen Haarschnitt, für den er unglaubliche Summen bezahlt hat …

Ich hole tief Luft. Enttäuschung schlägt über mir zusammen.

»Du Bastard«, keuche ich. Bevor Louis auch nur den Mund öffnen kann, drehe ich auf dem Absatz um und reiße meine Haustür auf. Im Flur ist es angenehm kühl. Ich höre Schritte hinter mir und gehe schneller. Als ich die Holztreppe erreicht habe, fange ich an zu rennen.

»Warte!«, ruft Louis hinter mir. Seine Stimme hallt durchs Treppenhaus.

Ich sprinte nur noch schneller die Stufen empor. Verhalte ich mich total albern? Definitiv. Werde ich damit aufhören, anhalten und die Sache klären wie ein erwachsener Mann?

Niemals!

Ich schaffe es, die Wohnungstür aufzuschließen, bevor er mich erreicht, und flüchte mich ins Innere. Der Knall der zufallenden Tür hallt durch meine winzige Wohnung. Keuchend lasse ich mich zu Boden sinken, auf den bunten Flickenteppich, den ich vorgestern auf dem Markt gekauft habe. Die Wohnung ist schon fast eingerichtet, in so vielen Farben, wie es geht. Selbst meine Bilderrahmen sind bunt getupft.

Es klopft an der Tür. Ich schweige. Und komme mir dumm vor.

»Andy«, sagt Louis hinter der Tür. »Hör mir zu.«

»Nein«, sage ich und beschließe, mich endlich wie ein Erwachsener zu verhalten. Also nicht, indem ich die Tür öffne und ihm von Angesicht zu Angesicht gegenübertrete. Das wäre wirklich zu viel verlangt. Aber ich richte mich auf und balle die Fäuste. »Du hast mich angelogen. Du bist gar kein Page. Du bist so ein reicher Geldsack, der sich verkleidet hat.«

»Ja.« Immerhin klingt er schuldbewusst.

»War das lustig?«, frage ich wütend. »Mir vorzumachen, du wärst nur einfacher Page? Was ist das überhaupt für eine Party, zu der zu gehst? Verkleiden sich deine reichen Freunde auch als Angestellte? Ist das so ein Armuts-Cosplay?«

»Was? Nein!« Er klingt entsetzt. »Ich hatte keine Zeit, mich um ein Kostüm zu kümmern, also habe ich mir eine Pagenuniform geborgt. Das ist alles.«

»Von wem hast du die denn geborgt?«

»Ich ...« Er scheint zu zögern. »Aus unserer Garderobe. Im Grand Palais.«

»Eurer Garderobe? Willst du damit sagen ...«

»Ja.« Er klingt elend. »Es ist seit Generationen im Familienbesitz.«

Er ist also die schlimmste Art reicher Geldsack. Ein reicher Geldsack mit Tradition. Wenn er wenigstens ein Selfmade-Geldsack wäre!

»Du hast dich über mich lustig gemacht.« Ich will wütend klingen, aber es kommt weinerlich heraus. Mist. »Warum hast du mir so einen Scheiß erzählt?«

»Es tut mir leid.« Er räuspert sich. Etwas bumst gegen die Tür, dann auf den Boden. Hört sich an, als würde er nun davor sitzen, mit dem Rücken zu mir. »Hör mal, ich ... Das wollte ich nicht. Nicht wirklich. Aber ich ... Weißt du, ich habe nicht gelogen, als ...«

»Hast du doch.«

»Nicht bei allem. Es war wirklich kompliziert, hier aufzuwachsen. Alle kennen mich. Alle wissen, dass meiner Familie das Grand Palais gehört, und mehrere Villen am Meer und in den Bergen und außerdem der halbe Strand und ...«

»Was?« Ich bin entsetzt. »Das wird ja immer schlimmer!«

»Um ehrlich zu sein, bist du der Erste, der so reagiert.« Ich höre ein trauriges Lächeln in seiner Stimme. »Alle anderen sind begeistert, wenn ich erzähle, wie reich ich bin.«

»Ich hasse Geldsäcke.«

»Ich weiß. Deshalb habe ich dir ja nicht erzählt, dass ich reich bin.«

»Das hast du noch gar nicht gewusst, als du mich angelogen hast.«

»Ja, okay. Erst wollte ich nur wissen, wie es ist«, eine kurze Pause, »normal zu sein. Normal behandelt zu werden. Wenigstens in dieser Hinsicht habe ich die Wahrheit erzählt. Ich weiß nie, ob jemand freundlich zu mir ist, weil er mich wirklich mag oder weil ich reich bin.«

Ich überlege. Das klingt wirklich nicht schön. Aber ich werde doch kein Mitleid mit einem von diesen ... diesen Goldjungen entwickeln!

»Aha«, sage ich und verschränke die Arme.

»Es war sehr erfrischend, mit dir zu reden, weißt du? Mit jemandem, der nicht weiß, wer ich bin. Ich ...« Er seufzt. »Trotzdem, ich habe sofort bereut, dich angelogen zu haben. Aber dann hast du von deinem Ex erzählt und ich hatte Angst, dass du mich nicht mehr leiden kannst, wenn du erfährst, wer ich wirklich bin.« Er klingt kleinlaut. Ich fühle mich auch etwas kleinlaut.

»Sorry«, sage ich leise. »Du kannst ja nichts dafür, dass mein Ex ein Arsch ist.«

»Nein, aber ich hätte dich trotzdem nicht anlügen sollen. Du bist so nett.«

»Nett.« Nett ist der kleine Bruder von Scheiße.

»Nett. Wirklich nett. Du hast dich vor mein Auto geworfen, um diese Ziegen zu retten, das war echt, also …«

»Blöd?«

»Heldenhaft. Ich kenne fast niemanden, der für ein paar Viecher sein Leben riskiert.«

»Ach, na ja …« Meine Wangen werden heiß. Kurzentschlossen drehe ich mich um und öffne die Tür. Louis fällt mir auf die Füße. Verdutzt sieht er zu mir hoch.

»Hi«, sagt er.

»Hi.« Ich räuspere mich. »Komm doch rein. Wenn du magst. Vielleicht geht deine Kostümparty auch gleich los.«

»Die ist mir inzwischen egal.« Er rappelt sich auf. Die kleine Kappe sitzt schief auf seinem Kopf. Ich richte sie vorsichtig.

»Besser«, sage ich und schlucke. Wir sind uns ziemlich nahe. Sein Atem streift meine Lippen. Er hat tiefbraune Augen mit hellen Sprenkeln und um diese Augen herum sehe ich kleine Lachfältchen. Meine Hand ist immer noch an seiner Kappe.

Es passiert in Zeitlupe. Seine Augen kommen näher, schließen sich, ich habe noch Zeit zu denken, dass er eine kleine Narbe in der Augenbraue hat, und frage mich, wo sie herkommt, vermutlich vom Polo spielen oder was er sonst in seiner Freizeit macht …

Seine Lippen streifen meine. Sacht und warm. Ich schlucke. Immer noch starre ich ihn an.

Er zieht sich zurück und schaut mich fragend an. Leider weiß ich die Antwort nicht.

»Keine Ahnung«, stottere ich schließlich.

»Bitte?« Er hebt eine Augenbraue. Nicht die mit der Narbe. Die andere.

»Ach, hast du mich gar nichts gefragt? Ich meine ... ach, egal. Ja.«

»Ja wozu?«

»Allem. Also, grundsätzlich. Größtenteils.« Ich stöhne und vergrabe das Gesicht in den Händen. »Ich bin so schlecht in sowas. Jedes Gespräch mit mir wird irgendwann total peinlich, vor allem, wenn ... wenn ich versuche zu flirten.«

»Du flirtest mit mir?« Er klingt erfreut.

»Ja.« Ich räuspere mich und sehe ihn an. »Wahrscheinlich sollte ich es lassen und dich gleich fragen, ob du an mir interessiert bist.«

»Natürlich bin ich das. Ich habe dich gerade geküsst.«

»Oh, richtig.«

»Autsch.«

»Nein, ich meine ... argh.« Ich lasse den Kopf hängen. »So schlecht. In sowas.«

Einen Moment lang ist es ruhig. Draußen hupt ein Auto. Ein Kind brüllt nach Eis. Ich betrachte meine Schuhspitzen. Louis' Hand erscheint in meinem Blickfeld. Sie legt sich an mein Kinn und hebt es sanft.

»Darf ich dich noch einmal küssen?«, fragt er.

Ich packe sein Gesicht mit beiden Händen und schmettere meine Lippen auf seine. Immerhin nicht so fest, dass wir sie uns blutig hauen.

Nach einer Schrecksekunde erinnere ich mich daran, wie man küsst. Seit dem Ende meiner Beziehung habe ich viel zu wenig geübt, aber so langsam komme ich in Fahrt. Vorsichtig knabbere ich an seiner Unterlippe. Seine Hände wühlen sich durch meine Haare und ich biege mich ihm entgegen. Wir sind fast gleich groß, was echt praktisch ist. Es ist supereinfach, die Arme um ihn zu legen. Sein ganzer Körper fühlt sich an, als wäre er nur dafür gemacht worden, sich an meinen zu schmiegen. Ich schmecke ihn, rieche ihn und dieses Aroma ist so gut, dass mein Herzschlag beschleunigt. Ich bin nicht sicher, warum wir uns voneinander lösen, aber wir tun es. Irgendwann.

»Hey«, flüstert er und lehnt die Stirn gegen meine.

»Hey?«

Er lacht leise. »Ich habe vergessen, was ich sagen wollte.«

»Flirtest du etwa genau so schlecht wie ich?«

»Ich flirte ausgezeichnet.« Gespielt empört verzieht er das Gesicht. »Du hast mich nur aus dem Konzept gebracht.«

»Oh. Ich hab doch gesagt, dass jedes Gespräch mit mir peinlich wird.«

»Eigentlich bezog ich mich darauf, dass du sehr gut küsst.« Er wirkt amüsiert. »Und ich habe nichts gegen peinliche Gespräche.«

»Das ist gut.« Ich lache. »Du wirst nämlich in nächster Zeit jede Menge davon haben.«

Er strahlt. »Werde ich das?«

»Also. Ja.« Mist. »Falls du willst.«

»Ich will.« Er klingt, als würden wir zusammen vor dem Altar stehen. Oder will ich das nur glauben?

Leicht überfordert mache ich einen Schritt zurück. »Möchtest du etwas trinken?«

»Gerne.« Er sieht mich an wie ein hungriger Kater.

»Wasser? Kaffee? Merlot?« Ich drehe mich um und gehe in die Küche. Durchatmen. Zur Vernunft kommen. Da ist ein fremder Mann in meiner Wohnung und er ist eindeutig an mir interessiert und ich an ihm. Wie ist das so schnell passiert?

»Merlot, bitte.«

»Wenn du dich über den Jahrgang lustig machst, fliegst du raus«, sage ich leichthin.

»Hat dein Ex das gemacht?«

»Ja. Sorry. Ich weiß, dass du nicht er bist. Ich meine, seit du hier bist, hast du noch nicht einmal darüber gelacht, wie klein die Wohnung ist.«

»Ich war auch abgelenkt.« Er sieht sich um, während ich den Korkenzieher suche. »Nett hier. Schön bunt. Und sehr gemütlich.«

»Ja, oder?« Ich strahle. »Ich habe so ein Glück gehabt, dass die Wohnung frei war. Und ich bin schon fast fertig mit der Einrichtung. Meinst du, ich sollte die Küchenschränke blau streichen?«

Er nickt bedächtig. »Das würde gut aussehen.«

»Danke.« Ich gieße den Merlot in zwei Gläser und biete ihm eins an. Er sagt nichts über den Jahrgang. Oder den Geschmack. Ehrlich gesagt, glaube ich, dass ihm gar nicht auffällt, wie billig der Wein ist, er ist nämlich viel zu beschäftigt damit, mir in die Augen zu sehen. Das weiß ich, weil ich den Blick ebenfalls nicht von ihm abwenden kann.

Wir setzen uns auf meinen winzigen Balkon, der noch keine Möbel hat, und prosten uns zu. Weil es so eng ist, stoßen unsere Knie zusammen. Und unsere Lippen. Okay, das ist nicht der Enge geschuldet. Ich kann nicht aufhören, ihn zu küssen.

»Mein erstes Date in der neuen Heimat«, sage ich und lehne den Kopf gegen das Balkongitter. »Wie cool ist das denn? Genau so habe ich es mir vorgestellt.«

»Ich dachte, du wolltest in eins der Fischrestaurants am Strand?« Er spielt mit meinen Haaren und sein Daumen gleitet über meine Wange.

»Details. Unwichtig.« Ich zucke mit den Achseln. »Das Wichtigste bei einem Date ist, dass man es in guter Gesellschaft verbringt.«

»Dem stimme ich zu.« Louis beugt sich vor und küsst mich. »Vollumfänglich und absolut.«

Ich grinse. »Auch ganz und gar?«

»Selbstverständlich.« Erneut küsst er mich. Oder ich ihn. Wie gesagt: Details sind unwichtig, solange die Gesellschaft gut ist. Und das ist sie, sehr. Selbst, wenn es sich bei der Gesellschaft um einen Schwindler mit einem albernen Hut handelt.

ENDE

Weihnachten in Ebernau

Die Küche des Chalets war zu klein für zehn Leute. Natürlich quetschte sich Familie Winter trotzdem hinein. Stimmengewirr übertönte die Weihnachtsmusik aus den Lautsprechern, Ellenbogen und Schultern rempelten sich von allen Seiten an und fast minütlich brach jemand in Gelächter aus. Der Duft der Gans im Ofen zog durch den ganzen Raum und vermischte sich mit dem süßen Geruch des Vanillepuddings und dem würzigen des frischgebackenen Knoblauch-Käsebrots mit Rosmarin. Gläser klirrten.

Ein Sektkorken ploppte. Etwas Metallisches schepperte.

»Ups!«, rief Henrys Schwiegermutter. »Sorry, Marc!«

Marc, der bis gerade noch Sahne geschlagen hatte, sah an sich herab. Weiße Spritzer zierten seinen dunkelroten Pulli. Der Sektkorken war in der Metallschüssel gelandet.

»Das war klar«, murrte er.

»Du hättest eine Schürze anziehen sollen«, sagte Josh und langte an ihm vorbei, um sein halbleeres Sektglas von der Ablage zu holen und es seiner Mutter zu reichen. Schwungvoll goss sie ihm nach.

»Aber trink nicht alles auf einmal.«

»Mama. Ich bin einundzwanzig.«

»Gerade mal alt genug, um mit Trinken anzufangen, wenn man in den USA lebt.«

»Tu ich aber nicht.«

Marc griff nach einem Spüllappen und wischte über seinen Pulli. »Ab sofort gibt's keine Sektflaschen mehr in der Küche. Das Ding war ein Geschenk.«

»Von Flo?« Seine Mutter hob beeindruckt eine Augenbraue. Sie grinste Flo an, der mit einem Stapel Teller beladen an ihr vorbei eilte. »Nicht schlecht, Flo. Ist das echtes Kaschmir?«

»Äh, ja. Kaschmir aus Schottland.« Er lächelte und stieß mit Lucian zusammen, der aus dem Wohnzimmer hereinkam. »Tschuldigung.«

»Nichts passiert.« Lucian drängte sich zur Besteckschublade durch. Er riss sie auf. »Wo sind die scharfen Messer, Henry?«

»Da hinten.« Henry deutete mit dem Salatbesteck zur Ablage, auf der Gwen gerade den Pudding dekorierte. Mit rosafarbenen Zuckerblüten, die exakt die Farbe ihres Weihnachtspullovers hatten. Neben ihr stand der riesige Messerblock, aus dem ein Dutzend Holzgriffe schauten.

»Kann ich mal?« Lucian beugte sich vor, angelte nach den Messern und sie steckte ihm eine Blüte in den Mund.

»Danke.« Er grinste.

»He!«, rief Josh. »Flirtet ihr etwa? Ich hab euch im Auge, nur, dass ihr's wisst.«

Lucian hielt mit der einen Hand zwei Messer in die Höhe und packte seinen Freund mit der anderen Hand um die

Taille. »Das würde ich mich nie trauen.«

»Na, hoffentlich.« Josh flößte ihm einen Schluck Sekt ein, bevor er ihn küsste.

»Joshi«, sagte Marc. »Arbeiten, nicht knutschen. Ich seh dich nur Sekt süffeln und dummes Zeug labern.«

Lucian gab Josh einen weiteren Kuss, bevor er mit den Messern ins Wohnzimmer verschwand.

Josh schnaubte und blickte Marc an. »Als ob du besser wärst. Die Sahne sollte schon vor einer halben Stunde geschlagen werden, aber da hast du noch mit deinem Mann auf dem Sofa rumgelümmelt.«

»Nicht so frech, Zwerg.« Marc versuchte, ihm in die Wange zu kneifen.

Josh wich aus. »Zwerg? Ich bin immer noch größer als du. Und schöner eh.« Er verschränkte die Arme.

Marc lachte. »Schöner, ja? Komisch, dass nur ich dieses Jahr zum attraktivsten Snowboarder von Süddeutschland gewählt wurde.«

»Wer hat an der Umfrage teilgenommen? Mama und Flo?«

»Du bist ganz schön vorlaut, seit du es in die Großstadt geschafft hast.« Marc bohrte Josh den Finger in die Brust. »Soll ich dich mal nach draußen bringen und dir den Mund mit Schnee auswaschen?«

»Soll ich dir ne Ladung Schnee in die Unterhose stecken?«

»Versuch's doch.«

»Kein Problem.«

Marc schnappte sich Joshs Sektglas. »Gib her, das Zeug steigt dir zu Kopf.«

»He!« Josh holte es sich zurück, aber erst, nachdem Marc einen großen Schluck genommen hatte. »Lass das, oder ich steck dir Schnee vorne und hinten in den Schlüpper.«

»Das will ich sehen.« Marc grinste. »Du Großstadt-Weichei.«

»Dorfproll.« Josh kratzte sich am Hals und unter seinem Kragen kam ein Tattoo zum Vorschein. »Bist ja nur neidisch.«

»Sicher. Vor allem auf deinen falschen Fischkopp-Dialekt.«

Josh hatte schon nach einer Woche den Hamburger Slang angenommen. Seit er und Lucian dort wohnten, schien der Dialekt bei jedem Besuch stärker zu werden. Und ihre Tattoos wurden auch stetig mehr. Lucians Arme waren schon fast voll, und die Finger zur Hälfte.

»Jungs«, sagte ihre Mutter und goss sich Sekt nach. »Nicht streiten.«

Jennifer Winter lehnte am Kühlschrank und wirkte hochzufrieden, dass all ihre Kinder wieder zusammen waren. Ihr rotes Kleid wurde von unzähligen Plüsch-Elchen geschmückt und in ihren Haaren steckten ein Geweih und eine Lichterkette. Das musste Henry seiner Schwiegermutter lassen: Sie wusste, wie man feiert. Ob Weihnachten oder Apres-Ski, sie war bei allem dabei. Dass sie auf die Fünfzig zuging, schien sie nur zu motivieren.

»Du arbeitest dich auch nicht gerade tot, Mama«, murrte Marc.

»Ich hab mein Leben lang gearbeitet.« Sie prostete ihm zu. »Um dich undankbare Göre großzuziehen. Jetzt ist auch mal Schluss. Ich ruh mich aus.«

»Bis zur Rente hast du aber noch ein paar Jahre, Omi.«

Sie warf ein Brötchen nach ihm und er duckte sich. Henry fing es aus der Luft.

»Danke, Henry. Ach, ich wünschte, wenigstens einer von euch würde mich zur Omi machen.« Seufzend nippte sie an ihrem Glas. »Natürlich bin ich viel zu jung und hübsch dafür, aber noch mal ein Baby in den Armen halten ...« Sie lächelte verträumt. »Die kleinen Fingerchen und das zahnlose Lächeln ...«

Marc wirkte nicht, als könnte er ihre Gefühle nachvollziehen. »Krieg doch selbst eins, wenn du das unbedingt willst. Vielleicht klappt's ja noch.«

»In Indien ist letztens eine Sechzigjährige Mutter geworden«, sagte Flo. »Wo sind Brettchen?«

Henry zeigte es ihm, während die Diskussion weiter ging. Seine Schwiegermutter weigerte sich, noch ein Baby zur Welt zu bringen. Ob es möglich war oder nicht.

»Viel zu anstrengend«, sagte sie und naschte von der Sahne.

»He!« Marc gab ihr einen Klaps auf die Finger.

»Undankbar«, murmelte sie. »Auf jeden Fall wünsche ich mir, dass jemand anders ein Kind bekommt. Nicht ich. Ich habe das vier Mal durchgemacht und mir reicht's. Ich will die liebe Oma sein, die das Kind am Wochenende mit Süßkram vollstopft.«

»Vergiss es«, sagte Marc. »Nicht mit uns.« Er runzelte die Stirn. »Oder, Flo?«

Flo stapelte die Brettchen aufeinander. »In ein paar Jahren

vielleicht.«

»Undankbares Gör.« Seine Mutter langte um Marc herum und versuchte, an die Sahne zu kommen. Funktionierte nicht. »Da hab ich einmal einen Wunsch, und du weigerst dich.«

»He.« Marc grinste. »Ich versuch ja dauernd, Flo zu schwängern. Klappt halt nicht.«

Flo flüchtete. Josh gab Würgegeräusche von sich. Gwen senkte den Kopf und riss eine neue Packung Zuckerblüten auf.

Henry betrachtete den Salat vor sich, der fast fertig war. Honigchampignons lagen zwischen Orangenstücken und dunkelgrünen Feldsalatblättern. Etwas Kühles schlängelte sich durch seinen Magen. Viel zu langsam schob er die Greifer unter die Salatblätter und hob sie. Parmesanstückchen rieselten herunter. Öl floss. Er schluckte.

Dann nahm er die Salatschüssel und floh aus der Küche. Ins Wohnzimmer, wo der Tisch zu doppelter Länge ausgezogen war, und bis zu den Kanten mit Köstlichkeiten beladen. Der Duft nach zerlassener Butter, Braten und Glühwein zog durch den Raum. Kerzen, Porzellanelche und weihnachtliche Windlichter drängten sich auf den Holzmöbeln. Die achtzehn Lichterketten im Tannenbaum strahlten unzählige Kugeln an und um die Deckenbalken schlangen sich Tannenzweige und rote Bänder. Ein als Weihnachtsmann verkleideter Lautsprecher sang ‚Let it Snow'. Eventuell hatte Henry es mit der Dekoration etwas übertrieben. Aber Weihnachten war nur einmal im Jahr, oder?

Im Wohnzimmer trieben sich alle herum, die keine Lust

auf das Gedränge in der Küche hatten: Shirley, Marie und Nils.

Henrys Magen verkrampfte sich kurz, als er seinen Mann sah. Nils stand vor einem der reich geschmückten Fenster und unterhielt sich mit Marie. Beide tranken Glühwein aus Elchkopftassen. Nils' breiter Rücken verzerrte den grinsenden Schneemann auf seinem Pullover, der diagonal von einem hellblauen Gurt unterbrochen wurde. Dem Gurt, der den Gips hielt. Henry sah nur Nils' Profil. Die gerade Nase, den blonden, kurz gestutzten Bart. Marie sagte etwas, Nils lächelte und Wärme breitete sich in Henrys Brust aus.

Immer noch. Nach all den Jahren.

Er fand einen Platz für die Salatschüssel und quetschte sie zwischen zwei Baguettes und einen gigantischen Kerzenleuchter in Rentierschlittenform. Shirley tauchte auf der anderen Seite des Tisches auf und zündete die Kerzen auf den Rentieren an. Eine nach der anderen. Sehr langsam.

»Schindest du Zeit, bis du in das Chaos zurückkehren musst?« Henry lächelte.

Sie verzog das Gesicht. Nachdem sie den letzten Docht entzündet hatte, strich sie die kinnlangen Haare hinter die Ohren. »Ich brauche eine kleine Pause von dem Gezanke. Josh und Marc sind ja schlimm genug. Aber wenn Mama noch mitmischt und Alkohol im Spiel ist ...« Sie schauderte.

Er lachte. »Ich mag die neue Frisur. Sehr elegant und respektabel.«

Damit hatte er wohl die richtigen Worte gewählt. Sie wirkte zufrieden. »Danke. Dein Pulli ist auch schick.«

Auf seinem grünen Pulli leuchteten und blinkten mehrere Weihnachtsbäume vor sich hin, in allen Farben des Regenbogens. Wie lange die Batterien wohl durchhalten würden?

»Vielen Dank. Willst du auch einen? Ich habe einen mit leuchtenden Rentiernasen.«

»Äh. Nein, danke.« Sie sah an ihrer grünen Bluse hinunter. »Ich fühle mich wohler so.«

»Hat Gwen die ausgesucht?« Er deutete darauf. »Maulbeerseide, richtig?«

»Vermutlich.« Sie zuckte mit den Achseln. »Gwen kümmert sich um die Klamotten.« Sie schüttelte den Kopf. »Und wie sie sich um die Klamotten kümmert. Erst mal ist sie ständig auf Flohmärkten unterwegs, um die besten Schnäppchen zu finden, und dann hat sie einen Wochenplan für unsere Outfits aufgestellt, der aussieht wie ... keine Ahnung. Wie wenn sie im Krimi versuchen, einen Mörder zu finden und die ganze Wand mit Fotos und Bindfäden vollpflastern. So in etwa.«

»Na ja.« Er wiegte den Kopf hin und her. »Was immer sie da macht, funktioniert offensichtlich.«

»Tut es. In der Kanzlei denken sie alle, ich wäre ein reiches Töchterchen und hätte ... Stil.« Sie wirkte beinahe entsetzt, als sie das zugab.

»Grauenhaft.«

»Ja.«

»Hey.« Nils' warme Stimme erklang hinter Henry. Sein Geruch nach Zimt und Kaminfeuer war plötzlich da und hüllte ihn ein. »Der Salat sieht toll aus.«

»Du siehst toll aus.« Henry drehte sich zu ihm um. Von nahem war Nils' markantes Gesicht noch attraktiver. »Fast so lecker wie der Salat.«

Shirley murmelte irgendetwas Entnervtes und entfernte sich. Nils legte eine Hand an Henrys Wange.

»Kommt ihr da drinnen klar?«, fragte er. »Ich hoffe, sie treiben dich nicht in den Wahnsinn.«

»Die sind harmlos. Und ich mache den Wahnsinn jetzt seit über zehn Jahren mit, oder nicht?« Henry lächelte, obwohl er sich nur halb danach fühlte. Das kalte Gefühl in seinem Bauch war zurück. »Bleib hier und ruh dich aus. Ich regle das.«

Bekümmert sah Nils auf seinen Arm hinunter. Der Gips war vollgekritzelt mit Besserungswünschen und Kröten. Die Kröten kamen von Josh. »Nicht mehr lange und ich kann auch wieder was tun.«

»Nur noch zwei Wochen«, sagte Henry. »Und du ruhst dich aus, ist das klar? Wir sind schließlich mehr als genug, um dieses Festmahl auf die Beine zu stellen.«

Nils schaute so unglücklich, dass Henry sich vorbeugte und ihm einen Kuss gab.

»Du hast dir ein bisschen Ruhe verdient. Du arbeitest viel zu hart. Vielleicht ist dieser Skiunfall ein Zeichen, dass du mal langsamer machen sollst.«

»Dieser Skiunfall ist ein Zeichen, dass man keine Anfänger auf den Wolkenschlitzerhang lassen sollte.«

Er war mit einem Touristen zusammengeprallt, der sich ebenfalls den Arm gebrochen hatte. Genauer gesagt hatte der

Tourist die Kontrolle verloren und war in Nils hineingefahren, der nicht rechtzeitig hatte ausweichen können. Es hätte weit schlimmer ausgehen können. Das hatte die Ärztin Henry gesagt, und seitdem schwirrten diese Worte in seinem Kopf herum wie ein Fliegenschwarm, der sich stetig vergrößerte.

Es hätte weit schlimmer ausgehen können.

Er hätte Nils verlieren können und er hätte nichts dagegen tun können und es wäre genau gewesen wie damals und es wäre von einem Moment zum nächsten passiert, ohne Warnung, genau wie ...

»Hey«, flüsterte Nils. »Was ist los?«

»Nichts.« Henry strahlte, hoffentlich überzeugend. »Ich freue mich, dass wir Heiligabend alle zusammen sind. Ich ... Weißt du, du leuchtest richtig.«

»Wer, ich?«, brummte Nils. »Gar nicht.«

Henry lachte. »Du leuchtest wie drei Weihnachtsbäume und ein Nordstern. Wenn du mit deiner Familie zusammen bist, ist das immer so.«

»Das kannst du nicht beweisen.« Nils sah zur offenen Küchentür, aus der Joshs und Marcs Stimmen erklangen. Wohl eine neue Diskussion. Erstaunlicherweise endete sie in Gelächter. Nils' Mundwinkel verzogen sich. »Zumindest meine Brüder sind totale Nervensägen.«

»Also bin ich dein Liebling?«, fragte Shirley, die fast mit dem Kerzenanzünden fertig war. »Ich meine, das habe ich gewusst. Ich gratuliere dir zu deinem ausgezeichneten Geschmack.«

Nils verdrehte die Augen. »Einer anstrengender als der

nächste. Ich hätte sie besser erziehen sollen.«

»Ich bin ausgezeichnet erzogen, du Rüpel«, sagte Shirley und legte eine Hand auf die Brust. »Ich habe drei Bücher über gute Manieren gelesen und eins darüber, wie man sich als junge Dame kleiden sollte.«

»Wie man sich kleiden sollte? Du kannst dich nicht mal selbst anziehen«, sagte Nils.

»Ich hab die mehr aus Interesse gelesen«, sagte sie und schüttelte den Kopf. »Und ich wette, du ziehst dich gerade auch nicht selbst an.«

»Ich helfe gern.« Henry strahlte. »Mir wird's fast fehlen, mich um dich zu kümmern, wenn der Gips ab ist.«

»Nur noch zwei Wochen.« Nils seufzte. Er deutete mit dem Kopf in die Küche. »Ist was Gutes passiert? Gwen wirkt so zufrieden. Und du auch.«

Shirley zuckte mit den Achseln. »Vielleicht.«

Er lächelte. »Freut mich. Ich schätze, wir erfahren es irgendwann?«

»Vielleicht.« Sie grinste schief. »Das ist nett, oder? Egal, wie chaotisch die ganze Sache läuft, das war eine gute Idee. Danke, dass wir hier feiern können.«

»Natürlich feiern wir hier«, sagte Nils. »Wir haben doch genug Platz.«

»Mehr als in unserer Studentenbude auf jeden Fall«, sagte sie. »Oder in der, in der Josh und Lucian hausen, mit der halben Band.«

»He«, Lucian tauchte hinter ihr auf und stellte eine Soßenschüssel auf den Tisch. »Wir haben extra für euch das Pfand weggebracht. Und sind dabei noch reich geworden.«

Sie grunzte. »Das glaub ich. Medos war total geschockt, dass euer Balkon groß genug zum Sitzen ist, sobald die Kästen weg waren.«

Lucian grinste. »Wir haben den ganzen Sommer da draußen gesessen, nachdem wir das rausgefunden hatten. Gut, dass ihr vorbeigekommen seid.«

Sie zuckte mit den Schultern. »War nett. Und ich wollte doch sehen, wie es Josh so geht.«

»In der verkommenen Großstadt, meinst du? Ich pass doch auf ihn auf.«

»Ja, zum Glück.«

Josh räusperte sich, direkt hinter seinem Freund. »Wir sind fertig. Trotz Marc und Mama.« Er sah Shirley und Lucian böse an. »Und auf mich muss niemand aufpassen.«

Er hatte sich verändert. Bis er achtzehn gewesen war, hatte er sein Lausbubengesicht behalten, aber langsam wurde es kantiger. Das Hamburger Wetter ließ seine Sommersprossen verblassen und dass Lucians Bandkollege ihm jetzt die Haare schnitt, war wohl eine gute Idee.

Henry seufzte. »Du bist so erwachsen geworden, Josh.«

»Danke.« Josh strahlte und sah doch wieder ziemlich lausbubenhaft aus.

»Es fühlt sich wie das Ende einer Ära an. Der Letzte der Winters ist zum Mann geworden.« Henry betrachtete Josh. »Es kommt mir wie gestern vor, dass du ein klapperdürrer Knirps warst.«

»Klapperdürr ist er doch immer noch.« Marc schubste Josh

zur Seite, um die Sahneschüssel auf den Tisch zu stellen. Josh schubste zurück. Marc torkelte drei Schritte seitwärts. »He! Die Sahne!«

»Ich mache jetzt Krafttraining«, sagte Josh und spannte den Bizeps an. »Komm mir lieber nicht in die Quere.«

»Kleiner, ich glaube, wir müssen echt mal vor die Tür.« Marc grinste. »Du wirst zu frech.«

»Du wirst frech, alter Mann.«

»Kinder.« Ihre Mutter erschien zwischen ihnen. »Eure arme alte Mutter hat Hunger. Streitet euch später, ja?« Sie hob eine halb leere Flasche. »Wer will noch Sekt?«

***

Obwohl es unter erschwerten Bedingungen entstanden war, schmeckte das Essen köstlich. Das Backofengemüse schmolz in Henrys Mund, der Salat war knackfrisch und die Gans ein absoluter Traum. Ihr herzhafter Geschmack sorgte dafür, dass es einen Moment lang ruhig am Tisch war. Alle aßen andächtig. Die Kerzen beschienen ihre glücklichen Gesichter, der Lautsprecher dudelte ‚O Tannenbaum' und Henry fühlte sich weihnachtlichter als je zuvor. Neben ihm kämpfte Nils heldenhaft damit, linkshändig Rosmarinkartoffeln zu zerteilen.

»Ich kann sie für dich schneiden«, murmelte Henry.

»Lass mal.« Nils' Lächeln war so schief wie attraktiv. »Was ich noch tun kann, will ich tun. Egal, wie schlecht.«

»Mein Held.« Henry hob sein Sektglas und prostete ihm zu. »Ich bin so stolz auf dich.«

»Ja. Danke.« Es stimmte wirklich: Jetzt, wo die gesamte Familie Winter anwesend war, strahlten Nils' Augen noch heller als sonst. Er war ein Familienmensch. Auch wenn er stets behauptete, dass seine Familie ihn nerven würde, er war nicht derselbe ohne sie. Er war entspannter und gleichzeitig lebendiger, wenn sie hier waren.

Henry blickte auf seinen Teller. Schon halb leer gegessen. Er pikste in die Reste des Gänsefleischs und wieder verknotete sich sein Magen.

Er vernahm etwas, eine Erinnerung in seinem Kopf, die er lange nicht mehr gehört hatte. Das Lachen seiner eigenen Familie. Sein kleiner Bruder Titus. Seine Eltern, die mit ihm an der Weihnachtstafel saßen. Seine Eltern waren hoffnungslos schlechte Köche gewesen, so dass sie meist in ihrem Lieblingsrestaurant bestellt hatten.

Köstlich, hatte sein Vater jedes Jahr gesagt. Fast, als hätte ich es selbst gekocht.

Sein Vater hatte das Talent gehabt, Suppe anbrennen zu lassen, und seine Mutter versalzte grundsätzlich alles. Vielleicht wäre aus Titus ein besserer Koch geworden, wenn er nicht ...

Etwas Altes umklammerte Henrys Herz. Siebzehn Weihnachtsfeste hatte er mit ihnen gefeiert, und sie waren genau so chaotisch und schön gewesen wie dieses hier. Und dann ...

Der Appetit verließ ihn. Die Vergangenheit rückte näher, nun, da sie sich fast wiederholt hatte. Nils wäre beinahe gestorben. Und Henry hatte einen Entschluss gefasst und irgendwann würde er mutig genug sein, ihn seinem Mann mitzuteilen.

Bald, dachte er. Heute Nacht.

»Hey.« Nils klang besorgt. »Ist echt alles ...«

Henry nickte. »Später«, raunte er. »Ich erklär dir alles später.«

Es reichte nicht ganz, um die Sorge aus Nils' Gesicht zu vertreiben, aber fast. »Bist du ...«

Henrys Rettung kam von unerwarteter Stelle: Shirley haute mit dem Löffel gegen ihr Sektglas. So fest, dass es fast zersprang. Neun Köpfe ruckten hoch. Sie starrten Shirley an, die mit ernster Miene in die Runde sah und sich räusperte.

»Also«, begann sie. »Ich schätze, der Moment ist so gut wie jeder andere, ich meine, immerhin sind alle ruhig. Dreht jetzt nicht durch, aber ...«

Gwen sprang auf. Ihre Augen leuchteten heller als sämtliche Kerzen auf dem Tisch zusammen. »Wir bekommen ein Baby!«, rief sie und warf die Hände in die Luft. Ihr Stuhl klapperte hinter ihr zu Boden. Sie hüpfte, dann fiel sie Shirley um den Hals. »Sorry, Babe! Ich wollte nicht ... Ich weiß, dass ... Ich wollte die Überraschung nicht verderben! Ich bin so aufgeregt.«

Shirley lächelte. »Alles gut.« Sie schloss die Augen, als Shirley sich an sie schmiegte.

Alle schwiegen und glotzten. Marc und Josh sahen sich plötzlich recht ähnlich: Beiden fiel ein Stück Gans aus dem offenen Mund. Besteck klirrte auf Teller. Frau Winters Hand verharrte auf halbem Weg zum Mund. Dann schleuderte sie die Gabel hinter sich.

»Was?!«, brüllte sie. »Aber ... ein Baby?!«

»Ja«, sagte Shirley. »Du fragst dich sicher, wie ...«

»Ich frag mich gar nichts! Ein Baby!« Strahlend sprang ihre Mutter auf und rannte zu ihr. Sie zerrte Shirley in eine Umarmung und warf sie dabei fast zu Boden. Gwen erwischte sie auch. Die wirkte sehr viel fröhlicher über den Gefühlsausbruch als Shirley. »Ich hatte die Hoffnung schon aufgegeben! Deine Brüder trödeln ja alle rum, und dass irgendeiner von euch versehentlich schwanger wird, ist leider unmöglich und ... Ein Baby!«

Henry blickte zu Nils. Einen Moment lang huschte ein schmerzlicher Ausdruck über dessen Gesicht. Dann schüttelte er den Kopf. Und strahlte.

»Mach Platz, Mama!«, sagte er, drängte sie ab und umarmte Shirley und Gwen. »Das sind ja mal gute Nachrichten.«

»He!« Seine Mutter schaffte es, die beiden weiter zu umarmen. Josh jubelte, krabbelte unter dem Tisch durch und schloss sich an. Henry schluckte, dann machte er mit. Kurz darauf hing die gesamte Familie Winter samt Anhang an Gwen und Shirley. Gwen erwiderte die Liebkosungen mit feuchten Augen. Shirley wirkte weniger enthusiastisch, aber ihr Gesicht war weicher als sonst.

»Herzlichen Glückwunsch«, murmelte Henry in die ungefähre Richtung der beiden. In seiner Brust vermischten sich Glück und Panik. Jetzt musste er es Nils wirklich sagen, oder? Er sah dessen glückliches Gesicht und schwor sich, es heute Abend durchzuziehen. Wirklich. Echt.

»Wie?«, stammelte Jennifer. »Wer von euch ist …«

»Noch keine«, sagte Shirley. Ihre Brillengläser waren beschlagen. »Wir wissen nur, dass wir es tun werden.«

»Bald.« Gwen strahlte.

»Äh.« Josh löste sich von seiner Schwester. »Ich frag jetzt nicht, ob ihr sicher seid, aber … Ihr seid noch ganz schön jung.«

Shirley zuckte mit den Achseln. »Mama war noch viel jünger, als sie mit Nils schwanger geworden ist, oder nicht?«

»Ja.« Tränen liefen über Jennifers Gesicht. »Und schaut euch an, was für ein Prachtkerl mein Nilsi geworden ist.«

»Mama.« Nils rieb sich mit der freien Hand im Nacken.

»Ist doch wahr.« Sie strahlte. »Ihr seid alle … Ich bin so stolz auf euch!« Sie verteilte Küsse. Marc und Josh flüchteten. Shirley war eingekesselt und ließ es über sich ergehen. Nils ließ zu, dass sie seinen Kopf herunterzog und seine bärtige Wange abknutschte. Auch Henry bekam einen Stirnkuss.

»Können wir uns wieder setzen?«, fragte Shirley. »Ich … Gwen erklärt euch alles.«

»Alles!« Gwen strahlte. »Absolut alles! Und ihr könnt uns dabei helfen, den Spender auszusuchen. Na ja, ihr dürft zumindest Vorschläge machen.«

»Oh, cool.« Josh war sofort Feuer und Flamme. »Habt ihr da einen Online-Katalog oder so?«

»Einen?« Shirley grinste und knuffte ihrer Freundin gegen den Oberarm. Die schlang ihr die Arme um den Hals. »Sie hat schon fünf.«

»Ich will halt den perfekten Mann für uns.« Gwen ließ sich

auf ihren Sitz fallen und schaute in die Runde. »Einen, der genau ist wie Shirley.«

Marc nickte verständnisvoll. »Einen überehrgeizigen Streber also?«

»Genau!«

»Hey!« Shirley knuffte Gwen erneut. »Was soll das denn heißen?«

»Süße«, Gwen packte sie am Kragen ihrer Bluse, »du weißt, wie sehr ich auf überehrgeizige Streber stehe. Oder auf Streberinnen. Es gibt nichts Heißeres auf der Welt, als jemanden, der sich hundertzwanzig Paragrafen und Nebenparagrafen merken kann.«

»Stimmt«, sagte Shirley und küsste sie.

»Also, langsam wird mir das zu pervers«, sagte Marc. »Hört bitte auf mit den Paragrafen.«

»Und erzählt von dem Baby!« Jennifer beugte sich vor. »Was ist mit dem Baby?«

»Es gibt noch kein Baby«, sagte Josh. »Hast du nicht zugehört?«

»Was ist mit dem Baby?« Ihre Mutter schlug mit der flachen Hand auf den Tisch. Josh entfernte ihr Sektglas.

»Na ja.« Gwen fuhr sich durch die goldblonden Locken. »Also. Ich werde es bekommen. Deshalb will ich ja, dass der Spender Shirley ähnlich ist. Es soll schließlich unseres sein.«

Shirley legte eine Hand auf ihre. »Du kannst auch einen blonden Surfer-Dude mit Raumtemperatur-IQ nehmen. Es ist trotzdem unser Baby.«

»Ein Baby.« Frau Winters Augen schimmerten.

»Hier.« Marie reichte ihr ein Taschentuch. Sie schnäuzte sich lautstark hinein.

»Aber«, Marc wirkte immer noch etwas unentschlossen, was er von der Sache hielt, »ihr seid wirklich noch jung. Shirley, ich meine ... Du bist die Vernünftige in der Familie. Die einzige Vernünftige. Als die Vernunft verteilt wurde, hast du die doppelte Portion bekommen und Josh ist leer ausgegangen.« Ein Brötchen flog gegen seine Stirn. Er fing es und legte es auf seinen Teller. »He, wenn ihr das wollt, freue ich mich für euch. Echt. Und Onkel Marc wird eh der coolste Onkel von allen. Aber ... na ja. Das habt ihr euch nicht erst gestern überlegt, oder?«

Beide verneinten.

»Habt ihr lange darüber nachgedacht?«, fragte Nils. Seine Stimme war etwas rau.

»Schon fast ein Jahr.« Shirleys Lächeln war ziemlich schief. »Ich glaub's ja selbst nicht, aber ich will das. Wir wollen das. Es fühlt sich richtig an, wisst ihr? Und ... He, Marc hat schon recht. Ich bin die Vernünftigste hier. Aber wenn sich etwas absolut richtig anfühlt, dann ist es nur vernünftig, es zu tun. Egal, wie wenig Sinn es macht.«

»Aw.« Gwen legte den Kopf auf ihre Schulter. »Das hast du schön gesagt.«

»Na ja.« Marc musterte die beiden. »Aber ihr studiert beide noch. Meint ihr nicht, ihr solltet lieber erst mal ...«

»Es gibt keinen richtigen Zeitpunkt für Kinder«, sagte Marie und ließ sich die Sektflasche reichen. »Danke. Kinder passen nie ins Leben. Nicht im Studium, nicht, wenn man gerade erst in den Job einsteigt und erst recht nicht, wenn die Karriere gerade in Schwung kommt. Wenn ihr es jetzt wollt, warum nicht?«

Jennifer sah sie überrascht an. »Also, das hätte ich jetzt nicht von dir erwartet.«

»Du unterschätzt mich immer wieder.« Marie seufzte und nippte an ihrem Sekt.

»Ja, scheint so. Du bist doch auch so vernünftig ... hach. Ein Baby.«

Henry ließ seine Hand über den Tisch gleiten und legte sie auf Nils' Linke. Sie war kälter als üblich. Aber das Lächeln in Nils' Gesicht war echt. Er hob sein Sektglas.

»Auf Baby Winter!«, sagte er und sein Bass dröhnte durch den ganzen Raum. »Die nächste Generation!«

»Auf Baby Winter!«, riefen Josh, Lucian und Henry. Die anderen stimmten ein.

Gwen gluckste. »Das Baby mit den besten Onkeln der Welt. Gleich sechs Stück!«

»Das Arme«, murmelte Shirley. »Onkel Marc bringt ihm schon mal nicht Snowboarden bei. Der würde es gleich auf die Todespiste schicken und ihm den zehnfachen Korkenzieher-Genickzwirbler beibringen oder so.«

»Sobald es drei ist.« Marc prostete ihr zu. »Keine Sorge, Schwesterherz. Wir ziehen einen neuen Weltmeister heran.«

»Mein Kind«, sagte Shirley, »soll seinen vierten Geburtstag erleben. Du kannst ihm was beibringen, wenn Nils ihm in Ruhe die Grundlagen erklärt hat.«

»Ich bin ein toller Lehrer. Sagen alle meine Schüler«,

behauptete Marc.

»Und Schülerinnen«, ergänzte Flo. »Und dann seufzen sie lüstern.«

»He!«

Flo sah schmunzelnd in sein Glas. »Ich zerstöre jedes Jahr Lebensträume, indem ich auftauche und dir einen Kuss auf die Wange gebe.«

»Also, ich flirte echt nicht oder so. Ich bin einfach von Natur aus attraktiv.« Marc klopfte auf seine breite Brust. »Das da drin gehört nur dir.«

»Der linke Lungenflügel?«, fragte Josh.

Marc warf das Brötchen zurück. Er setzte an, etwas zu sagen, aber dann runzelte er die Stirn. »Shirley?«

»Hm?« Sie schaute, als wüsste sie genau, was er fragen wollte. Und, als würde sie es gern vermeiden.

»Warum habt ihr mich nicht gefragt?« Marc verschränkte die Arme. »Ich wäre der perfekte Samenspender. Ich bin sportlich, schön, groß ...«

»Dumm wie Brot«, sagte Josh. »Aber ihr hättet mich fragen können. Ich meine ... Wenn ihr wollt, dass das Baby wie Shirley ist.«

»Du bist kein Stück wie Shirley«, sagte Marc. »Du bist das komplette Gegenteil.«

»Ich bin ihr Zwillingsbruder.«

»Der null Verstand abbekommen hat und Horror-Lebkuchenhäuser baut.« Anklagend deutete Marc auf die Monstrosität in der Mitte des Tisches. In einer mehrstündigen Aktion hatte Josh eine Villa aus dem 18. Jahrhundert nachgebaut und sie mit rot-orangem Zuckerguss übergossen, der wie Lava aussah. Aus allen Fenstern schauten brennende Marzipan-Weihnachtsmänner und schrien.

»Das ist ein Kunstprojekt«, sagte Lucian und rieb sein Kinn. »Mir gefällt es. Sehr japanisches Pulp-Fiction-Cover aus den Siebzigern.«

»Genau das wollte ich!« Josh sah ihn liebevoll an. »Es ist eine Hommage an Nobuhiko Obayashis ‚Hausu' und … Moment.« Er wandte sich wieder Shirley zu. »Lenk nicht vom Thema ab.«

»Ich habe nicht abgelenkt. Das wart ihr ganz alleine.« Shirley lehnte sich in ihrem Stuhl zurück. »Und die Antwort ist ganz einfach: Es würde sich total seltsam anfühlen, wenn einer meiner Brüder meine Freundin schwängert.«

»Wir würden ja nicht richtig … also.« Marc und Josh wichen Gwens Blick aus.

Die lachte. »Ich hätte nichts gegen euch als Spender, aber Shirley. Sie hat nicht mal Nils in Betracht gezogen.«

»Wieso nicht mal Nils?« Marc hob eine Augenbraue. »Das klingt, als wäre er ein besserer Samenspender als ich.«

»Er ist der Zuverlässige.« Shirley zuckte mit den Achseln. »Seien wir ehrlich: Nils wäre der beste Papa von euch allen. Er hat uns schließlich alle großgezogen.«

»Mich nicht«, murrte Marc. »Ich habe mich selbst …«

»Er hat dir jeden Morgen Pausenbrot gemacht, dich zur Schule gebracht und dir jeden Abend bei den Hausaufgaben geholfen«, sagte Shirley.

»Ja, na gut.« Er warf die Hände in die Luft. »Ist Nils halt

der beste Papa. Dafür ist Onkel Marc der Coolste. Mit Abstand.«

»Ich bin der coolste Onkel«, sagte Josh. »Ich bin tätowiert und wohne in Hamburg.«

»Immerhin weit weg.« Marc lachte. »Dann kannst du die Kleine nicht in deine Horror-Kunstprojekte mit reinziehen.«

»Die Kleine?« Nils legte den Kopf schief. »Glaubst du, es wird ein Mädchen?«

»Fühlt sich so an«, behauptete er.

»Sollten wir das nicht die werdende Mutter fragen?« Henry nickte Gwen zu. »Oder die bald werdende?«

Gwen sah an die Decke. »Also, vom Gefühl her würde ich sagen ... Ich weiß es nicht.«

»Habt ihr mehr Mädchen oder Jungen in der Familie?«, fragte Flo.

Sie überlegte. »Meine Großmutter hatte drei Mädchen, aber ihre Schwester ...«

Der Abend ging mit zahlreichen Spekulationen weiter.

Nach dem Essen wurden Geschenke ausgepackt und dann spielten sie so lange Activity mit zugelosten Teams, bis Marie und Lucian gewonnen hatten. Erstaunlicherweise wurden Marc und Josh Zweite.

»Wenn du den Fön erraten hättest, hätten wir gewonnen«, murrte Marc.

»Der sah aus wie ein schwindsüchtiger Schweinekopf.«

»Sorry. Kann ja nicht jeder so toll zeichnen wie du.«

»Da hast du recht.«

»Das reicht. Raus in den Schnee.«

»Zwing mich doch.«

Es blieb bei einem Wortgefecht. Selbst die beiden waren mit dem Alter milde geworden.

Dem Alter. Henry fühlte sich alt. Er saß an Nils' Schulter gekuschelt auf dem Sofa und schaute ins Kaminfeuer. Um sie herum tobte das Familienleben. Jennifer redete mit Gwen. Lucian, Shirley und Flo räumten das Spiel ein. Marie nippte an einem kühlen Weißwein und strich die Decke über ihren Beinen glatt.

Henry schmiegte sich noch enger an den vertrauten Körper seines Mannes. Genoss die Wärme unter dem Schneemannpulli. Vorsichtig strich er über die Fingerspitzen, die vorne aus dem Gips herausschauten. Sie waren ungewohnt weich. Normalerweise waren Nils' Finger voller Hornhaut vom Holz hacken, vom Sport und allem, was er sonst noch machte. Jetzt fühlten sie sich fast an wie die Haut am Rest seines Körpers.

»Fröhliche Weihnachten«, flüsterte Henry in Nils' Ohr. Er drückte einen Kuss in seine Halsbeuge, schnupperte und roch Zimt und das Eau de Toilette, das er Nils letztes Jahr geschenkt hatte.

»Fröhliche Weihnachten, Henry.« Nils' Augen waren voller Wärme. Er senkte die Lippen auf Henrys und der vergaß, dass um sie herum ihre Familie tobte. Überglücklich und leicht beschwipst ließ er sich in den Kuss fallen.

***

Es war fast drei Uhr morgens, als ihre Gäste sie verließen.

Alle, bis auf Gwen und Shirley, die sich gähnend ins Gästezimmer zurückzogen. Das Chaos war notdürftig beseitigt, die Luft voll vom Duft ausgeblasener Kerzen und die Stille schien zu dröhnen, nachdem der Raum so lange von Gesprächen und Gelächter erfüllt gewesen war.

Nils war noch im Bad, und Henrys Müdigkeit wurde von seiner Nervosität in Schach gehalten. Er setzte sich vor die Balkontür in ihrem Schlafzimmer und schaute hinaus auf die schneebedeckte Brüstung. Und in sein eigenes Gesicht, das ihm aus der Scheibe entgegenblickte.

Sei kein Feigling, dachte er. *Nur Mut.*

Seufzend lehnte er sich gegen das massive Holzbett. Ihr Schlafzimmer war nicht groß, aber es war das gemütlichste, in dem er je geschlafen hatte. Nacht für Nacht, immer an Nils geschmiegt oder Nils an ihn. Seit über zehn Jahren. Eingehüllt in den Geruch nach Holz und Kaminfeuer, sicher unter den Daunendecken, während draußen der Schnee fiel.

Vereinzelte Flocken segelten draußen nieder und legten sich auf die beiden Holzstühle. Hier hatten sie im Sommer gesessen und Gespräche geführt. Viele Sommer lang. Viele Gespräche. Und immer wieder war ein Thema aufgekommen, zu dem sie keine Lösung fanden.

Du hast es doch gesehen, dachte er. *Heute Abend. Wenn das nicht der Beweis war, dass du das Richtige tust, dann ... dann gibt es keinen Beweis.*

Nils' Gesicht kam ihm in den Sinn. Dessen Miene, als Gwen die frohe Botschaft verkündet hatte. Shirleys locker dahingesagte Worte.

Nils wäre der beste Papa.

Wäre er auch längst, dachte Henry. *Wenn er nicht mit mir zusammen wäre.*

Die Tür öffnete und schloss sich. Nils gähnte hemmungslos und selbst das war unwiderstehlich. Manchmal wunderte sich Henry, dass er nach all den Jahren immer noch Herzklopfen empfand. Aber er wunderte sich nicht zu lange. Über Wunder sollte man nicht nachgrübeln, sonst bekamen sie Angst und verschwanden.

»Hey, du bist ja noch auf.« Nils' Schritte knarrten über die Dielen und verharrten neben Henry. »Was ist?«

Henry sah zu ihm auf. »Setz dich.« Er klopfte auf den Teppich neben sich.

Nils schaute verblüfft. Er setzte sich, etwas umständlich dank des Gipses. Gut, dass er so sportlich war. Jemand anderen hätte der gebrochene Arm noch stärker eingeschränkt.

»Was ist los?« Leichte Verunsicherung huschte über Nils' Miene. Limettengrüne Augen musterten Henry.

»Ich«, Henry schluckte. Seine Kehle wollte sich bereits jetzt zuziehen, doch er sprach weiter. »Ich habe nachgedacht. Schon länger. Über uns. Über ... Das, was heute Abend war.«

»Was meinst du?«

»Gwen und Shirley.« Henry blickte sich selbst in die Augen, in der dunklen Scheibe. »Du weißt schon.«

»Oh.« Nils lehnte den Hinterkopf gegen das Bett. »Das. Ich ... Es ist okay, Henry. Wirklich.«

»Ist es das?« Henry lächelte bitter. »Du willst ein Kind, Nils. Und sie bekommen eins. Vermutlich. Bald.«

»Das ist doch toll.« Nils' Lächeln dagegen war wehmütig. »Ich werde Onkel. Ich werde … Wann immer sie mit dem Kleinen hier sind, werde ich es verhätscheln und umsorgen und mit ihm Fangen spielen und … Das wird toll.«

»Ja.« Henry räusperte sich. »Hör mal, ich …«

Nils nahm seine Hand mit der Linken. Sein Gesicht war so zärtlich, dass es schmerzte. »Nein. Mach dir keine Vorwürfe. Ich … ich habe mich für dich entschieden und dabei bleibt es. Für immer. Ist das klar? Ich würde dich gegen niemanden auf der Welt eintauschen. Auch nicht gegen das süßeste Kind der Welt.«

»Du willst ein Kind.« Henry wandte den Kopf und sah ihn an. Direkt, nicht durch eine Spiegelung. »Und ich traue mich nicht, und deshalb kannst du nicht …«

»Ist doch klar, dass du Angst hast.« Nils' Griff wurde fester. »Echt. Ich verstehe das. Du hast«, sein Adamsapfel zuckte, »deine Familie verloren, auf einen Schlag. Sorry. Natürlich hast du Angst davor, eine zu gründen. Bitte glaub mir, dass ich es verstehe. Es macht mir nichts aus.«

»Lügner.« Henry lachte. »Das sagst du nur, um mich nicht zu verletzen. Ich weiß, dass es dir etwas ausmacht. Ich habe dein Gesicht gesehen, als Shirley dich den besten Papa genannt hat.«

»Ja, na gut. Aber du bist wichtiger, Henry. Ich will mit dir zusammen sein. Ob mit Kind oder ohne.«

»Das ist lieb. Aber … Ich weiß, dass dir das nicht reicht. Nicht auf Dauer. Und ich kann«, er schloss die Finger so fest um Nils', dass er Angst hatte, sie zu zerquetschen, »nicht zulassen, dass du deinen Traum für mich opferst. Das bin ich nicht wert. Das ist niemand wert. Du bist ein Familienmensch, und ich allein kann dich nie so glücklich machen wie … wie … eine Familie es täte.«

Nils' Augen wurden rund. Panik kroch in seine Züge. »Was willst du damit sagen? Machst du … Du machst nicht Schluss mit mir, oder?«

»Was?« Henry richtete sich auf. »Nein! Ich will dir sagen, dass ich bereit bin! Für …« Er schluckte schmerzhaft. »Dafür. Als du den Unfall hattest, da habe ich erst kapiert, dass du auch weg sein könntest. Von einem Tag auf den anderen. Und ich könnte nichts dagegen tun, genau, wie ich damals nichts tun konnte, also …« Seine Sicht verschwamm. »Wir sind diesen Sachen ausgeliefert. Wir haben keine Macht. Alles, was wir tun können, ist zu leben, so lange wir leben, und wir wissen nie, wann es vorbei ist …«

»He!« Nils' gesunder Arm schloss sich um ihn. »He, das … das ist gequirlte Scheiße, Henry. Du und ich, wir werden neunzig, und zwar zusammen. Und wir sterben genau hier im Bett, während wir den besten Sex haben, den zwei Neunzigjährige je hatten.«

Henry schluchzte. »Das kann nicht weiter schwer sein. Wie viele Neunzigjährige haben noch Sex?«

Nils lachte, und es klang ebenfalls verheult. »Du würdest dich wundern. Seit Mama im Altersheim arbeitet, habe ich Storys gehört, die … Henry. Es ist alles gut. Wirklich. Das war ein blöder Skiunfall.«

»Du hättest sterben können«, murmelte Henry in Nils'

Pullover.

»Bin ich aber nicht.«

»Aber was, wenn du gestorben wärst?«

»Dann ... Also, keine Ahnung.« Nils wirkte ziemlich hilflos.

»Ich sag dir, was dann wäre.« Henry löste sich von ihm und wischte sich mit dem Ärmel über die Augen. »Dann würde ich nichts bereuen. Absolut gar nichts. Ich würde nicht bereuen, dass ich dir mein Herz geschenkt habe, meinen Körper und nicht zu vergessen: meine schwule Unschuld. Dass wir geheiratet haben und dass ich hergezogen bin. Nichts davon. Ich wäre vollkommen zerstört, aber gleichzeitig wäre ich einfach nur dankbar.«

»Henry.« Nils' Hand strich über seine Wange.

Henry schloss die Augen. »Ich hatte es wohl vergessen. Aber jetzt bin ich bereit. Tun wir's. Holen wir uns ein Kind oder zwei oder besser drei und überschütten sie mit Liebe und ... und wenn irgendetwas passiert, dann ... dann verschwindet diese Liebe doch nicht. Oder?«

Nils starrte ihn an. Seine Augen liefen über. »Nein«, krächzte er. »Sie verschwindet nicht. Nie.«

»Na also.« Henry lachte hilflos. »Ich weiß gar nicht, warum ich so lange gezögert habe.«

Nils schloss ihn in den Arm. In einen Arm, aber in der Berührung lag so viel Liebe, als hätte er mehr Arme als ein Oktopus. Ein seltsames Bild, das den Moment nicht störte. Henry presste die Stirn gegen Nils' Schulter. Tränen liefen über sein Gesicht. Er spürte sanftes Streicheln an seiner Wange.

»Zehn Kinder«, krächzte er. »Und einen Hund.«

Nils lachte. »Fangen wir mit einem an. Wird schwer genug für uns, ein Pflegekind zu bekommen ... obwohl ...«

»Was?«

»Äh.« Er räusperte sich. Henry löste sich von ihm und sah ihn an. »Die Mutter von Mos Frau arbeitet im Rathaus in Bälderdingen, beim Fachdienst Pflegekinder, und ... und ich kenne sie ganz gut. Vielleicht kann die uns helfen. Ich hab das nicht geplant oder so.«

»Natürlich nicht. Du bist alles, nur nicht hinterhältig.« Henry küsste seine Nase. Sie war heiß. »Ich ... Ich muss nur ...«

»Was?« Nils strich über seine Wange. Die war immer noch nass, wie es schien.

»Ich habe Angst.« Henry schluckte. »Panik. Wenn wir das durchziehen, werde ich wahrscheinlich erst mal ein Nervenbündel sein.«

»Kein Problem.« Nils grinste. »Ich kümmere mich um dich. Und du kannst deinen alten Therapeuten wieder anrufen, wenn du einen Profi brauchst.«

»Stimmt. Ja, das packen wir schon.« Henry schloss die Augen und lehnte sich zurück. Sein Hinterkopf sank in die Matratze, seine Schulterblätter drückten gegen die Bettkante. Er stieß Luft aus, die er anscheinend jahrelang angehalten hatte. »Fühlt sich gut an. Ja, doch. Es fühlt sich richtig an. Ich glaube, der Zweifel war das Schlimmste. Jetzt, wo ich mich entschieden habe, geht es.«

»Du wirst ein toller Papa«, sagte Nils und drückte seine Finger. »Der beste.«

»Nee, der beste Papa bist schon du.« Er lächelte. »Ich bestehe darauf, dass unser Kind mich ‚Herr Vater' nennt. Oder ‚Herr von Murnau'.«

Nils lachte. »Henry reicht vielleicht auch.«

»Vielleicht.« Er stellte sich vor, wie er auf dem Sofa lag und ihrem Kind etwas vorlas. Wie es sich an ihn kuschelte, so, wie sein kleiner Bruder es getan hatte. Wie es ihn … »Titus hat mich immer Henny genannt.«

»Das ist süß.« Er hörte das Lächeln in Nils' Stimme. »Ich … Mann. Danke. Das ist das beste Weihnachtsgeschenk, das ich je bekommen habe.«

»Freut mich.« Henry rieb sich über die Augen. Er fühlte sich nur noch halb so schwer wie … den ganzen Tag über eigentlich. Dabei war er immer noch vollgestopft mit Weihnachtsessen.

»Wenn ich dir auch etwas schenken kann …« Nils' Stimme war warm und rau. »Um dich von deiner Angst abzulenken, zum Beispiel. Ich bin müde und kann nur einen Arm benutzen, aber ich kann immer noch meinen ehelichen Pflichten nachkommen. Vielleicht will ich das sogar ganz gerne.«

Henry spürte das Lächeln, das sich in seinem Gesicht ausbreitete. »Das sind ja gute Neuigkeiten. Ein bisschen langweiliger Ehesex würde mich in der Tat sehr ablenken.« Er reckte sich. Spürte Nils' Körper neben seinem und lächelte. Es ratterte in seinem Gehirn, und die Gedanken führten dazu, dass sich Wärme in seinen unteren Regionen entfaltete. Er seufzte tief. »Ich schätze, es ist sehr schwer für dich, mit deiner Verletzung. Wenn du beispielsweise nachts auf dem Bett liegen würdest und ein lüsterner Einbrecher käme herein … Dann könntest du dich ja gar nicht wehren. Egal, was er mit dir macht.«

»Ich wäre total hilflos.« Nils' Stimme war noch rauer als zuvor. »Ich könnte nichts gegen ihn tun und niemand könnte mich hören. Und weißt du, was das Schlimmste ist?«

»Sag es mir.«

Stoff raschelte. »Ich schlafe immer nackt.«

»Nein!«

»Doch. Übel, was? Der lüsterne Einbrecher hätte leichtes Spiel mit mir.« Das Bett knarrte, als Nils umständlich darauf kletterte.

»Du Armer«, schnurrte Henry. Glück und Lust sprudelten in ihm hoch.

»Ja.« Nils klang vollkommen ernst. »Ich hoffe echt, dass kein lüsterner Einbrecher in das Chalet eindringt.«

Henry erhob sich. »Und wie der eindringt, Nils. Du hast keine Chance.«

»Mist.«

»Ja.« Liebevoll sah er den nackten, einarmigen Wikinger auf seinem Bett an. »Hallo, Großer. So allein hier?«

ENDE

Der Duft von Erdnussbutterkeksen

Der Geruch traf ihn unvorbereitet. Ein Blinzeln im Halbschlaf seines Lebens.

Erdnussbutterkekse.

In einem Moment schritt Kort über die Stuttgarter Straße, Motorengedröhne im Ohr, Abgase in den Nasenlöchern, im nächsten war er zuhause. Daheim in der Küche seiner Granny, die ihn vom Herd verjagte und streng verkündete, dass er die Pfoten von der Ofenklappe lassen sollte. Sie hatte sich nie mit Höflichkeiten aufgehalten, erst recht nicht bei ihrem einzigen Enkel. Seine Brust krampfte sich zusammen.

Seine Schritte verharrten, und es fühlte sich an, als würde er zum ersten Mal seit Jahren anhalten. Den Kopf heben. Den kühlen Aprilwind im Nacken spüren. Die graue Straße betrachten, an der er entlanglief wie jeden Tag, auf dem Weg nach Hause, den Riemen der Laptoptasche über der Schulter. Er hätte den Porsche nehmen können, aber Laufen war gesünder und …

Wieder erwischte der Duft ihn. Nussig und weich, buttrig und süß. So süß, dass er glaubte, Granny würde ihn gleich vom Herd vertreiben. Seine langen Beine wurden zu speckigen Waden, so kurz, dass seine Füße den Boden nicht erreichten, wenn er mit ihr am Küchentisch saß und Kekse in Milch tauchte.

Sonntags hatte sie gebacken. Er hatte nie viel von seinen Eltern gesehen, aber Granny hatte sich die Zeit genommen, einfach bei ihm zu sein. Zu backen, zu reden. Das Reden war oft in Diskussionen, und dann in laute Wortgefechte ausgeartet. Er hatte all sein Verhandlungsgeschick von Granny gelernt.

Kort wandte den Kopf. Der Verkehrslärm wurde überlaut, aber sanftere Töne mischten sich in das monotone Brummen. Gurrende Tauben auf den Pappeln. Ein plapperndes Kind, das auf seinen Vater einredete. Die beiden überholten ihn. Er stand da wie angewurzelt und suchte die Quelle.

Der Duft kam, wenig überraschend, aus einer Bäckerei.

Na gut, dachte er. *Woher auch sonst?*

Es war ein winziges Geschäft, eingequetscht zwischen einer Änderungsschneiderei und einem Matratzenlager. Der Laden hätte Granny gefallen. Die Fassade war mit dunkelrotem Holz verkleidet und das Schaufenster so streifenfrei, dass Kort seine Spiegelung darin sehen konnte. Den perfekt sitzenden Anzug, die dunklen Haare und das kantige Gesicht. Schlank, breitschultrig, trainiert. Das war er. Genau so ein Luxusmodell wie der Porsche Cayenne, der daheim in der Tiefgarage stand. Und ebenso leblos.

Er hob den Kopf. An einem gusseisernen Schild hing eine übergroße Metallbrezel mit einigen Dellen. »Bäckerei Mumpitz« stand in verschnörkelten Lettern darunter. Der Laden wirkte ein wenig, als wäre er aus der Zeit gefallen.

Jemand trat aus der mit goldenen Mustern bemalten Glastür und der Duft rollte über die Stufen auf die Straße, noch intensiver als zuvor. Es war eine Frau, mittelalt, mit gelbgefärbten Haaren.

»Tschüssi!« Sie winkte ins Innere hinein, bevor die Tür sich unter dem Bimmeln einer Messingglocke wieder schloss. Vor der Brust hielt sie eine braune Papiertüte. Ein Baguette schaute heraus. Beinahe wäre die Frau in Kort hineingerannt, aber er räusperte sich rechtzeitig.

»Vorsicht«, sagte er, halb da, halb im Traum. Dieser Duft, dieser verdammte Duft. Seine Kehle wurde eng.

»Hoppla.« Sie lachte und ihr Gesicht verwandelte sich in ein Muster aus Fältchen. »Tut mir leid, schöner Mann.«

Sie entschwand, die Straße hinunter. Der Duft blieb.

Unschlüssig schaute er auf die Glastür. Normalerweise zögerte er nicht. Sein Leben war eine schnelle Abfolge immer gleicher Elemente. Arbeit, Sport, mehr Arbeit, und am Wochenende: Sex. Kollegen, die sich so sehr ähnelten wie die Gäste des hochpreisigen Fitnessstudios, das er besuchte. Die sich ebenso ähnelten wie die Männer, mit denen er schlief. Eine Reihe glatter Gesichter mit ausdruckslosen Augen. Er selbst reihte sich vermutlich nahtlos ein, auch wenn er aufgrund seiner Größe herausstach. Sein Leben war ein Programm, das reibungslos funktionierte.

Warum glaubte er, dass es nun ruckelte? Dass der Bildschirm flackerte und etwas Hässliches sichtbar wurde?

»Schwachsinn«, murmelte er, schritt die Stufen empor und riss die Glastür auf. Vermutlich hatte er nur Lust auf Erdnussbutterkekse. Die hatte er sich lange genug versagt, um seinen Körperfettanteil einstellig zu halten. Aber eine Ausnahme konnte nicht schaden. Nur eine.

Die Ladenglocke bimmelte und natürlich erinnerte sie an ihre alte Klingel in Grannys Wohnung. Was auch sonst? Der ganze Laden schien eigens dafür gemacht zu sein, ihn zurück in die Vergangenheit zu schleudern. In einen pummeligen Kinderkörper, den er längst hinter sich gelassen hatte.

»Bin gleich da!«, rief jemand durch die offene Tür der Backstube. Metallregale waren dort hinten zu erkennen, und blaugepunktete Fliesen. Eine männliche Stimme. Einen Wimpernschlag lang sah er rotbraune Haare.

Es war ein Fehler gewesen. Hier drin war der Duft zu stark. So stark, dass er hinter alle Schutzmauern drang, die er sich gebaut hatte. Zucker und Nuss, Butter und ...

»Vanille«, krächzte er und war froh, allein im Verkaufsraum zu stehen.

Es war eng, vollgestopft mit einer Glastheke, hinter der Croissants und Zimtschnecken glänzten, Holzregalen, auf denen Baguettes und runde Brotlaibe lagen, mehreren Pflanzenkübeln und einem winzigen Ecktisch, der mit Zeitschriften und Postkarten übersät war. Nur noch wenige Backwaren lagen in der Auslage. Es war sechs Uhr, vermutlich würden sie bald schließen. Der Boden war schwarzweiß gefliest.

Ja, es war ein Fehler gewesen, die Bäckerei zu betreten. Seine Kehle wurde noch enger, seine Brust krampfte sich zusammen.

Fuck, dachte er und dann: *Raus hier.*

Doch er konnte sich nicht bewegen. Stocksteif stand er da und schaffte es nicht einmal, die Hände zu Fäusten zu ballen. Die kümmerlichen Reste der Backwaren verschwammen vor seinen Augen.

Fuck.

»Entschuldigung«, rief eine fröhliche Stimme. Ein junger Mann tauchte aus der Backstube auf. Wirre, rotbraune Locken, eine weiße Schürze, rote Wangen. Strahlendes Lächeln. »Ich musste noch schnell etwas aus dem Ofen holen …« Das Lächeln rutschte ihm aus dem Gesicht.

Kort spürte die Tränen über seine Wangen rinnen. Heiß. Salzig, wenn sie in seine Mundwinkel sickerten. Er konnte sich nicht bewegen. Jeder Muskel in seinem Körper verkrampfte schmerzhaft und er konnte sich nicht rühren.

»Also«, murmelte der Bäcker, rieb sich den Hinterkopf und starrte ihn an. »Äh.«

Seine Wangen wurden noch röter. Vermutlich hatte er sogar Sommersprossen, das konnte Kort durch den Tränenschleier nicht erkennen. Der Kerl sah genau so aus, wie man sich jemanden in diesem Laden vorstellte. Wenn der zum Casting für die Rolle des Bäckersburschen in einem historischen Drama erschienen wäre, hätte man alle anderen nach Hause geschickt.

Kort versuchte, den Mund zu öffnen. Tränen rannen hinein.

War das der peinlichste Moment seines Lebens? Eventuell schon. Aber erst, als er es endlich schaffte, die Zähne auseinanderzukriegen, und alles, was herausdrang, ein Schluchzen war, war er ganz sicher.

Immerhin fand der peinlichste Moment seines Lebens in einer Bäckerei statt, in der ihn niemand kannte. Und nicht etwa im Gerichtssaal oder vor seinen Kollegen in der Kanzlei.

»Ich, äh, wollte eh gerade schließen«, stammelte der Bäcker. »Setzen Sie sich doch und ruhen sich kurz aus. Ich ... Moment.« Er fummelte einen Schlüssel unter der Theke hervor, der erstaunlich modern aussah. Kort hatte halb mit einem gigantischen Messingungetüm gerechnet. Der Bäcker sauste an ihm vorbei. Das Türschloss klackte. Das »Offen«-Schild wurde umgedreht.

Die Tränen rannen weiter.

Scheiße, dachte Kort. *Ein Nervenzusammenbruch. Ich habe keine Zeit, zusammenzubrechen. In drei Tagen ist die Verhandlung mit Lierasoft United. Und danach geht es gleich mit der Fusion los.*

Es war wirklich überhaupt keine Zeit, um zusammenzubrechen. Oder um stocksteif dazustehen, unfähig, sich zu bewegen. Heute war im Fitnessstudio eine Einheit Rückentraining dran und danach musste er die Unterlagen noch einmal durchgehen, die Thomas ihm gegeben hatte. Wenn er zu lange in dieser Bäckerei herumstand, würde sich alles nach hinten verschieben und dann würde er nicht genug Schlaf bekommen. Ausreichend Schlaf war essentiell für den Trainingserfolg ...

Eine Hand legte sich auf seine Schulter. Er spürte ihre Wärme selbst durch zwei Lagen Stoff.

»He.« Die Stimme des Bäckers war sanft. »Ich weiß nicht, was los ist, aber kommen Sie erst mal mit. Ich … Hinten steht ein Stuhl, da können Sie sich in Ruhe ausweinen.«

Ich bin niemand, der sich in Ruhe ausweint, wollte Kort knurren. Er wollte so einiges. Zum Beispiel wollte er den Bäcker zum Schweigen bringen, mit dem Blick, mit dem er sonst gegnerische Zeugen einschüchterte. Aber er schaffte es nicht, und der Bäcker redete weiter.

»Ich wollte eh Schluss machen für heute«, sagte er. »Hinten gibt es noch so viel aufzuräumen und bis die von der Essensrettung kommen, schaffe ich das nie, und … Kommen Sie schon.«

Sanfter Druck. Die Wärme seiner Hand grub sich in Korts Haut und schoss seinen Arm hinunter. Seine Beine reagierten endlich. Auf stocksteifen Stelzen wankte er los. Ließ sich von dem Bäcker, der mindestens einen Kopf kleiner war als er, um die Theke herum führen, in die Backstube, in der der Duft nach Erdnussbutterkeksen die Luft tränkte und die Erinnerungen an Granny in noch schnellerer Abfolge durch Korts Schädel jagten.

Granny, wie sie ihm morgens das Schulbrot in seinen grünen Rucksack packte.

Grannys Lachen, wenn er aus der Schule zurückkehrte. »Na endlich! Mir war schon langweilig!«

Granny am letzten Tag seiner Kindheit, wie sie immer kleiner wurde, in der Rückscheibe von Papas Auto, winkend vor ihrem kleinen Haus mit dem krummen Dach. Der Wind hatte an den blondgrauen Haaren gezerrt.

Vier Jahre hatte er bei ihr gewohnt, bis er ins Internat gekommen war. Danach hatte er sie nur noch selten gesehen. Und sie hatte schnell abgebaut. Während seiner Abizeit hatte sie schon nicht mehr gewusst, wer Papa war, und ständig nach ihrer Brille gefragt, die sie auf der Nase getragen hatte.

Und dann ...

Er wurde in einen Stuhl gedrückt. Behutsam. Er sah nicht, was es für ein Stuhl war, aber die Sitzfläche war hart und es quietschte, als Kort sich darauf niederließ. Verschwommen nahm er die Backstube wahr. Geflieste Wände, bemehlte Arbeitsflächen aus Holz, Metallregale voll mit Blechen und glänzende Maschinen.

»Möchten Sie etwas trinken?«, fragte der Bäcker. »Das hilft bestimmt. Ja, bestimmt.«

Er wirbelte herum und verschwand aus Korts Blickfeld. Es schien ihn nervös zu machen, dass Kort seinen Nervenzusammenbruch ausgerechnet in seiner Bäckerei hatte.

Armer Kerl, dachte Kort und lachte. Es klang allerdings wie ein Schluchzen.

Ein Glas Wasser erschien ihn seinem Blickfeld.

»Hier«, sagte der Bäcker. »Ich habe auch Limo oder Schorle, falls Sie möchten.«

Kort schaffte es, das Glas entgegenzunehmen. Kühl und trocken lag es in seinen Handflächen und das Wasser schwappte. Leider schaffte er es nicht, zu trinken. Sein Kiefer war so verkrampft, dass er schmerzte.

»Sorry«, brachte er heraus. Klang halb geschluchzt, halb gegurgelt.

Der Bäcker verstand ihn trotzdem. Lächelnd schüttelte er den Kopf. »Kein Problem. Das geht doch jedem mal so.« Stuhlbeine kratzten über die Fliesen, als er sich einen Hocker heranzog und gegenüber von Kort niederließ. Er fuhr sich durch die Haare und ließ weiße Mehlspuren darin zurück. »Letztes Jahr habe ich jede Woche heulend im Supermarkt gestanden. Ich ... Mein Freund ist gegangen, und wir waren immer da einkaufen. Immer, wenn wir vor der Kühltruhe gestanden haben, gingen die Diskussionen los, ob Rosenkohl genießbar ist, und dann stand ich alleine da und er hat mir so gefehlt. Mist.« Er grinste schief. »Gleich fange ich auch an zu heulen. Dabei ist das so lange her.« Er räusperte sich. »Also machen Sie sich keine Sorgen. Hier.«

Ein Taschentuch landete in Korts linker Hand. Mit der rechten umklammerte er immer noch das Glas. Nutzlos. Er blinzelte. Der Tränenstrom schien schwächer zu werden. Und das, obwohl der Geruch der verdammten Kekse hier überwältigend wurde.

»Danke«, krächzte er.

»Kein Problem, echt.« Der Bäcker erhob sich. »Ich muss schnell alles zusammenräumen, was übrig geblieben ist. Die von der Essensrettung kommen gleich. Ruhen Sie sich aus und lassen Sie sich Zeit.« Er lächelte. »Es ist okay. Wirklich.«

Irgendwie glaubte Kort ihm. Was erstaunlich war, denn in seiner Welt war es nie okay, vor Fremden in Tränen auszubrechen. Oder in der Öffentlichkeit. Oder daheim. Oder ... jemals.

Das letzte Mal, das er geweint hatte, war beim Abschied von Granny gewesen, auf dem Rücksitz von Papas gigantischem BMW. Er hatte den herben Geruch der Ledersitze wieder in der Nase, wenn er daran dachte, vermischt mit dem süßen der Erdnussbutterkekse.

»Fuck«, sagte er.

Er hörte den Bäcker vorne bei der Theke rumoren. Als er den Kopf wandte, sah er dessen Rücken, auf dem die Schürzenbänder zusammenliefen. Geschickt und schnell füllte der Bäcker Croissants und Brote in eine Plastikkiste. Es war ein netter Rücken. Kräftig, vermutlich von der Arbeit in der Backstube. Trotz des jungenhaften Gesichts hatte der Bäcker starke Arme.

Kort atmete tief ein und die Tränen versiegten endlich. Dass er den hübschen Rücken des Bäckers bewundern konnte, beruhigte ihn. So schlimm schien dieser Nervenzusammenbruch doch nicht zu sein, wenn er noch einen Blick für sowas hatte.

Wenn ich ihm jetzt noch auf den Arsch schaue, geht es mir gut, dachte er. Er wischte sich mit dem Taschentuch über Gesicht und Augen. Als sein Blick wieder klar war, sah er zur Theke, doch der Bäcker war nicht mehr da. Er hörte ihn reden. Hörte andere Stimmen. Vermutlich diese Essensrettungs-Leute.

Kort sah auf seine Hände. Die Rechte hielt immer noch das Glas, also nahm er einen Schluck. Kühl rann das Wasser durch seine Kehle und beruhigte sie etwas. Er stellte das Glas auf dem Boden ab und schnäuzte sich in das Taschentuch.

Jetzt roch er die Kekse noch stärker, aber die Tränen blieben trotzdem fern. Gut.

Er sah sich um. Da lagen sie, auf einem breiten Blech im Regal, ordentlich aufgereiht. Rund und harmlos, die Erdnüsse auf der Oberfläche unregelmäßig gebräunt. Selbst die geschmolzenen Schokostückchen sahen genau so aus wie die auf Grannys Keksen.

Mechanisch erhob er sich und ging zu dem Blech hinüber. Er betrachtete sie. Sog ihren Duft ein. Jetzt, wo das Schlimmste vorbei war, empfand er nur noch eins: unstillbare Lust, sie in den Mund zu nehmen. Sie in Milch zu tunken, die weichen Krümel zu kosten, Grannys Lachen zu hören.

Wir lassen es uns gutgehen, was?

Sie hatte zu oft Kekse gebacken, fand Papa.

Der Junge ist rundlich genug, den musst du nicht noch mehr mästen.

Aber sobald die Wochenendbesuche seiner Eltern vorbei waren, hatte Granny wieder gebacken.

Die kleinen Sünden sind die besten, hatte sie behauptet. *Merk dir das, Jung.*

Natürlich hatte er das nicht. Seit Jahren hatte er keine Kekse mehr gegessen. Sein Körperfett war einstellig und sein Bauch so hart wie das Blech, auf dem die verdammten Kekse lagen.

Das Wasser lief ihm im Mund zusammen.

Nur einer, dachte er und streckte die Hand aus. Verharrte.

»Nehmen Sie nur.«

Er fuhr herum. Der Bäcker stand wieder in der Backstube und strahlte ihn an.

»Die sind viel zu gut, um sie nicht zu essen, oder?« Mit drei Schritten war er neben Kort und schnappte sich selbst einen. Das knusprige Geräusch, als er ihn zerbiss, war zu viel.

Kort nahm den nächstbesten Keks in die Hand. Er war noch warm.

»Ich hab gewusst, dass die gut sind«, nuschelte der Bäcker durch einen Mund voller Krümel. »Ich mache das Rezept zum ersten Mal, wissen Sie? Die sind ab morgen Teil des Sortiments, aber sowas von.« Er machte eine Geste, die wohl so etwas bedeutete wie ‚Stopfen Sie sich mit Kohlehydraten, raffiniertem Zucker und Fett voll'.

Kort gehorchte. »Ich zahle selbstverständlich dafür«, war das Letzte, was er sagte, bevor die raue Kruste seine Zunge berührte und er in Erinnerungen unterging.

Das knusprige Äußere. Der weiche Kern. Die buttrige Süße, die über seine Zunge rann. Granny, gegenüber von ihm, die ihm mit der Milchtasse zuprostete.

Hau rein. Wir sind nur einmal jung.

Ihr weit aufgerissener Mund, wenn sie lachte, die tausend Falten um ihre Augen. Die fadenscheinigen Gardinen hinter ihr, und der Blick aus dem Küchenfenster, auf den Pflaumenbaum im Garten. Im Herbst hatten sie Pflaumenkuchen gebacken, und im Sommer Erdbeertörtchen. Aber Erdnussbutterkekse gab es das ganze Jahr über.

Er saß an ihrem Küchentisch, einen Moment lang. Dem mit der bunten Katzen-Tischdecke und dem wackeligen Bein. Was war aus ihrem Haus geworden? Wer wohnte jetzt darin?

Keine Ahnung. Sein Vater hatte sich darum gekümmert, als sie ins Heim gekommen war.

Wüstes Schmatzen unterbrach seine Gedanken. Fast so wüst wie das seiner Granny.

»Die sind guuut«, jubelte der Bäcker mit vollem Mund. »Wenn ich jetzt noch einen Hauch Meersalz hinzufüge ... Moment.« Schritte. Er kramte in einer Schublade unter der bemehlten Arbeitsfläche. Zerrte ein Buch heraus, das ursprünglich wohl einmal hellblau gewesen war, und das nun ein wildes Muster aus mehligen Fingerabdrücken und Flecken zierte. Er schlug es auf und kritzelte hinein.

»Definitiv Meersalz«, murmelte er.

Kort betrachtete ihn kauend. Durch die schmalen Oberlichter drang ein letzter Sonnenstrahl und setzte die Haare des Bäckers in Flammen. Alles an ihm war in Bewegung. Lebendig. Selbst beim Schreiben wippte er auf den Fußballen.

Ein Schokotropfen schmolz auf Korts Zunge. Er sah zu, wie der Bäcker das Buch zuschlug und sich streckte. Etwas schmerzte in Korts Brust. Ein winziges, unerträgliches Ziehen.

»Was denken Sie?«, fragte der Bäcker und sah sich um. »Sind die Kekse gut oder sind sie das Beste, was Sie je gegessen haben? Und was halten Sie von Meersalz?«

»Meersalz klingt ausgezeichnet«, behauptete Kort. »Und wir brauchen Milch.«

»Stimmt.« Der Bäcker wirbelte schon wieder herum und stapfte auf den türkisfarbenen Kühlschrank in der Ecke zu. »Kuhmilch? Hafermilch?«

»Kuhmilch.« In Grannys Küche hatte er Kuhmilch getrunken.

Kurz darauf saß Kort wieder auf dem Stuhl, hatte eine Tasse Milch in der Hand und tunkte den dritten Keks hinein. Er spürte, wie sein Körperfettanteil sich verdoppelte. Es war ihm egal. Ihm gegenüber saß der Bäcker und ratterte mit vollem Mund Ideen herunter, wie er die Kekse variieren könnte.

»Weiße Schokolade ginge auch, oder Mandelcreme statt Erdnussbutter, oder beides«, überlegte er. Auf seinen Knien balancierte er das hellblaue Buch, in der Hand hielt er eine Tasse Milch, einen Kuli und einen Keks. »Um Weihnachten herum vielleicht Lebkuchengewürz?« Er sprach weniger zu sich als zu Kort. Es war ein angenehmes Beisammensein. Die Geräusche der Straße draußen waren gedämpft und das Licht warm und behaglich.

»Die sind wirklich fantastisch.« Kort hielt den Rest seines Kekses in die Höhe. »Auch ohne Variationen.«

»Das stimmt.« Der Bäcker betrachtete ihn. Unter seinen Augen lagen tiefe Schatten, die Kort jetzt erst auffielen. Trotz des Lächelns wirkte er müde.

»Hatten Sie einen harten Tag?«, fragte Kort. »Sie müssen sicher früh aufstehen.«

»Um vier bin ich hier drin.« Der Bäcker zuckte mit den Achseln. Auf seiner Unterlippe hing ein Kekskrümel. Es war eine sehr volle Unterlippe, wie geschaffen dafür, sanft hineinzubeißen.

Ja, dachte Kort. *Es geht mir eindeutig besser.* Er konnte sich nicht erinnern, wann er zuletzt derart attraktive Lippen gesehen hatte. Es war schwer, nicht darauf zu starren wie ein verzückter Teenager.

»Um vier?« Kort nickte. »Und wann gehen Sie ins Bett?«

Der Bäcker verzog das Gesicht. »Zu spät. Ich sollte keine Back-Experimente machen und früh nach Hause gehen. Aber der Laden hier ist alles für mich, wissen Sie? Vor allem, seit ... also.«

»Seit Ihr Freund gegangen ist?«

Ein weiteres Nicken. Schatten legten sich auf das Gesicht des Bäckers und er wirkte älter. Vielleicht war er schon Ende zwanzig? »Daheim ist nur eine leere Wohnung.«

Kort war überrascht, was dieser Fremde ihm anvertraute. Noch überraschter war er, als er seine eigene Antwort hörte. »Bei mir auch. Es ist ... Es kann einsam werden.«

»Ja.« Der Bäcker betrachtete sein Buch. »Ich glaube, ich arbeite wirklich zu viel. Es hält mich eben vom Denken ab.«

Kort schwieg.

»Es war keine schlimme Trennung, wissen Sie? Eigentlich ... eigentlich nicht.« Der Bäcker räusperte sich.

»Wie heißt du?«, fragte Kort.

Überrascht sah der Bäcker auf. »Benjamin. Benji. Und ... du?«

»Kort.«

»Ah. Aus dem Norden?«

»Ja.« Kort tunkte den Keksrest in die Milch. »Mein Großvater ist aus Hamburg. Da hat er Granny kennengelernt. Sie ist aus Tennessee. War aus Tennessee.«

Okay, und warum breitete er jetzt seine Familiengeschichte vor dem Bäcker ... vor Benji aus?

»Oh, cool. Bist du dann zweisprachig aufgewachsen?«

»Kaum. Granny hat so gut Deutsch gesprochen, dass sie norddeutscher als alle Norddeutschen gequatscht hat.« Er lächelte, und irgendetwas brachte ihn dazu, aufzusehen.

Benji sah ihn an, aber sobald er Korts Blick bemerkte, schaute er weg. Seine Wangen, die fast wieder eine normale Färbung angenommen hatten, röteten sich erneut.

»Was ist?«, fragte Kort.

»Nichts.« Benji lächelte schräg. »Bin wohl nicht mehr an hübsche Männer in meiner Backstube gewöhnt. Ich ... Es ist eine Weile her.«

Das Ziepen in Korts Brust war zurück, und diesmal war es deutlich angenehmer. »Seit dein Freund weg ist?«

»Ja.« Benji räusperte sich. Er stellte Tasse und Kuli auf dem Boden ab. Dann nahm er das Notizbuch in die Hände. Schlug es auf. Schlug es wieder zu. »Es war wirklich keine schlimme Trennung. Eigentlich ... eigentlich gibt es keinen Grund, noch traurig zu sein. Oder im Supermarkt zu heulen.«

»Im Supermarkt? Immer noch?«

Ein schräges Lächeln. Diese Lippen waren wirklich sehr voll. »Seit letztem Jahr nicht mehr. Das ist ein Fortschritt. Es hat ihm wirklich leidgetan. Er hat sich in jemand anderen verliebt und ich arbeite ja eh so lange und er wollte immer reisen und … Niemand konnte etwas dafür. Wir sind immer noch Freunde.«

»Gute Freunde?«

»Vielleicht. Ich weiß nicht. Es ist komisch, ihn zu sehen.« Benji schlug das Buch wieder auf. »Es ist gut, dass ich die Bäckerei habe. Die lenkt mich ab. Ich … sorry. Ich wollte nicht … Das willst du bestimmt gar nicht wissen. Du kennst mich doch gar nicht.«

»Ich bin in deinen Laden spaziert und habe angefangen zu heulen«, erinnerte Kort ihn, obwohl sich bei dem Gedanken daran sein Magen verknotete. »Ich habe eher das Gefühl, ich müsste mich bei dir entschuldigen.« Er versuchte ein Lächeln. »Entschuldige, Benji.«

»Schon gut.« Wieder dieses leichte Flackern im Blick. Das Buch fiel zu Boden und der Knall ließ sie beide zusammenfahren. Mehlstaub wirbelte auf. »Ups. Ich … ich sollte aufräumen und heimgehen. Vielleicht kann ich heute Nacht ja schlafen.«

»Oh. Natürlich.« Kort wollte nicht gehen. Er wollte nichts lieber, als in dieser Backstube zu bleiben. Wirklich nichts. Wenn er ein Kleinkind gewesen wäre, hätte er sich auf den Boden geworfen und mit den Füßen gestrampelt. Leider war er ein erwachsener Anwalt, der die dreißig längst überschritten hatte. »Vielen Dank für alles.«

»Gern geschehen.« Benji stand auf. »War, also. War schön, mit dir Kekse zu essen.«

»Ebenso.« Kort erhob sich widerstrebend. »Kann ich dich noch etwas fragen?«

»Sicher.«

»Diese Erdnussbutterkekse. Woher hast du das Rezept? Hast du das selbst entworfen oder …«

»Oh. Nein.« Benji lächelte auf ziemlich unwiderstehliche Weise. Auf den ersten Blick war er Kort gewöhnlich vorgekommen, doch je länger er hierblieb, desto attraktiver wurde der Bäcker. »Mein Hobby ist es, versunkene Schätze zu heben.«

Kort sah ihn fragend an.

»Komm mit.« Benji schritt auf die Kommode zu, aus der er auch das hellblaue Buch geholt hatte. »Hier.«

Er zog eine sehr breite Schublade auf und weitere Notizbücher kamen zum Vorschein. Sehr viele. Große, kleine, zerknickte und von Flecken übersäte. Einige mit Blumenmuster, andere mit Karos, mit Streifen und eins …

Korts Brust krampfte sich zusammen. Eins hatte ein Muster aus durcheinander watschelnden Pinguinen auf türkisfarbenem Grund. Es war schmal im Vergleich zu vielen anderen und unzählige Post-its steckten zwischen den Seiten. Genau dieses Buch zog Benji hervor.

»Hier, aus dem habe ich es. Ich stöbere auf Flohmärkten danach, und bei Wohnungsauflösungen und so. Nach Rezeptbüchern, die richtig benutzt und geliebt aussehen. Das hier habe ich aus einem Laden in der Nesenbachstraße.« Er deutete auf die Reihe Notizbücher. »Versunkene Schätze. Ich … na ja, ich finde es schön, alte Familienrezepte nachzubacken. Ich glaube, viele von denen sind schon Generationen alt. Bei einigen ist die Schrift richtig verblasst.«

Kort nahm das Pinguinbuch. Es hatte uralte Flecken und auf der Vorderseite klebten zwei Power Rangers-Sticker, deren Metallfolie verkratzt und blind war. Die Seiten waren schwungvoll beschrieben. Als er zu der Seite kam, die mit »Peanut Butter Cookies« betitelt war, stockte ihm der Atem. Jemand hatte Erdnussbutterkekse an den Rand gemalt, mit Buntstift und etwas ungelenk. Wie alt war er damals gewesen? Sieben?

Seine Sicht verschwamm.

»Ich glaube, die Erdnussbutterkekse sind bisher mein größter Fund«, sagte Benji fröhlich. »Die werden auf jeden Fall … Was hast du?«

Einen weiteren Zusammenbruch offenbar. Großartig. Dabei hatte Kort sich schon genug Peinlichkeiten geleistet. Er sah seine Tränen auf die gekrakelten Kekse tropfen und dunkle Flecken hinterlassen. Verdammt. Seine Kehle schwoll zu.

»Alles gut«, krächzte er. »Ich habe nur … Das hat meiner Granny gehört.«

»Was?!«

Kort nickte. Er wischte sich über die Augen und spürte, dass die Tränen bereits wieder versiegten. Immerhin das. »Ich … ich kannte den Geruch. Deshalb bin ich hereingekommen. Deine Kekse riechen genau wie ihre. Kein Wunder, wenn …« Seine Stimme versagte.

»Oh. Natürlich. Es ist das gleiche Rezept.« Benji lachte. »Das ist ja ein Zufall. Moment. Hier.«

Erneut hielt er Kort ein Taschentuch hin und der nahm es dankbar an. Eigentlich war er kurz davor gewesen … irgendetwas zu tun. Einen Flirtversuch zu starten oder wenigstens zu fragen, ob er wiederkommen durfte. Aber nach dieser Peinlichkeit konnte er sich das wohl schenken. Benji dachte jetzt sicher, dass er bei jeder Gelegenheit in Tränen ausbrach, und … Es war nicht so, überhaupt nicht, aber woher sollte Benji das wissen?

»Du vermisst sie wohl sehr, hm?« Die Stimme war weich vor Mitleid. »Ich … mein Opa ist erst vor zwei Jahren gestorben. Er hatte eine Bäckerei, drüben in Feuerbach, und ich bin da praktisch aufgewachsen und … ja. Ich … Es tut einfach weh.« Er zögerte einen Moment lang, dann schloss er Kort in die Arme. »Ist schon gut. Mir macht es nichts aus, wenn du hier weinst. Ist irgendwie schön, dass mal jemand hier hinten ist. Eigentlich war es ganz schön einsam in letzter Zeit.«

Ja, bei mir auch, dachte Kort, doch er konnte nicht sprechen. Er musste leicht in die Knie gehen, um die Stirn auf Benjis Schulter zu legen, aber es lohnte sich. Unter dem Duft nach Waschmittel und frischer Hefe lag etwas sehr Würziges, Männliches. Mehr saftiger Braten als süßes Gebäck. So roch Benji also.

»Sie ist ins Heim gekommen und ich … ich …« Kort würgte die Worte heraus als wären sie kantige Metallklumpen. »Ich habe sie nie besucht. Ich … wollte. Wirklich. Aber ich war mitten im Studium und ich kam kaum hinterher und ich dachte, ich hätte noch Zeit …«

Was laberte er da schon wieder? Er fragte sich, ob er noch unattraktiver werden konnte. Was war weniger sexy als ein Mann, der bei jeder Gelegenheit heulte und beim kleinsten Anlass nicht nur seine Lebensgeschichte auspackte, sondern auch noch sein größtes Versagen?

Denn das war es. Das war ... Das war die eine Sache, die absolut unverzeihlich war. Die er nie wieder gutmachen konnte und an die er bis heute nicht einmal bewusst gedacht hatte, Feigling, der er war.

Er hatte Granny im Stich gelassen. Nach allem, was sie für ihn getan hatte, nach all dem Gelächter, der Geborgenheit, den Wärmflaschen und Apfelkuchen und all der Liebe hatte er es nicht einmal geschafft, sie zu besuchen. Nicht ein einziges Mal.

»Hey.« Benjis Arme streichelten über seinen Rücken. Es fühlte sich unverschämt gut an. Die Wärme, der Trost, den der andere Körper ihm spendete, die freundliche Stimme. Am liebsten hätte Kort die Zeit angehalten und wäre für immer hiergeblieben. »Hey, das ... Kort. Es ist doch normal, dass du Angst hattest. Ich bin sicher, dass deine Granny dich verstanden hätte.«

»Angst?« Kort verkrampfte. »Ich hatte keine Angst. Ich war ein Feigling.«

»Und was machen Feiglinge? Angst haben. Ich meine ... Du bist keiner, das ist ... das ist einfach so. Ich hatte auch Angst, meinen Opa zu besuchen, als es zu Ende ging. Es war brutal, ihn so zu sehen, so hilflos. Er konnte sich kaum aufsetzen, dabei war er immer so stark. Er hat ... Oma hat immer gesagt, dass er Oberarme wie Melonen hat.« Kichern. »Sorry.«

»Aber du hast ihn besucht, richtig?« Kort weigerte sich, sich selbst davonkommen zu lassen. »Du hattest Angst und du hast es trotzdem getan.«

Schweigen. Ja. Darauf gab es keine höfliche Antwort. Kort war ein elender Feigling, und er wusste es.

»Äh.« Immerhin hielt Benji ihn noch fest. Kort wollte die Hände heben und sie auf seinen Rücken legen, aber alle Kraft hatte seinen Körper verlassen. »Die Zeichnungen im Buch, sind die dann von dir? Und die Sticker vorne drauf?«

»Ja«, murmelte Kort in den herrlich duftenden Stoff.

»Das ist schön. Ich ... Deine Granny hatte bestimmt viel Spaß mit dir, oder?«

Kort lachte trocken. »Auch viel Ärger.« Er erinnerte sich an die Nachmittage am Küchentisch. »Ja, doch. Es war sehr schön. Auch für sie, denke ich, trotz all der Anstrengungen.«

»Das merkt man.« Benji klang, als würde er lächeln. »Als ich das Buch aufschlagen wollte, ist es wie von selbst bei den Erdnussbutterkeksen aufgesprungen. Die muss sie am meisten geliebt haben. He«, er klang vorsichtig, »ich glaub eigentlich nicht an sowas, aber ... Ich meine, das sind eine Menge Zufälle, oder? Dass das Buch den Weg vom Norden nach Stuttgart gefunden hat und dass du ausgerechnet hier vorbeikommst, wenn ich das Rezept zum ersten Mal ausprobiere.«

»Was willst du damit sagen?«

»Es ist, als ob deine Granny dir eine Nachricht schicken wollte.«

»Was für eine Nachricht?« Kort war äußerst skeptisch.

»Dass es ihr gut geht, und ... dass du dir keine Sorgen um sie machen musst. Dass sie gern an die Zeit denkt, in der ihr zusammen Kekse gebacken habt. Sowas. Du kennst sie besser, vielleicht weißt du, was sie dir mitteilen wollte.«

Kort lachte, aber es klang nicht so höhnisch wie geplant. Sentimentaler Scheiß, wollte er sagen, aber das wäre wirklich undankbar gewesen. Und Benjis sentimentale Worte taten gut. Viel besser als sie das Recht dazu hatten. Er hatte versagt. Er war nicht da gewesen, als Granny ihn gebraucht hatte, und ...

»Die kleinen Sünden sind die besten«, raunte er. »Das hat sie immer gesagt. Vielleicht wollte sie mich einfach daran erinnern, auf meinen Körperfettanteil zu pfeifen und mich mit Erdnussbutterkeksen zuzustopfen.« Er lächelte. Er konnte nicht anders, wenn er an Granny dachte, wie sie ihm von der anderen Seite des Küchentisches zuprostete. »Wir hatten eine Menge Spaß mit unseren kleinen Sünden.«

Benjis Wange berührte seine und bei dem Wort ‚Sünde' wurde sie deutlich heißer. Noch mehr, als er es zum zweiten Mal sagte.

»Das ist doch eine tolle Nachricht.« Benji klang heiser. »So eine Nachricht will ich auch mal bekommen. Ich ... Ist eine Weile her, dass ich gesündigt habe und ... Ich glaube, langsam bin ich wieder bereit.«

Kort war ziemlich sicher, dass er nicht von Keksen redete. Dafür sprachen einerseits die heiße Wange und andererseits, dass sie beide bereits voller Kekse waren. Er beschloss, einmal kein Feigling zu sein und etwas zu riskieren. Für Granny. Na, gut, vor allem für sich selbst. Granny hätte ihm vermutlich applaudiert.

Seine unnützen Hände hoben sich und strichen über Benjis bloßen Nacken. Vorsichtig erforschte er die Haut, die dessen Kittel freiließ. Streifte den harten Rand des Baumwollkragens und glitt in die Hitze darunter.

Benji stöhnte wohlig. Er schmiegte die Stirn in Korts Schulter und umarmte ihn noch fester.

Kein Feigling zu sein, hatte sich eindeutig gelohnt. Korts Herz hämmerte. Er war nicht sicher, warum, da er nun wirklich daran gewöhnt war, andere Männer im Arm zu halten, aber es ratterte wie ein Güterzug. Nun, so wirklich im Arm hielt er selten jemanden. Meist packte er sie eher an den Hüften. Er hatte die Kunst perfektioniert, die intimste Sache der Welt so unpersönlich wie möglich zu gestalten. Kein Wunder, dass er sich jetzt fühlte, als wäre er kurz vor seinem ersten Kuss.

Vorsichtig drückte er den Mund auf Benjis Hals. Spürte den Puls auf seinen Lippen, sog die Hitze dort in sich hinein und schmeckte Salz.

»Oh.« Benji klammerte sich an ihn. »Scheiße. Verdammt. Ich ... äh. Ich dachte nicht, dass ich dein Typ bin. Ich sollte die Klappe halten. Ich bin nervös.«

»Mmm«, murmelte Kort gegen seine Haut und fühlte, dass sich dort Gänsehaut bildete. »Ich auch.«

»D-du wirkst gar nicht nervös«, stotterte Benji.

»Ich bin Anwalt. Ich bin sehr gut darin, mir meine Gefühle nicht anmerken zu lassen.« Er dachte an seinen Heulkrampf vorhin. »Normalerweise.«

»Äh. Anwalt. Ich hatte auf Banker getippt. Ich bin jetzt ruhig. Gleich.«

»Du musst nicht ruhig sein.« Kort küsste seinen Hals erneut. »Ich mag es, wenn du redest.«

»Äh.« Benji zögerte. »Jetzt fällt mir nichts mehr ein.«

Kort kicherte, äh, lachte männlich. Er zog den Kopf zurück und betrachtete Benji. Dessen Gesicht war knallrot.

»Soll ich weitermachen?«, fragte Kort.

»Ja!«, brüllte Benji gegen sein Kinn. »Also. Ja. Sorry. Ich ...«

Die Verwirrung in seiner Miene wurde zu Entschlossenheit. Er schaute in Korts Gesicht, packte es mit beiden Händen und küsste ihn. Pralle Lippen stießen gegen Korts. Benji hatte so viel Schwung drauf, dass Kort einen Schritt rückwärts gedrängt wurde. Er grub die Fingerspitzen in Benjis Rückenmuskeln und lachte in dessen Mund. Überglücklich.

»War das sündig genug?«, fragte er, lange Zeit später, als sich ihre Münder voneinander lösten. Inzwischen saß Benji auf der Arbeitsfläche und hatte beide Arme um Korts Nacken geschlungen. »Oder möchtest du ...«

Benji leckte sich über die wundgeküssten Lippen. Er sah so süß aus, so lebendig mit den verstrubbelten Haaren und den geröteten Wangen.

»Gerne«, krächzte er. »Aber jetzt muss ich erst mal ... Ist echt lang her, weißt du? Ich ... muss erst mal klarkommen.« Er lachte. »Hast du morgen Zeit?«

»Ja«, sagte Kort und beschloss, alle unaufschiebbaren Aufgaben aufzuschieben.

»Super!« Benji hüpfte von der Arbeitsfläche, als hätte der Kuss ihn mit neuer Energie gefüllt. »Also, morgen probiere ich die Variante mit Meersalz aus. Wenn du magst, komm vorbei.« Er grinste schief, als wäre er auch nicht ganz sicher, was Kort von ihm hielt.

»Gerne.« Ein Lächeln breitete sich auf Korts Gesicht aus. In seiner Brust zog es höchst angenehm. »Sehr gerne sogar. Gleiche Zeit, gleicher Ort?«

»Ja!« Benji strahlte.

Kort räusperte sich. »Ich versuche, diesmal nicht in Tränen auszubrechen.«

»Ach, das ist doch gar nichts.« Benji hob die Hände. »Du solltest mich mal sehen, wenn ich alte Kinderfilme gucke, vor allem ... ich meine ... Musst du nicht. Also.« Er verstummte, als hätte er schon zu viel gesagt.

»Würde ich aber gern.«

»Echt?«

»Ja.«

»Also.« Benjis Strahlen fuhr direkt in Korts Brust. »Das ist ja mal schön.«

Als Kort wieder über die Stuttgarter Straße ging, leuchteten die Laternen. Sanfter Wind ging, streichelte seine heißen Wangen und sein Herz quoll fast über. Selbst das Brausen der Autos neben ihm klang wie Wellenrauschen. Sein Mund schmeckte nach Erdnussbutter und Benjis Kuss und er konnte nicht anders, als vor sich hinzulächeln wie ein verliebter Trottel.

Danke, Granny, dachte er.

ENDE

Nicht unproblematisch

Nathans Freund zu sein fühlte sich an wie mit dreißig brennenden Molotowcocktails zu jonglieren, während man auf einer sehr dünnen Eisschicht stand, unter der ein reißender Fluss lag, dessen Strudel einen in Sekundenschnelle verschlingen würden.

Vor Zuschauern.

Die nur darauf lauerten, dass alles zusammenbrach.

»Sag mal.« Dane räusperte sich. »Du und Nathan. Ich meine, ich sehe ihn jetzt seit mindestens einer Woche nur noch mit dir und ...« Er wedelte mit der Hand. Hinter ihm füllte sich das Smokes langsam. Der Geruch nach altem Zigarettenrauch war noch dominanter als der nach frischem, und man konnte den mit Flecken übersäten Betonboden zwischen den Kampfstiefeln der spärlichen Besucher sehen. Noch. Die erste Band baute bereits auf. Nadine steckte ihren Bass ein und schlug eine Saite an. Dumpf hallte der Sound bis zur Theke, an der Jan mit Dane, Sheron und Marcel stand. Die drei schauten ihn an wie ein Rudel Erdmännchen. Sheron beugte sich vor.

»Was Dane sagen will, ist, dass Nathan schon seit über einer Woche kein Herz mehr gebrochen hat, nichts mehr aufs

Maul bekommen hat, weil er mit der Freundin von irgendwem gevögelt hat und überhaupt anscheinend mit niemandem mehr vögelt. Außer mit … dir?« Fragend sah sie ihn an.

Jans Unterarm lehnte auf der Theke. Sie war so kühl wie das Pils, von dem er einen langsamen Schluck nahm, um Zeit zu schinden. Er fror in seinem schwarzen Unterhemd, aber das würde er nicht mehr lange tun. Sobald es losging, würde er schwitzen wie ein Schwein.

»Ja«, sagte er und wischte sich über die Oberlippe. Das Bier war billig, aber schön herb. Er sah auf die dunkelgrüne Flasche, um den neugierigen Blicken zu entkommen. Einen Moment lang. Dann starrte er zurück und knurrte: »Ist das ein Problem?«

»Nein!« Alle drei hoben die Hände. Dane wich einen Schritt zurück. »Gar nicht.«

»Wir wundern uns nur«, sagte Marcel. »So lange wir Nathan kennen, ist er mit allem in die Kiste gehüpft, was Ja gesagt hat. Immer.«

»Muss er wohl«, sagte Jan. »Wenn euch schon nach einer Woche auffällt, dass er niemanden mehr flachlegt.«

»Außer dir«, sagte Sheron. Er sah die dunklen Wurzeln ihrer bonbonpinken Haare im spärlichen Licht. »Er hat noch nie öfter als einmal mit jemandem geschlafen. Wirklich nie.«

»Außer mit dir, Jan.« Marcel rieb sich das Kinn und musterte ihn, als sei er ein Sudoku der Stufe tausend oder so. »Richtig?«

»Richtig«, sagte Jan und nahm noch einen Schluck. »Wird

das ein Verhör oder so?«

Wieder gingen alle Hände nach oben. »Nein!«

Sheron zwirbelte eine bunte Haarspitze zwischen schwarzen Fingernägeln. »Also schläft er schon die ganze Woche nur mit dir? Oder länger? Das ist ja fast wie eine Beziehung?« Fragend sah sie ihn an. Ihre schwarz umrandeten Augen brannten Löcher in seine.

Keine Ahnung, wäre die ehrliche Antwort gewesen. Wir sind ... Er hat sich eine Blaumeise tätowieren lassen und mir gesagt, dass er mir nicht sagen kann, dass er ... Vermutlich, dass er mich liebt. Ziemlich sicher, dass er mich liebt.

Charles hatte Jan verraten, dass Nathan ihn als seinen Freund bezeichnet hatte, also ... Aber ob er das auch in der Öffentlichkeit war? Und warum hatte Nathan Jan bisher nicht verraten, dass er sein Freund war?

Auf jeden Fall bedeutete er Nathan viel. Sehr viel, wenn Jan die Zeichen richtig deutete. So viel, dass sie Nacht für Nacht im gleichen Bett schliefen und, nachdem sie wilden, verschwitzten Sex gehabt hatten, sogar kuschelten. Zumindest ließ Nathan es zu, dass Jan ihn in die Arme schloss. Auch, wenn er dabei immer blöde Sprüche klopfen musste. Manchmal fühlte Jan sich, als würde er versuchen, einen Tiger zu zähmen.

Er zuckte mit den Schultern, was anscheinend eine unbefriedigende Antwort war.

»Seid ihr jetzt zusammen?« Sheron deutete mit ihrer Bierflasche auf ihn.

Jan zuckte erneut mit den Schultern.

»Dachte nicht, dass du sein Typ wärst«, sagte Marcel nachdenklich. »Äh, ich meine … keine Ahnung. Er hat einen besseren Geschmack, als ich dachte.«

Nicht sein Typ. Nein, vermutlich hatte niemand geahnt, dass Nathan auf Schläger mit gewöhnlichen Gesichtern stand.

»He, ist nicht, als hätte Nathan je einen Typ gehabt.« Sheron schnaubte. »Er hat einfach alles mitgenommen, was ging.«

Marcel und Dane nickten grimmig. Es musste mindestens ein Mädchen darunter gewesen sein, an dem sie auch Interesse gehabt hatten. Oder mehrere. Oder Bandkollegen, die aus Liebeskummer aufgehört hatten zu spielen.

Nathan war wirklich ein Drecksack. Gewesen. Vermutlich lag das jetzt alles in der Vergangenheit. Und außerdem war Jan auch kein Waisenknabe. Er hatte so viele Nasen gebrochen wie Nathan Herzen.

Er musterte die drei und sie wirkten etwas beunruhigt. Er hatte diese Wirkung auf andere. Seine Muskelmassen und der rasierte Schädel waren nicht gerade vertrauenserweckend. »Warum interessiert euch das?«

»Nur so«, behauptete Dane.

»Wir sind doch seine … Freunde und wir wollen wissen, dass es ihm gut geht.« Sheron versuchte, ernst zu schauen, dann brach sie in Gelächter aus. »Nur Spaß. Wir wollen ihn verarschen, falls er sich echt verknallt hat.«

Marcel grinste. »Jahrelang tönt er rum, dass er mit jedem nur einmal pimpert und dann verknallt er sich in einen Schlä… Schlagzeuger. Ich meine …« Er räusperte sich. »Du bist in Ordnung, Jan.«

»Danke«, knurrte Jan und dachte darüber nach, Marcel am Kragen seines schwarzen Shirts zu packen und ihm ein bisschen Respekt einzuflößen. Aber Nathan war nicht der Einzige, der sich verändert hatte. Die Wut in Jan klang ab, mit jedem Tag ein wenig mehr. Er hatte fast keine Lust mehr auf Schlägereien.

Ich werde alt, dachte er und bekam direkt im Anschluss den Gegenbeweis präsentiert.

Nathan marschierte durch die Tür, gefolgt von Charles und Kor. Es war, als würde die Sonne aufgehen, oder eher der Mond. Ein Blutmond. Bedrohlich und unwiderstehlich.

Nathans weiße Haut leuchtete vor den dunklen, mit Plakaten gepflasterten Wänden. Tätowierte Raben flogen über seinen Arm und endeten erst im schwarzen Shirt. Er bewegte sich wie ein Raubtier. Eine sehr große Raubkatze, die nur darauf wartete, die Zähne in die nächstbeste Beute zu schlagen. Das Lächeln auf seinen Lippen war das eines Panthers, der Beute roch. Dünnes Leder schmiegte sich um seine schlanken Beine und seine Locken waren so verwuschelt, als wäre er soeben ... Ja, als wäre er soeben gefickt worden. Als hätte jemand hineingegriffen und sich an seinen Haaren festgehalten, um ... Aber Nathans Haare sahen immer so aus. Er sah sich im Raum um. Helle Augen leuchteten auf, als ihr Blick auf Jan fiel.

Scheiße, dachte Jan. *Ist der schön.*

Sein Herz legte ein Schlagzeugsolo hin. Seine Füße bewegten sich wie von selbst auf Nathan zu. Wie ein Magnet zog der ihn an und er wusste es. Das Lächeln wurde noch breiter, noch siegessicherer, je näher er kam.

»Meisi!« Nathan grinste.

»Hey«, brummte Jan, packte ihn und zog ihn in seine Arme. Hart presste er die Lippen auf Nathans und spürte eine leichte Vibration als Nathan lachte. Kräftige Finger umschlangen Jans Stiernacken. Ein biegsamer, fester Leib drängte gegen seinen und alles verschwand in weißem Rauschen.

Er hörte nur noch verzerrtes Dröhnen, schmeckte nichts als Nathans Mund, Rauch und Süße. Nasse Süße, in die er mit der Zunge hineinstieß, bis er alles andere vergessen hatte. Er packte Nathan noch fester. Fuhr mit den Pranken über seinen Rücken. Hielt ihn so fest, dass es unmöglich war, dem Kuss zu entkommen. Nicht, dass Nathan das wollte. Seine Arme umklammerten Jans Kopf so fest, dass ihre Zähne sich berührten. Ihr Speichel vermischte sich. Ihre Leiber versuchten, eins zu werden. Wärme brandete auf, überall, wo sie sich anfassten.

Scheiße, dachte Jan. *Ich bin sowas von im Arsch.*

Sein Puls hämmerte. Sein Herz schwelte. Und sein Schwanz drängte gegen den Stoff der Jeans. Gegen Nathans, der sich ebenfalls aufgerichtet hatte. Er roch ihn. Würzig, gefährlich und gut.

»Meisi«, schnurrte Nathan, als sie nach Luft schnappten. »Das war eine ausgezeichnete Begrüßung. Du könntest es höchstens noch besser machen, wenn du mir die Hose runterreißt und mich auf der Theke nagelst. Dane und Marcel können meinetwegen zuschauen.«

»Glaub kaum, dass sie das wollen.«

»Bestimmt lernen sie was dabei.«

»Hausverbot«, ächzte Jan. »Willst du schon wieder Hausverbot haben?«

Raubtierzähne blitzten. »Lassen wir's drauf ankommen.«

»Nee. Bleib anständig.«

»Spießer.« Nathan beugte sich vor und leckte ihm über die Lippen.

Jan unterdrückte ein Stöhnen und knurrte. »Reiß dich zusammen du Luder. Die erste Band hat noch nicht mal angefangen.«

Wildes Lachen. »Wer ist hier ein Luder? Du hast doch angefangen, du Schlampe.« Nathan beugte sich vor. Sein Atem strich über Jans Ohr und hinterließ eine Gänsehaut. »Und ich spüre, dass nicht nur ich ein feuchtes Höschen habe.«

Jan war kurz davor, im Boden zu versinken. Oder Nathan zu packen und auf der Theke zu vernaschen. Ein Hausverbot im Smokes hielt schließlich maximal einen Monat. Stattdessen sah er sich nach Charles und Kor um und fand sie an der Bar. Entschlossen drängte er sich durch die Menge. Nathan folgte ihm vermutlich. Jan hätte seine Hand genommen, aber er fürchtete, dass Nathan sie abbeißen würde.

»Hey«, sagte er, als er Charles und Kor erreicht hatte. »Wie seid ihr so schnell bis hier gekommen?«

Charles lachte. »Schnell? Wir stehen schon seit Ewigkeiten hier herum.« Wie zum Beweis hob er sein Bier. Halb leer.

Wie lange hatten sie sich geküsst? Jan schluckte. Mit Nathan verging die Zeit irgendwie anders.

»Oh«, sagte er lahm. »Ach so. Gut, dass ihr hier seid.

Nathan nervt.«

»Wann tut er das nicht?« Charles prostete seinem besten Freund zu, der neben Jans Schulter auftauchte und grinste, als hätte er einen Kanarienvogel gefressen. »Nett, dass du uns endlich bemerkst, Jan. Wir dachten schon, ihr fallt gleich auf der Tanzfläche übereinander her.«

»Ich habe einen Fick auf der Theke vorgeschlagen«, sagte Nathan und seufzte dramatisch. »Eigentlich wäre ich gern gestoßen worden, bis die Bierflaschen über die Kante rutschen. Aber Jan weigert sich.«

»Danke, Jan«, sagten Dane und Marcel gleichzeitig.

Er hob eine Hand, zum Zeichen, dass er ihren Dank annahm. Dann schnappte er sein Bier. Er war nicht unsicher, eigentlich nicht. Aber der Unglauben der anderen, gepaart mit Nathans ... Nathanheit bohrten Zweifel in sein Herz.

Er hat dir gezeigt, dass er dich liebt, dachte er. *Hör auf mit dem Scheiß.*

Um sich Mut zu machen, legte er eine Hand auf Nathans Hüfte und suchte mit der anderen Hand nach der Stelle, an der die Blaumeise vor all den anderen Vögeln flog. Auf Nathans Brust, knapp über seinem Herzen. Durch den schwarzen Stoff konnte er sie nicht erkennen, aber er wusste, dass sie da war. Er spürte sein eigenes Tattoo jucken. Es heilte langsam ab, aber noch musste er es jeden Tag eincremen. Nathan hatte mehr als erstaunt gewirkt, als er beschlossen hatte, mit zu seinem Termin zu kommen. Und noch mehr, als er den Tätowierer gefragt hatte, wann der nächste Termin frei war. Direkt nach Nathans, weil jemand nicht aufgetaucht war.

Jan hatte beschlossen, dass das Schicksal war, und seine Nervosität verdrängt, und jetzt … puh.

Das war kein Fehler, dachte er. *Bestimmt nicht.*

Es fühlte sich nicht so an, wenn er Nathans warmen Körper neben seinem spürte. Wenn Nathans Hand sich auf seine Hüfte legte. Und dann weiter zu seinem Arsch wanderte, um sich in Jans hinterer Hosentasche zu vergraben.

»He«, murmelte Jan in Nathans Ohr. »Nicht kneifen.«

»Fühlt sich an wie Stahlbeton«, raunte der. »Ich hätte es eindeutig schlechter treffen können.«

»Ja.« Jan spürte Hitze seinen Hals hochkriechen. »Danke.«

Er war dieser Sache gewachsen. Bestimmt. Nathans Freund zu sein war bestimmt nicht das unmögliche Unterfangen, als das Dane, Sheron und Marcel es hinstellten. Die drei starrten ihn allerdings an, als hätte er einen Yeti gefangen, und würde jetzt Arm in Arm mit ihm an der Theke stehen und Pils schlürfen.

»Unglaublich«, sagte Marcel leise. »Nathan. Du meinst das ernst, oder?«

»Dass ich auf der Theke genagelt werden will?« Nathan sah wehmütig an die Decke. »Und wie ich das meine. Aber mein kaltherziger Kavalier geht ja nicht auf meine Wünsche ein.«

»Haha.« Marcel nuckelte an seiner Bierflasche wie ein Detektiv an seiner Pfeife. »Du weißt, was ich meine. Ihr seid wirklich zusammen, ja? Ihr. Du und Jan. Jan und du.«

»Ich fürchte, du musst deutlicher werden.« Nathan verzog das Gesicht. »Ich habe keine Ahnung, was du meinst.«

»Na, dass ihr …«

»Wir vögeln.« Nathans Stimme war um mehrere Grad abgekühlt. »Exklusiv. Und ich hab nicht vor, das in nächster Zeit zu ändern.«

Nicht die sentimentale Liebeserklärung, die Jan sich gewünscht hätte. Aber offenbar genug, um Marcel zutiefst zu schockieren.

»Und was ist aus ‚mit jedem nur einmal' geworden?«, fragte er.

Nathan hob die Schultern und ließ sie wieder fallen. »Ich hab halt den besten Lover gefunden. Warum weitersuchen?«

Ebenfalls keine romantische Liebeserklärung. Jan wusste nicht, was er davon halten sollte, ständig auf seine Fähigkeiten im Bett reduziert zu werden. Ganz schlecht fand er es nicht, aber ... ja.

»Liebst du ihn?«, fragte Dane und Jan hielt den Atem an.

Nathan lächelte verschlagen. »Warum? Bist du eifersüchtig? Warst du hinter mir her oder hinter Jan?«

»Du weißt, was ich ...«

»Wahrscheinlich hinter mir. Verständlicherweise.« Nathan löste den Arm von Jan und fummelte an seinem Gürtel herum. »Leider kann ich deinen Gelüsten nicht nachkommen, aber wenn du willst, kannst du einen kurzen Blick auf mein Gemächt werfen, damit du nicht allzu traurig bist ...«

»Nathan.« Charles warf ihm einen warnenden Blick zu, doch sein Tonfall war gelassen. »Lass deinen Wurm in der Hose. Wir haben nächste Woche einen Gig. Hier. Wenn der ins Wasser fällt, weil du wieder Hausverbot hast, reiß ich dir die Klöten ab.«

»Och, aber Marcel wollte doch unbedingt ...«

»Wollte ich nicht!« Marcel knallte seine Flasche auf die Theke. »Mann, Nathan! Warum musst du so ein Arschloch sein?«

Nathan blickte verletzt drein, was nicht sehr überzeugend war. »Ich dachte, du willst das auch. Bin ich dir zu hässlich?«

»Ja.« Marcel seufzte. »Außerdem stinkst du.«

»Nach Moschus. Sehr männlich.« Nathan hob die Achseln, und er stank überhaupt nicht. Er roch nach Apfel-Duschgel und Gefahr. Seltsame Kombi.

Kor lächelte Jan zu. »Wie war's auf der Arbeit?«

»So ziemlich wie immer«, sagte Jan und war dankbar. Endlich ein normales Thema. »Hab den halben Tag lang den Betonbohrer bedient. Meine Arme fühlen sich an wie Nudeln.«

»Oh.« Kor runzelte die Stirn. »Darfst du denn körperlich arbeiten? Ich meine, mit dem frischen Tattoo?«

Mist. Sheron, Marcel und Dane wandten die Köpfe wie Bluthunde, die Witterung aufgenommen hatten.

»Ein Tattoo?«, fragte Sheron unschuldig. »Davon hast du ja gar nichts erzählt, Jan. Was für eins?«

Jan schwieg. Mehr als ein Achselzucken fiel ihm nicht ein.

»Ein sehr nettes.« Nathan war amüsiert. »Komm schon, zeig's ihnen.«

Jan zögerte, dann riss er den Ausschnitt seines Achselshirts tiefer und schaute so gefährlich, dass hoffentlich keiner von den anderen etwas sagen würde. »Hier.«

»Sieht aus, als würde es gut verheilen«, sagte Charles.

Unbeschwert deutete er auf Jans Brust. »Was meint ihr?«

Sheron, Dane und Marcel starrten auf Jans Oberkörper, als würde dort ein Autounfall stattfinden.

»Ist das«, stotterte Sheron und deutete zwischen Nathan und Jan hin und her, »dasselbe?«

»Das gleiche«, korrigierte Nathan und zeigte seinen Arm, auf dem unzählige schwarze Krähen flogen, bis sie auf Schulterhöhe eine schwarze Fläche bildeten. Eine Krähe, die genauso aussah wie die auf Nathans Arm, flog nun über Jans Brust. Genau über das Herz. »Ja, ist es.«

Dane riss die Augen auf. »Das ist ... Jan!« Entsetzt schaute er ihn an. »Du ... also ...«

Sheron drängte ihn ab. »Du bist seit einer Woche mit ... dem da«, sie deutete auf Nathan, »zusammen und du lässt dir ein Partnertattoo stechen. Bist du ...«

Jan blickte sie drohend an. »Bin ich was?«

»Nichts.« Sie wich zurück. »Gar nichts. Ich dachte nur. Das ist, äh, mutig.«

»Mutig würde ich das nicht ...« Marcel hob die Hände. »Sorry. Doch, mutig. Sehr, sehr, sehr, sehr, sehr, sehr, mutig.«

»Wirklich sehr mutig«, ergänzte Sheron. »Du liebst das Risiko. Das ist schön.«

»Ist es«, knurrte Jan. »Außerdem hat Nathan ja auch eins.«

»Ja, aber Nathan ist sowas scheißegal«, stotterte Dane. »Der würde sich auch drei Pfund gammligen Käse ins Gesicht tätowieren lassen, wenn er sich gerade danach fühlt.«

Würde er nicht, dachte Jan. Offenbar kannten seine Freunde Nathan schlechter, als er gedacht hätte. Na ja, kein Wunder.

Nathan hatte sich sein Image aufgebaut wie eine Ritterrüstung. Wahrscheinlich waren Jan, Charles und Kor die Einzigen, die ab und zu einen Blick dahinter werfen durften.

»Gammliger Käse?« Nathan schnaubte. »Ich wäre eher für ein paar unbeschnittene Schwänze, so auf Mundhöhe ...«

»Hör endlich auf zu reden«, stöhnte Marcel.

»Ich finde es sehr hübsch«, sagte Kor zu Jan und lächelte. »Es passt zu dir.«

»Danke.«

Mürrisch sah Dane in sein Bier. »Und immerhin ist es nicht Nathans Name. DAS wäre eine Katastrophe.«

»Ach.« Marcel wiegte den Kopf hin und her. »Kann man beides überstechen. Da ist ja noch viel Platz drumherum.«

Hier wird nichts überstochen, wollte Jan sagen, aber er wurde unterbrochen.

»Guten Abend!«, brüllte Nadine hinter ihnen. »Wir sind die *Dämontagsmaler* und wir heizen euch jetzt richtig ein!«

Erstaunlicherweise taten sie das auch, trotz des bekloppten Namens. Minuten später war alles auf den Beinen. Von draußen strömten die Massen herein, sobald sie die Musik hörten, und der Raum wurde zur lautesten Sauna der Welt. Jan sprang Seite an Seite mit Nathan und Kor im Takt der Bässe. Der Boden vibrierte unter seinen Sohlen, wann immer sie ihn berührten. Der Geruch nach Schweiß und verschüttetem Bier erfüllte die Luft. Nadine und die anderen Mädels legten sich so ins Zeug, dass Jan den Rhythmus auf seinen nackten Armen spürte. Seinen nackten, nassen Armen. Schon beim zweiten Song war er schweißgebadet.

Seine Brust weitete sich. Das war es. Das hatte ihm so lange gefehlt. Hier zu sein, sich gehen zu lassen, bei Nathan, bei seinen neuen Freunden. Vor der Bühne, auf der sie erst vor Kurzem gespielt hatten, auf der sie wieder spielen würden, schon nächste Woche. Das war es. Er war Teil einer Sache, die größer war als er. Viel größer. Und er liebte jede Sekunde davon.

Während des dritten Songs, als die Stimmung auf dem Höhepunkt war, spürte er eine Hand auf seinem Unterarm. Nathan. Sein Freund (und er war sein Freund, verdammt!) sah ihn an wie ein Bösewicht, dem gerade das letzte Puzzleteil zu seinem Masterplan eingefallen war. Nathan bedeutete ihm mit einer Kopfbewegung, ihm zu folgen. Jan fragte nicht nach. Das Blut rauschte durch seinen Körper und er hätte gerade alles getan, was Nathan wollte. Niemand bemerkte sie, als sie an der Theke entlang zum Ausgang gingen.

Oh, doch nicht zum Ausgang. Nathan marschierte nach links und durch den schmalen Gang zu den Toiletten. Vorbei an Zigarettenautomaten, Plakaten und Postkartenständern. Das Shirt klebte ihm am Rücken und die Hose am Hintern. Selbst im rötlich schimmernden Dämmerlicht des Ganges erkannte Jan die festen Halbkugeln. Er seufzte leise, und glücklicherweise unhörbar durch die Lautstärke. Immer noch bebte der Boden unter ihm. Die Klänge wurden erst leiser, als sie die Klotür hinter sich geschlossen hatten. Dumpf drangen sie in den leeren Raum. Den leeren, mit Stickern und Kritzeleien übersäten Raum, der zudem ziemlich dreckig war.

Nathan drehte sich zu ihm um und grinste.

»Ist es dir hier nicht zu schmutzig?«, fragte Jan.

Nathan zuckte mit den Schultern. »Ist wärmer als draußen, oder? Und hey, ich muss hier nicht leben.«

»Hm.« Jan verschränkte die Arme. »Und was hast du stattdessen vor?«

Weiße Eckzähne blitzten. »Na, wenn du dich schon weigerst, mich auf der Theke zu pimpern ... Hier musst du dir keine Sorgen machen, dass einer zuschaut. Mindestens eine Viertelstunde lang nicht, wenn Nadine und die anderen so weitermachen.«

Jan nickte. Er hatte keine Lust, zu diskutieren. Oder zu denken. Stattdessen packte er Nathan und drängte ihn rückwärts in die nächste Kabine. Zum Glück war die ganz okay. Nicht total eklig. Nicht so schlimm, dass Jan sich Sorgen machen musste, dass er sich zwanzig Seuchen einfing, wenn er die Wände berührte. Er drängte Nathan gegen eine von ihnen und küsste ihn. Nathans Zunge schlang sich um seine. Nass. Fest. Sein Mund schmeckte salzig und das Innere war so heiß, dass Jan glaubte, zu verbrennen. Er schob einen Oberschenkel zwischen Nathans Beine und fühlte, wie er anschwoll. Ja. Das war gut. Nicht denken. Nur tun. Sich satt trinken und fressen an diesem Körper und nicht daran denken, was der dazugehörige Geist mit seinem Herzen anstellen konnte.

»Weiter, Meisi«, stöhnte Nathan. Sein Blick war verschleiert, die hellen Katzenaugen halb geschlossen. »Halt dich nicht zurück.«

»Mach ich nie«, brummte Jan und zuckte zusammen. Direkt neben Nathans verwuschelten Haaren hatte jemand etwas an die Wand geschrieben.

NATHAN, DU HAST MEIN HERZ GEBROCHEN

Er schluckte. Die Schrift war verwackelt, als hätte die Hand gezittert, die diese Worte geschrieben hatte. Zu wem sie wohl gehörte? Vermutlich einem Mann, schließlich war hier das Männerklo, aber das schränkte den Kreis der Verdächtigen nicht wesentlich ein. Es hätten so viele ...

Nein.

Jan packte Nathan und schleuderte ihn gegen die gegenüberliegende Wand. Zu fest, aber Nathan lachte nur.

»Weiter so, Meisi. Sei brutal.« Er leckte sich über die wundgeküssten Lippen. »Tu mir weh, du Hengst.«

»Klappe«, knurrte Jan und pinnte ihn mit seinem Körper fest. Er umklammerte Nathans Handgelenke und drückte sie über seinem Kopf gegen die Wand. Sein Unterkörper rieb über Nathans. Langsam kreiste seine Härte gegen die Beule in der Lederhose. Nathans Augen leuchteten auf. Heiseres Stöhnen floss über seine Lippen. Verdammt, warum waren die so ... verführerisch? Der Knospenmund, die Katzenaugen, der harte Kiefer, die hohen Wangenknochen, die dunklen Locken, die ihm über die Augen fielen ... Alles an Nathan schien nur auf Verführung ausgelegt zu sein.

»Wenn du willst, halte ich die Klappe«, schnurrte Nathan. »Aber vielleicht muss ich ein bisschen deinen Namen brüllen.«

»Unter Klappe halten verstehe ich was anderes.« Jans Mund war nur Millimeter von Nathans entfernt. Geilheit schimmerte in dessen Augen. Langsam und quälend bewegte Jan seinen Unterleib gegen Nathans. Spürte den Widerstand des Leders, den Pfahl darunter. »Wenn du lieb bitte sagst, ficke ich dich vielleicht.«

Aus der Nähe sah er Nathans Mund nicht, aber er wusste einfach, dass der grinste. »Ich weiß nicht, was mit dir los ist, Meisi, aber ich liebe es.«

Ich liebe es. Verdammt, warum nicht ‚Ich liebe dich'? Zu allem Überfluss sah Jan eine weitere Kritzelei, knapp über Nathans Schulter.

NATHAN, DU HURENSOHN!

ICH LIEBE DICH!

Es war eine andere Schrift als vorhin, aber sie wirkte ebenso verzweifelt. Jan hätte am liebsten gegen die Spanholzwand geboxt, bis die Buchstaben verschwanden. Oder durch sein Blut unleserlich wurden.

»Was ist?«, raunte Nathan. »Alles okay?«

»Klar«, brummte Jan. »Und du hast immer noch nicht bitte gesagt.«

Das Grinsen war zurück. »Bitte, lieber Jan. Bitte, bitte, bitte. Reiß mir den Schlüpper runter und nagel mich. He.« Nathan löste eine Hand aus Jans Griff und suchte in seiner Hosentasche. »Hier. Für dich. Kondom, Gleitgel, vollumfängliche Vollmacht, mich zu pimpern.«

»Ich seh nur zwei davon.«

»Die Vollmacht ist mündlich. Die anderen beulen meine Hose schon genug aus.«

»Ich sehe auch nur eine Beule.«

»Dann tu endlich was dagegen.«

Jan packte ihn und riss ihn von dem elenden Gekritzel an der Wand weg. An die Tür hatte glücklicherweise niemand etwas über Nathan geschrieben. Und das Schloss hielt auch. Selbst, als Nathan seine Hose heruntergezogen hatte und sich mit gespreizten Fingern dagegen lehnte, als wäre das hier eine Polizeikontrolle.

»Mein Arsch gehört dir«, verkündete er fröhlich. »Mach was draus, Meisi.«

»Zu Befehl, Satan.« Jans Gürtelschnalle klirrte. Er schluckte. Nathans Arsch war einfach zu verdammt schön. Weiß wie frischer Schnee und appetitlich wie ein Festtagsbraten. Begehrlich sah er auf die herrlich geformten Backen und die beiden Grübchen darüber. Letzte Nacht waren sie ziemlich betrunken gewesen, aber heute konnte er die Aussicht richtig genießen. Gedankenverloren ließ Jan seine Hose bis zu den Knöcheln herunterfallen und holte seinen Prügel aus der Hose.

Nathan sah sich um. »Du bist ein höchst erfreulicher Anblick, Meisi. Wirklich sehr erquicklich und vitalisierend.«

»Und du redest immer noch.«

»Stopf mir doch das Maul.«

»Ich stopf lieber was anderes.«

Nathan lachte. »Vulgär, Meisi, äußerst vulgär. Wenn ich bedenke, dass du noch jungfräulich warst, als wir uns kennengelernt haben ...«

War ich nicht, wollte Jan sagen, aber er hatte genug. So schnell er konnte, riss er die Packung auf und streifte sich das Kondom über. Sein Unterleib zog sich zusammen, als er Nathans Backen auseinanderzog. Am liebsten hätte er gleich hineingestoßen. Aber er beherrschte sich lange genug, um sich kühles Gel auf die Finger zu schmieren und es in Nathans Spalt zu verstreichen. Die Hitze, die da unten herrschte, machte ihn nur noch geiler. Seine Finger umkreisten Nathans Loch und der stöhnte.

»Mach schon, Meisi. Das ist kein Spaß mehr.« Er klang fast verzweifelt. »Schieb ihn rein.«

Jan biss in Nathans Nacken, schmeckte Salz und hörte ein Keuchen.

»Gut ...«, raunte Nathan und jeglicher Sarkasmus war aus seiner Stimme gewichen. Jan fragte sich, ob er deshalb so gern mit Nathan vögelte, na unter anderem. Aufgegeilt war Nathan ehrlicher. Echter. Fast so verletzlich wie ein normaler Mensch.

Ohne die Zähne aus Nathans Haut zu lösen, packte Jan seinen Schwanz und schob ihn zwischen Nathans Backen. Der kam ihm entgegen und er glitt in die heiße Enge hinein. Sehr heiß. Sehr eng. Unerträglich eng.

»Fuck«, stöhnte Jan in Nathans Nacken.

»Das wollte ich gerade sagen.« Nathan drängte sich ihm noch weiter entgegen. »Leg los.«

»Mmh.« Jan lockerte seinen Biss und leckte über die geschundene Haut. »Gleich.«

In Wahrheit hatte er Angst, dass er kommen würde, wenn er jetzt zustieß. Lieber griff er nach Nathans Schwanz und umfasste ihn genüsslich. Der keuchte und spannte sämtliche Muskeln an. Die Enge um Jans Rohr wurde noch enger. Seine Handfläche glitt über die samtige Haut des verdammten Stahlrohrs. Beruhigend, dass Nathan genau so rollig war wie er selbst. Er packte auch noch die Klöten und zog daran. Heiseres Stöhnen war seine Belohnung.

»Mmguuut«, brachte Nathan hervor. Er begann, das Becken zu bewegen, im Einklang mit Jans Hand, und Jans Schwanz glitt durch die Enge, hin und her, obwohl er das Becken still hielt. Kleine Funken stoben in ihm auf und er knurrte gegen Nathans Haut. Seine Zähne packten immer noch dessen Nacken und er hörte, wie sehr es Nathan gefiel. Laut und deutlich. Hoffentlich kam echt niemand rein ... Es ging nicht mehr. Und es war ihm scheißegal, wer sie hörte. Er krallte die Finger in Nathans nackte Hüften und begann, ihn zu stoßen. Langsam, aber hart. Immer schneller, bis das Klatschen von Haut auf Haut die ganze Kabine erfüllte. Nass. Sexy. Animalisch.

»Gleich«, keuchte Nathan und Jan schickte ein Dankesgebet an alle möglichen und unmöglichen Götter. Sein Unterleib zog sich zusammen, gierig, immer unerträglicher, bis die Welt kippte. Er kam. Brüllte gegen Nathans Hals, rammte sich ein letztes Mal in ihn und zitterte, als der Orgasmus aus ihm herausfloss wie ein Sturzbach. Der Puls hämmerte in seinen Ohren.

Nathan verkrampfte sich. Er bog den Kopf zurück, bebte. Stöhnte wohlig und dann spürte Jan, wie aus dem Krampf Erlösung wurde. Er ließ Nathans Nacken los, blickte zur Seite und sah, wie weißer Saft gegen die Klotür schoss. Zähflüssig lief sie daran herunter. Nathans Arme zitterten. Seine Fingerspitzen waren weiß, so fest drückte er sie gegen die Wand. Als er zusammensackte, schlang Jan die Arme um ihn und hielt ihn aufrecht.

»Danke«, murmelte er in Nathans Halsbeuge. Der Duft nach Apfel-Duschgel verblasste vor dem nach frischem Schweiß und Sex.

»Danke? Wofür?« Nathan lachte. »Du hast doch die ganze Arbeit gemacht. Die ... harte Arbeit.«

Jan ignorierte das entsetzliche Wortspiel. »Für das hier. Ich hätte sowas nie erlebt ohne dich. Nicht nur das, also, den Schweinkram. Auch das da draußen. Du weißt schon.«

Nathan brummte etwas Zustimmendes. Er klang friedlich wie ein vollgefressener Kater. »Ich weiß. Ich bin auch ... also. Für mich ist das auch«, er zögerte hörbar, »anders. Als sonst.«

»Besser?«

Nathan drehte sich zu ihm um und grinste. »Was denkst du?«

»Ich denke, ich bin der Beste, den du je gehabt hast.« Er schnaubte. »Nee, keine Ahnung. Ich hab ja keinen Vergleich. Nicht wirklich.« Mit einem feuchten Geräusch rutschte sein

Schwanz aus Nathan heraus. Hastig packte er das Kondom, zog es ab und warf es in die Kloschüssel.

»Glaub mir, Meisi«, Nathan machte keine Anstalten, seine Hose wieder hochzuziehen. Entspannt lehnte er an der Klotür und musterte Jan. »Besseren Sex als wir hat niemand. Auf der ganzen Welt. Was natürlich vor allem an mir liegt.«

»Nicht so bescheiden, du Mäuschen«, brummte Jan. Im Gegensatz zu Nathan fühlte er sich ziemlich blöd, so mit heruntergelassener Hose. Er zog sie hoch und schloss den Gürtel. »He. Nathan.«

»Hm?« Ein freches Lächeln spielte um Nathans Lippen. Mist, warum musste der so gut aussehen? Und neben seinem Ellenbogen entdeckte Jan etwas, das ihm vorhin nicht aufgefallen war: Nathans Name mit einem Herzen darum. Und dann, mit einem andersfarbigen Stift: wütende Striche, die versucht hatten, Namen und Herz unkenntlich zumachen.

»Ich muss dich was fragen«, brachte Jan hervor. Er sah zu Boden. Ein Fehler. Der Boden war echt eklig. »Aber ich weiß nicht, was.«

Nathan lachte. »Meisi, du bist ein Philosoph.«

»Gib mir einen Moment, ja?«, bat Jan und erstaunlicherweise erfüllte Nathan ihm den Wunsch. Abwartend blieb er stehen, immer noch mit der Hose in den Kniekehlen.

Jan holte tief Luft. Wollte er Nathan so etwas fragen? Ob er ... Er wusste leider wirklich nicht, was genau aus seinem Mund kommen würde, wenn er ihn öffnete.

Liebst du mich? So richtig? Kannst du es mir wenigstens einmal sagen?

So ein Schwachsinn. Er sollte Nathan vertrauen, oder? Ihn nicht drängen. Nathan war für ihn über seinen Schatten gesprungen, hatte ... hatte so viele seiner Regeln für ihn gebrochen, wie er erst heute Abend an den schockierten Gesichtern der anderen gesehen hatte.

Vertrau ihm, dachte er. *Auch, wenn es schwerfällt.*

Auch, wenn er auf dem verdammten Boden eine weitere Liebes/Hasserklärung an Nathan fand.

NATHAN, DU BASTARD! ICH WILL KEINEN AUSSER DIR!!!

Jan schluckte.

Vertrau ihm.

Draußen quietschte die Tür. Schritte erklangen. Oh. Die Live-Musik war verstummt und von einem alten ‚Hamster of the Week'-Song ersetzt worden. Jan hatte es gar nicht gemerkt.

»Maaann«, stöhnte Dane. »Ich muss schiffen wie ein Ochse. Noch zwei Minuten länger und ich hätte die Tanzfläche vollgestrullt.«

»Danke für die Info«, sagte Marcel. »Das interessiert mich sehr.«

»Heul nicht.« Lautes Plätschern erklang, gefolgt von erleichtertem Stöhnen.

»Ihr seid nächste Woche dran, oder, Charles?«, fragte Marcel.

»Jupp.« Ah. Schien, als wäre Charles der dritte am Pissoir. »Bin gespannt, was ihr sagt. Seit dem letzten Mal haben wir zwei neue Songs geschrieben.«

»Aber ihr spielt *‚Dark Pulse‘*, richtig?« Dane klang missmutig. »Das darf nicht rausfliegen! So ein Brett sollte für immer und alle Zeiten gespielt werden.«

»Wird es.« Charles pfiff drei Töne, so schräg, dass Jan nicht sagen konnte, ob es *‚Dark Pulse‘* oder etwas anderes war. Dabei war er ein guter Sänger.

Nathan grinste Jan an. Jan war nicht nach Grinsen zumute. Die drei hatten keine Ahnung, dass sie mithörten, und Nathan schien das sehr zu freuen. Jan zögerte. Er wollte nicht lauschen. Kam ihm feige vor. Aber Nathan stand im Weg und hatte sich immer noch nicht die Hose hochgezogen.

Sollte er da rausgehen? Okay, dann würden sie sehen, dass sie zu zweit hier drinnen waren, und er würde sich noch mehr blöde Sprüche anhören müssen. Außerdem besprachen die anderen ja nichts Intimes oder so. Wäre auch schön blöd, auf dem Klo im Smokes etwas Intimes zu besprechen.

»Sind Nathan und sein armes Opfer noch auf der Tanzfläche?«, fragte Marcel. »Ich hab sie gar nicht mehr gesehen.«

Armes Opfer? Jans Magen verkrampfte sich. Damit war nicht er gemeint, oder?

Wer denn sonst, du Trottel?

Er starrte zu Boden, aber leider hörte er, was die anderen laberten.

»Wahrscheinlich lässt Nathan sich in irgendeiner Gasse den Kanal stopfen«, sagte Dane missmutig. »Ob von Jan oder von jemand anderem. Schande, echt. Jan tut mir leid.«

»Ich hab keinen Zweifel, dass Nathan sich irgendwo den Kanal stopfen lässt.« Charles klang unbeschwert. »Und es ist garantiert Jan, der ihn stopft.«

»Sicher?« Dane schnaubte. »Ich meine, du kennst Nathan jetzt wie lange? Vier Jahre?«

»Fünf«, sagte Charles. »Und ich hab ihn nur die ersten paar Monate über gehasst.«

»Ah ja.« Dane grunzte. »Aber du denkst doch nicht echt, dass das hält, oder? Ich meine Nathan und ... irgendwer. Das klappt einfach nicht. Die Hure lässt das Huren nicht.«

Jan brachte den Mut auf, hochzusehen. Zu Nathan. Der sich ihm zuwandte, breit grinste und mit den Augenbrauen wackelte. Als er Jans Gesicht sah, rutschte das Grinsen langsam aus seinem Gesicht.

»Drei Tage«, sagte Dane. Reißverschlussziehen erklang. »Ich geb Nathan drei Tage, bis er sich Frischfleisch sucht.«

»Ich geb ihm eine Woche«, sagte Marcel. »Die beiden haben schon irgendwie Chemie. Aber das reicht halt nicht, um ... Du weißt schon. He, schau nicht so, Charles.« Er lachte. »Nur weil er dein Freund ist, ist er kein Waisenknabe.«

»Ist er nicht.« Charles seufzte. »Aber das mit Jan ist anders.«

»Ja, aber anders reicht nicht, oder?« Wasserrauschen. Dane wusch sich offenbar die Hände. Immerhin. »Nathan ist immer noch Nathan.«

Nathans Blick brannte Löcher in Jans Augen. Forschend. Verstehend. Nathan drehte sich um, ruckartig, und Jan konnte ihn gerade noch am Arm packen, bevor er aus der Kabine gestürmt wäre. Seine Hand lag schon auf dem Riegel.

Jan schüttelte den Kopf und flehte ihn stumm an, ruhig zu bleiben, aber er wusste doch, dass Nathan sowas scheißegal war. Die Peinlichkeit der Situation war ihm scheißegal. Er würde da einfach rausgehen, mit baumelndem Schwanz, und Dane und Marcel ihre Worte fressen lassen.

Erstaunlicherweise tat er es nicht. Eine Falte grub sich zwischen Nathans Augenbrauen. Katzenaugen musterten Jan. Dann ließ Nathan die Hand sinken und nickte.

Danke, formte Jan mit den Lippen. Stumm.

Er wollte diese Scheiß-Situation nicht. Klar, irgendwie wünschte er sich, dass Nathan Dane und Marcel zusammenstauchen würde. Aber was, wenn Nathan nur da raus wollte, weil er peinliche Situationen lustig fand, oder, um sich an der Wette zu beteiligen oder ...

Du bist ein Arschloch, Jan Meise, dachte er. *Ein totales Arschloch. Jetzt vertrau ihm endlich. Ja, es ist schwer. Ja, es tut weh und wenn du ehrlich bist, hast du höllischen Schiss, verletzt zu werden. Aber so sind solche Sachen nun mal. No pain, No gain. Oder so.*

»Drei Tage«, sagte Dane. »Ich wette um einen Zehner.«

»Bin dabei«, sagte Marcel. »Eine Woche. Und du, Charles?«

»Klar.« Charles klang immer noch entspannt. Dafür wirkte Nathan plötzlich sehr ernst. Fast ein wenig beunruhigt. Jan wusste nicht, woran er es erkannte. Vielleicht daran, dass seine Lippen einen winzigen Hauch weniger Schwung hatten als sonst.

»Und?«, fragte Dane. »Was sagst du? Ein Monat?«

»Für immer.« Er hörte das Lächeln in Charles' Stimme.

Die anderen beiden brachen in Gelächter aus. Nathans Mundwinkel entspannten sich.

Bastard, formte er lautlos. Zumindest dachte Jan, dass er das sagte.

»Für immer«, wieherte Dane. »Dir hat doch einer ins Hirn geschissen, Alter. Für ... immer?«

»Wenn euch das zu lang ist, kann ich auch nach einem Jahr kassieren«, sagte Charles. »Meinetwegen wetten wir um mehr.«

Dane kicherte. »Ne, lass mal. Gib mir einfach in drei Tagen die Kohle und alles ist okay.«

»Nee«, sagte Marcel. »Du gibst mir in einer Woche die Kohle. Und du auch, Dane.«

»Mann, Charles.« Dane klang ungläubig. »Ist lieb, dass du zu ihm hältst, aber das ist Nathan. Du kennst ihn.«

»Ja«, sagte Charles. Wasserrauschen verklang. »Ich kenne ihn.«

»Aber ...«, war das Letzte, was sie hörten, bevor die Tür hinter den dreien zuschlug.

Jan holte tief Luft. Er hatte kaum gemerkt, wie stickig es hier drinnen war. Irgendwie schaffte er es nicht, Nathan anzusehen. Er drängelte sich an ihm vorbei und marschierte zum Waschbecken. Sein absolut gewöhnliches Schlägergesicht sah ihm aus dem mit Stickern übersäten Spiegel entgegen. Scheiße.

Er ließ kühles Wasser über seine Hände rinnen. Sein Puls beruhigte sich allmählich.

»Alles gut?« Nathan trat neben ihn.

»Klar.« Der Seifenspender war wie immer leer und für Papierhandtücher hatte auch niemand gesorgt. Jan wischte sich die Hände an der Jeans trocken. »Gehen wir zurück? Dosenrind fangen gleich an.«

Die Tür ging auf und zwei schwarzgekleidete Teenager schlenderten zu den Pissoirs. Ihre Blicke huschten über Jan und Nathan und schnell wieder weg.

Jan ging hinaus. Nathan folgte ihm. Mitten im Gang holte er Jan ein, packte seinen Arm und zwang ihn, stehenzubleiben.

»He«, sagte Nathan. Manchmal vergaß Jan für einen Moment, wie tief seine Stimme war. Und dann hörte er sie wieder. Als würde sie zu einem dreimal so breiten Zweimeter-Bär gehören. »He, du weißt schon.«

»Nein«, sagte Jan und fühlte sich wie eine Zicke. »Was weiß ich?«

»Na.« Nathan räusperte sich. Er sah ihn an, sah weg und schaffte es dann wieder, ihm in die Augen zu blicken. »Dass Dane und Marcel Scheiße labern. Immer. Aber vor allem gerade.«

»Ja.« Jan nickte. Er holte tief Luft. »Sorry.«

»Wofür?« Nathans Lächeln war etwas schief. Er war unsicher. Verdammt, er war ... Sofort fühlte Jan sich besser.

»Ich hab manchmal ...« Jan lachte trocken. »Auf den verdammten Klowänden. Da standen irgendwelche Sachen über dich und ich hab einen Moment lang ... Ich hatte Angst. Ganz kurz. Sag's keinem, ja? Ich ... ich lieb dich halt.«

Nathans Augenbrauen wanderten nach oben. Leider ging er nicht auf Jans Liebeserklärung ein. »Auf den Klowänden?«

»Ist dir nicht aufgefallen, was?«

Nathan schüttelte den Kopf. »Ich hab nur auf dich geachtet. Ich meine ...« Sein Blick flackerte, als würde er panisch nach Worten suchen, während er gleichzeitig versuchte, sein Pokerface aufrecht zu halten. Hey, Jan wurde richtig gut darin, ihn zu lesen. »Ich meine, ich war abgelenkt, weil du mich so geil gestoßen hast. Du Hengst.«

Jan lächelte. Er beugte sich vor und drückte einen Kuss auf Nathans Mund. »Das hast du schön gesagt, Schatz.«

Nathan verzog das Gesicht. »Ich habe dir gesagt, was ich von Kosenamen halte, oder?«

»Hast du, Babe.«

»Nein.«

»Aber ...«

»Nein.«

»Aber du darfst mich Hengst nennen, ja?«

»Darf ich. Du kannst dich jederzeit revanchieren und mich auch als Hengst bezeichnen.«

»Wie wär's mit Gaul?«

Nathan gab ihm einen Schubs.

Jan lachte. »Pony?«

Nathan trieb ihn mit gezielten Arschtritten den Gang hinunter.

***

Die Vögel zwitscherten, als sie ins Bett fielen. In Nathans riesiges Bett mit den schwarzen Laken, das nach frischem Waschmittel roch und stets akkurat gemacht war. Bis sie sich darauf austobten. Was sie taten. Als Jan verschwitzt und wund auf sein Kopfkissen fiel, dämmerte es draußen bereits.

»Guut«, murmelte er in die Daunen. »Danke, Satan.«

»Gern geschehen, Meisi.« Nathan gab Jans Arsch einen müden Klaps. »Musste mich ja revanchieren. Bin schließlich«, er gähnte, »höflich.«

»Einen Scheiß bist du.« Jan lachte. Mit letzter Kraft drehte er sich um und zog Nathan an sich. Das war das Beste. Verschwitzt dazuliegen, Nathans Duft nach Bier, Zigaretten und Gefahr in seine Nase zu saugen und seinen nackten Bauch gegen Nathans nackten Rücken zu schmiegen. Nathan ließ es sich gefallen. Vielleicht schmiegte er sich diesmal sogar an ihn. Ja, tat er. Er verflocht seine Finger mit Jans.

»Gute Nacht, Meisi. Träum süß«, murmelte er. »Siehst du? Scheißhöflich bin ich.«

Jan drückte einen Kuss in seinen Nacken. Heiß und salzig. »Träum süß, Nathan.«

»Ich träum von deinem Arsch.« Nathan klang glücklich.

Jan schnaubte. »Vorsicht, ich werd noch rot.«

Leises Kichern. Jans Augen fielen zu. Sein Atem normalisierte sich und Ruhe überkam ihn. Die ganz besondere Ruhe, die er nur in Nathans Nähe verspürte, nur, wenn er ihn in den Armen hielt.

»He«, murmelte Nathan. »Meisi? Pennst du schon?«

Jan antwortete nicht. Er wusste nicht, warum. Vielleicht wollte er nicht, dass dieser perfekte Moment von irgendwelchen Wortgefechten gestört wurde. Solange Nathan nicht redete, war es sehr romantisch mit ihm, und gerade in diesem Moment brauchte Jan Romantik. Vielleicht sogar Kitsch. Etwas, das ihn weiter an ‚für immer' glauben ließ und nicht an drei Tage oder eine Woche.

Für immer. Genau.

Fickt euch, sagte er in Gedanken zu Dane und Marcel. *Ich liebe diesen Mann. Und ich habe absolut keinen Grund, ihm zu misstrauen. Ein paar Kritzeleien an ein paar Klowänden und ein paar ... hundert Verflossene bedeuten gar nichts. Genau.*

Friede senkte sich über sein Herz. Genau. Nathan war hier. Bei ihm. Und genau da würde er bleiben.

»Meisi?«, flüsterte Nathan.

Jan gab leises Schnorcheln von sich.

Nathan schnalzte mit der Zunge. »Schnarchnase«, murmelte er.

Draußen zwitscherten die Vögel. Nathans Körper an seinem war warm und lebendig und alles war gut.

»Ich liebe dich«, sagte Nathan, so leise, dass Jan ihn beinahe nicht verstanden hätte. »Irgendwann sage ich dir das.« Nathan seufzte. »Bald. Echt.«

Jan erstarrte. Fast hätte er sich verraten. Fast hätte er die Augen aufgerissen und Nathan sich umgedreht und ...

Nein. Er bremste sich. Atme leise und regelmäßig, obwohl sein Herz hämmerte und sein Puls raste. Obwohl er glaubte, keine Luft mehr zu bekommen. Nathan war noch nicht bereit, ihm das zu sagen, und er hatte es nur versehentlich getan, weil er gedacht hatte, dass Jan schon schlief.

»Echt«, murmelte Nathan schläfrig und seine Atemzüge wurden immer ruhiger. Kurz darauf war er eingeschlafen.

Jan war hellwach. Ungläubig starrte er auf den dunklen Lockenschopf vor sich. Fühlte den Brustkorb, der sich hob und senkte. Roch Nathan, leckte sich seinen Geschmack von der Unterlippe. Bebte stumm. Lächelte. Und presste die Stirn in die wirre Mähne. Sie kitzelte seine Haut und er wäre fast zersprungen, so glücklich war er.

Es dauerte ewig, bis er ebenfalls eingeschlafen war.

ENDE

24 Stunden mit Djako

Es gab viele Dinge, die Björn an seiner Ausbildung zum Feuerwehrmann liebte. Den Nervenkitzel, den Teamgeist, die Bewegung. Vor allem die Bewegung.

Er hatte es schon in der Schule gehasst, stillsitzen zu müssen. Fast hätte er sich damit die Noten für seinen Traumjob verbaut. Es war knapp gewesen, sehr knapp. So knapp, dass er ab und zu schweißgebadet aufwachte, aus einem Alptraum, in dem ein fehlender Punkt alles zerstörte, von dem er seit seiner Kindheit träumte.

Natürlich erzählte er niemandem von diesen Träumen. Nicht seinen Mitbewohnern oder den Kerlen, die er an freien Tagen heimbrachte. Wäre mies gewesen, deren Illusionen zu zerstören. Die vögelten mit einem muskelbepackten Macker, der sie richtig hart rannahm. Die wollten nichts davon hören, dass der Macker Schiss vor einer Fünf in Mathe gehabt hatte. So einen Schiss, dass es ihn immer noch heimsuchte, obwohl er es längst geschafft hatte.

Und das hatte er. Jetzt durfte er sich bewegen. Nicht nur bei den Einsätzen, sondern auch beim Dienstsport. Den machte er nicht nur nachmittags mit, sondern absolvierte auch die freiwillige Einheit am Abend, bis zur völligen Erschöpfung.

Verausgab dich nicht, hatte der verdammte Djako geraunzt, als Björn keuchend und stöhnend unter den Hanteln gelegen hatte. *Es kann jederzeit ein Einsatz kommen. Du musst bereit sein.*

Der verdammte Djako. Der war so ziemlich das Einzige, was Björn an seiner Ausbildung hasste. Okay, und das frühe Aufstehen. Das hasste er eventuell noch mehr.

»Es ist Viertel vor sieben!«, bellte Djako, als Björn keuchend und verschlafen in die Halle stolperte, den Helm unter dem Arm. »Und was ist das?« Er deutete auf Björns schwarzgelbe Einsatzjacke, die noch offen stand.

Sein Ausbilder ragte über ihm auf, obwohl Björn fast einen Meter neunzig groß war. Djako war ein Tier. Stahlgraue Augen und eine scharfgeschnittene Nase unter einem blitzsauberen Feuerwehrhelm. Und eine Miene, als wollte er Björns Kopf abbeißen. Hinter Djakos ausladenden Schultern sah er die Kollegen. Keiner sah Björn in die Augen. Die kriegten alle mit, wie kleinlich der Mistkerl war, aber keiner tat etwas. Na, kein Problem. Björn konnte sich selbst wehren.

»Die Wachübernahme fängt um Viertel vor sieben an«, knurrte er und stülpte seinen Helm über. »Also jetzt. Tu nicht so, als wäre ich zu spät.«

Es fühlte sich an, als würde eisiger Wind durch die Fahrzeughalle wehen. Der Geruch nach Benzin und Gummi wurde stärker, je länger Djako auf ihn hinabsah. Der Kerl war ein verdammter Bulle. Hätte Björn nicht gewundert, wenn Hörner aus seinem Quadratschädel gewachsen wären.

»Es ist Viertel vor sieben!«, röhrte Djako und beugte sich so weit vor, dass sein Atem Björn ins Gesicht schlug. Minzig frisch. Immerhin putzte der Bulle sich die Zähne, was man nicht von allen Kollegen behaupten konnte. Enricos Maul roch morgens wie eine Kläranlage. War aber auch kein Wunder, dass Djako geduscht, rasiert und mit frisch geputzten Zähnen zum Dienst antrat. Der Kerl war überkorrekt, in jeder Hinsicht. Was er gerade wieder bewies. »Und du trägst deine Uniform nicht.«

Seh ich für dich nackt aus?, wollte Björn fragen, aber das ließ er bleiben. Djako hatte eh schon sein verdammtes Klemmbrett dabei, auf dem er jedes Vergehen seines Auszubildenden notierte.

»Ich hab alles an«, murrte er. »Muss nur noch den Reißverschluss zumachen und ich bin fertig.«

»Und was ist das?« Djako tippte an Björns Gürtel. Hä?

Scheiße. Eiskalt lief es durch Björns Magen. Er hatte das Sicherungsseil vergessen. So ein scheißblöder Anfängerfehler.

»Ich hab gestern ein neues bekommen. Das hab ich wohl beim Spind liegengelassen«, murmelte er wie ein Kleinkind. Mann, wenn seine Kumpel vom Boxen ihn so sehen könnten! Die würden sich totlachen. Jetzt wurden auch noch seine Ohren heiß.

»Hol es. Sofort.«

»He, das kann ich doch nach der Wachablösung ...«

»Sofort.«

Björn spurte. Mit geballten Fäusten und Galle im Bauch stapfte er zurück in die Umkleide, öffnete den Spind und schnallte das Sicherungsseil an seinen Gürtel.

Zur Wachübernahme erschienen sie immer in voller Montur, und die Uniform war übelst schwer. Björn trug sie mit Stolz. Als er zwischen den Löschfahrzeugen hindurch ging, warf er einen Blick auf seine Spiegelung im roten Lack. Björn, der Feuerwehrmann. Seine Brust weitete sich. Er hatte zur Berufsfeuerwehr gewollt, seit er ein Stöpsel gewesen war. Und jetzt war er es. Allen schlechten Noten zum Trotz lebte er seinen Traum.

Nur mit Djako hatte er nicht gerechnet. Björn hatte ihn nett begrüßt, echt, und fast alles getan, was der Mistkerl von ihm verlangte. Und alles, was von Djako zurückkam, waren Kritik und Gebrüll. Keiner achtete so penibel darauf, dass die Regeln eingehalten wurden wie Djako. Von seinen Freunden aus der Feuerwehrschule hörte Björn ganz andere Geschichten. Geschichten von Kameradschaft und Schulterklopfen und so. Die meisten waren schon mit ihren Ausbildern was trinken gegangen. Mit Djako würde er in neun Monaten Ausbildungszeit kein einziges Bier teilen, so viel war sicher.

Selbst wenn, würde der mir doch eh nur erzählen, dass ich die Flasche falsch halte.

Als er zurückkehrte, stellte er fest, dass Djako die Kollegen gezwungen hatte, auf ihn zu warten. Ungeduldige Blicke sahen ihm entgegen.

»Wäre doch nicht nötig gewesen, dass ihr wartet.« Björn räusperte sich und stellte sich in die Reihe, neben Roland. Der schnaubte.

»Djako will, dass du alles mitbekommst. Wär ja echt schlimm, wenn du nicht hören würdest, dass das Klo im ersten Stock wieder verstopft ist.«

Und ich weiß schon, wer das sauber machen muss, dachte Björn.

Er hatte recht. Nachdem er die Wachablösung über sich ergehen lassen hatte und nachdem Djako ihn zusammengeschissen hatte, weil er bei der anschließenden Überprüfung der Schläuche und Fahrzeuge angeblich nicht gründlich genug gearbeitet hatte, rammte er einen Pömpel in die Kloschüssel im ersten Stock und fragte sich, was das hier eigentlich mit dem Beruf als Feuerwehrmann zu tun hatte. Braungelbes Wasser schwappte auf den Boden und er konnte gerade noch ausweichen. Dem Geruch leider nicht. Angewidert starrte er auf den Fliesenboden, auf dem sich eine Lache ausbreitete. Gleich würde Djako ihn zusammenbrüllen, weil er stank.

Der Pömpel reichte nicht, also musste er die Rohrreinigungsspirale zur Hilfe nehmen. Als er endlich fertig war, konnte er die halbe Kabine schrubben und sich umziehen. Wenn er ihn mit Spritzern auf der Uniform erwischte, würde Djako ihm wahrscheinlich gleich verbieten, am nächsten Einsatz teilzunehmen.

Ein Einsatz. Er konnte es kaum erwarten. Bisher waren sie vor allem wegen Kleinigkeiten ausgerückt. Umgefallene Bäume, versehentlich ausgelöste Rauchalarme an Schulen und

Tiere auf Hausdächern, die nicht mehr runterkamen. Ernsthaft. Björn hatte immer noch Kratzer auf der Wange von der letzten Katze, die sich gegen ihre Rettung gewehrt hatte. Djako hatte ihn angeraunzt, dass er sein Visier hätte schließen sollen. Aber wer rechnete denn damit, dass das Tier einfach durchdrehte?

Prinzessin Melinda, das war der Name der Katze gewesen. Und ihr Besitzer, ein Opa mit Haarbüscheln im Ohr, war überglücklich gewesen, als Björn sie ihm gereicht hatte. Das war der bisher beste Moment seiner Karriere als Feuerwehrmann gewesen. Er hatte sich wie ein richtiger Held gefühlt. Natürlich hatte Djako ihm trotzdem eine schlechte Bewertung geschrieben und ihn gezwungen, am x-ten Seminar zum Thema Arbeitssicherheit teilzunehmen. Bei dem man stillsitzen musste, und zuhören. Genau die zwei Dinge, die Björn am schlechtesten konnte.

Es wurde nicht besser. Den ganzen Vormittag über bekam Björn nur die miesesten Arbeiten zugeteilt. Putzen, Schrubben, Polieren. Neidisch sah er zu, wie Enrico und Lisa die Drehleiter überprüften und sich die Stadt aus dreißig Metern Höhe anschauen durften.

Beim Mittagessen setzte Björn sich so weit weg von Djako, wie er konnte. Zwischen Lisa und Roland. Sein aufgewärmtes Essen schmeckte verdammt gut. Er hatte gestern einen gigantischen Topf Eintopf gekocht, mit Fleisch und Bohnen und allem, was Protein enthielt. Lecker. Und gesund. Er kaute auf einem würzigen Fleischstück herum und stellte sich vor, wie er beim nächsten Einsatz in ein brennendes Haus stürmte.

»Na, Muskelkater vom Bohnern?«, fragte Lisa und lachte.

Björns Arme taten tatsächlich weh. »Ne. Und wieso müssen wir die Wagen überhaupt nach jedem Einsatz putzen? Wegen ein bisschen Dreck fahren die nicht langsamer.«

»Will Djako halt so.« Sie hob die Schultern und ließ sie wieder fallen.

»Profis fahren nicht in verdreckten Karren rum«, knurrte Djako vom anderen Ende der Tischplatte. Wie gut waren seine Ohren bitte? Okay, der Pausenraum war auch recht klein. »Wir sind Profis. Wir sollten auch so aussehen.«

Enrico lachte. »He, wir sind Profis, weil wir Leute retten. Reicht das nicht?«

»Nein.« Djako schnaubte, doch dann lächelte er tatsächlich. Mit den älteren Kollegen ging er ganz anders um als mit Björn. »Wenn's nach euch ginge, würden wir in total verschlammten Hobeln zum Einsatz fahren. Seid mal froh, dass ich für Recht und Ordnung sorge.«

»Boah, ich bin so froh«, sagte Enrico. »Froh, dass Björn jetzt da ist und ich nicht mehr jeden Tag waschen und polieren muss.«

Björn war überhaupt nicht froh. Würde das jetzt neun Monate so gehen? Jeden Tag sämtliche Einsatzfahrzeuge waschen und danach von Djako angemotzt werden, wenn der noch einen Fleck fand? Mürrisch starrte er auf seinen Teller.

»Kannst mir gern helfen, Enrico«, sagte er. »Polieren trainiert den Bizeps.«

Enrico schnaubte. Er war eher der sehnige Typ, und sein Bizeps nur halb so prall wie Björns. »Nein, danke. Du machst das so gut, da könnte ich gar nicht mithalten.«

»Hörst du das?« Herausfordernd sah Björn Djako an. »Enrico findet, dass ich es gut mache.«

»Enrico ist nicht dein Ausbilder.« Djako mampfte einfach weiter. Irgendwas mit Tofu. Igitt. Warum aß man sowas? Hm, wahrscheinlich bereitete seine Freundin das zu und zwang ihn, mitzuessen ... Hatte Djako eine Freundin? Björn wusste nichts über sein Privatleben. Natürlich nicht. War ja nicht so, als würden sie zusammen Bier trinken und über ihre Familien reden. Über Lisa wusste Björn, dass sie einen Freund und zwei Katzen hatte und dauernd an diesen Matsch-Rennen teilnahm. Ihr Spind war voller Medaillen. Enrico hatte zwei Kinder und Roland eine Tochter, die fast erwachsen war. Beide waren verheiratet, im gleichen Fußballverein (Turbine Tottenhausen) und jammerten über das harte Leben als Familienvater. Nur über Djako wusste Björn nichts.

»He, Djako«, sagte er. »Hast du eigentlich eine Freundin?«

»Nein.« Wo kam das Schmunzeln her? Machte der Kerl sich über ihn lustig?

»Wieso nicht?«

»Bin wohl zu hässlich.«

Jetzt grinsten alle am Tisch. Was war los?

»Ja, daran wird's liegen«, sagte Lisa. »Du alte Hackfresse.«

Djako lachte. Zu den anderen war er viel milder. Und zu Lisa war er richtig nett. Wohl, weil die eine Frau war.

»Was ist mit dir, Björn?« Roland gab ihm einen Schubs. »Wartet daheim jemand auf dich?«

»Nö.« Björn zögerte einen Moment lang, dann tauchte er den Löffel wieder in den Eintopf. »Bin wohl auch zu hässlich.«

Er war noch nicht sicher, was er den anderen erzählen würde. Normalerweise machte er gute Erfahrungen, wenn er erzählte, dass er schwul war. Die meisten waren okay damit. Aber es gab halt auch die anderen. Und so nett seine Kollegen wirkten, wusste man vorher leider nie genau, wo man dran war.

Ist auch nicht so, als hätte ich einen Freund, dachte Björn. Dann gäb's was zu erzählen. Solange ich rumhure, kann ich auch genau so gut die Klappe halten.

Nach dem Essen folgte die Ausbildung. Heute übten sie das Bergen von Personen, und das machte echt Spaß. Björn schleppte Lisa eine Treppe hoch und runter und kam wunderbar ins Schwitzen.

»Was keuchst du denn so?«, fragte sie, als sie mal wieder oben ankamen und Roland die Zeit stoppte. »Ich wieg doch nichts. Bin zart wie eine Elfe.«

»Wie ein Elfefant vielleicht«, ächzte Björn und machte sich bereit für die nächste Runde.

Roland wieherte los.

»Nicht meine Schuld, dass du so ein Lauch bist.« Lisa machte sich extra schwer. Wie ein Sack Mehl hing sie über seiner Schulter. Die volle Montur machte es nicht einfacher. Schweiß rann über Björns Schläfen. Sein heißer Atem prallte am Visier ab und legte sich über Wangen und Nase. »Los, Schwächling. Weiter geht's.«

»Nächstes Mal trägt die zarte Elfe mich«, keuchte Björn, bevor er weiterlief. Die Treppe runter war einfach, aber hoch wurde es immer mühseliger. Und besser. Diesen Teil liebte er. Die Anstrengung, das Gefrotzel. Einfach perfekt.

»Die zarte Elfe hat dich in zehn Sekunden die Treppe hochgeschleppt«, behauptete Lisa. »Wirst schon sehen.«

Tat er aber nicht. Als Lisa endlich an der Reihe war, ihn zu tragen, schrillte der Alarm los. So laut, dass die Stufen unter Björns Sohlen vibrierten. Sein Herz pumpte.

Na endlich! Ob es das hier war? Der Einsatz, bei dem er Djako bewies, dass er es drauf hatte? Nicht, dass er dem irgendetwas beweisen musste. Na ja, schaden würde es nicht.

Wahrscheinlich wäre Djako nicht einmal beeindruckt, wenn er mit zwei Waisenkindern unterm Arm aus einem brennenden Haus kam.

»Rauch in einer Lagerhalle! Weststadt!«, bellte Djako, als sie in die Fahrzeughalle rannten. »Lisa, nach hinten! Enrico fährt! Björn, du bleibst mit Roland hier!«

»Aber ...« Björn kam sich blöd vor. Er stand in voller Montur hier und war bereit und jetzt durfte er nicht mitfahren?

»Die Wache muss besetzt bleiben«, raunzte Djako und stieß ihn zur Seite.

Hasserfüllt sah Björn zu, wie er in den Wagen stieg und sich anschnallte. Lisa neben ihm verzog bedauernd das Gesicht. Ihre Lippen formten ein stummes ‚Pech'. Das Garagentor öffnete sich surrend. Djako knallte die Schiebetür zu und Björn juckte es in den Fingern, der geschlossenen Tür den Mittelfinger zu zeigen.

Kalter Wind fegte in die Halle, kaum, dass das Tor auf war. Er wirbelte braune Blätter hinein, die wie kleine Tierchen an Björns derben Stiefeln vorbei wuselten. Die würde er nachher aufkehren müssen, garantiert. Obwohl, konnte er auch gleich. Zu tun hatte er ja nichts. Fluchend stiefelte er zum Schrank und holte den Besen heraus, während die anderen mit heulender Sirene losdüsten.

»Er meint's nicht böse«, sagte Roland später im Pausenraum. »Kaffee?«

Björn nickte brummig. Er sah zu, wie die dampfende Flüssigkeit in seine Tasse floss. Ein Spritzer verbrannte seine Haut. Er zuckte nicht mal.

Es war ruhig im Pausenraum. So ruhig, dass man draußen das Heulen des Windes hören konnte. Ein Sturm zog auf. Aber hier drinnen war es warm und roch nach Filterkaffee.

»Wir sind unterbesetzt«, sagte Roland. »Seit Max und Nicki krankgeschrieben sind und Kim weggezogen ist. Wird auch wieder besser, aber gerade ist es echt knapp. Djako macht sich höllische Sorgen, dass wir mehrere Notfälle auf einmal haben.«

»Sorgen.« Björn schnaubte. »Wir können immer noch die Kollegen von der Freiwilligen in Klusterbach anrufen, wenn es nicht reicht.«

»Bis die hier sind, dauert es. Und es muss schnell gehen.« Roland setzte sich ihm gegenüber. »Du willst nicht sehen, wie ein Haus aussieht, wenn wir fünf Minuten zu spät kommen. Da geht's um Sekunden.«

»Ja.« Björn starrte in seinen Filterkaffee. »Weiß ich doch. Ich wär nur so gern bei einem Einsatz dabei. Einem richtigen. Keinem Fehlalarm und keiner Katze im Baum.«

Rolands Miene verdüsterte sich. »Wenn du genug Einsätze mitgemacht hast, freust du dich auf die Katzen im Baum. Die holst du runter und alle freuen sich. Wenn du Pech hast ...« Er räusperte sich. »Weißt du, wie verbranntes Fleisch riecht?«

»Nee«, gab Björn zu. »Ich bin auch nicht scharf drauf, aber ... Ich will doch helfen. Richtig helfen.«

»Weiß ich, Junge. Und Djako weiß das auch. Der hat nur Schiss, dass dir was passiert.«

»Klar«, brummte Björn. »Der hat mich ganz doll lieb.«

Roland wirkte, als wollte er noch etwas sagen, aber er schwieg. Kaffeetrinkend saßen sie da, während der Sturm draußen immer lauter wurde. Sie hörten das Knallen der Fahne am Mast.

Irgendwann kamen die anderen zurück. Nach Rauch stinkend polterten sie in den Pausenraum.

»War nur eine Tonne«, knurrte Djako. »Irgendwer hat die angezündet. Björn, wasch das Löschfahrzeug.«

»Was?« Björn sprang auf. »Schon wieder?«

»Wir mussten übers Feld fahren. Das sieht aus wie Sau.« Djakos Blick war stahlhart. »Bis zum nächsten Einsatz muss das wieder sauber sein.«

»Ich hab die Karre heute Morgen schon geputzt.« Björns Handflächen knallten so hart auf die Tischplatte, dass die Kaffeetasse hüpfte. »Jetzt ist mal jemand anderes dran!«

»Ich bin dein Ausbilder«, sagte Djako. Wie ein Berg ragte er auf der anderen Seite des Tisches auf. »Du machst, was ich sage.«

»Einen Scheiß mach ich«, knurrte Björn. »Und beim nächsten Einsatz bin ich dabei, ist das klar?«

Hinter Djako sah er Enricos erschrockenes Gesicht. Lisa wedelte mit den Armen und bedeutete ihm, still zu sein.

Björn dachte nicht daran.

»Was hast du eigentlich gegen mich, Djako?«, fragte er. »Warum darf ich nur die Drecksarbeit erledigen? Ich kann was, was Besseres als nur die Karren zu schrubben. Warum lässt du mich nicht mitfahren?«

»Du bleibst hier.« Djakos Stimme war kälter als eine Nacht im Januar. »Und tust, was ich dir sage. Ich lass dich mitfahren, wenn du dich wie ein Profi verhältst.«

»Ich werd nie ein Profi, wenn du mich weiter nur putzen lässt!«

Was machst du da, du Trottel?, fragte eine Stimme in seinem Hinterkopf. *Djako ist eine Arschkrampe, aber er steht über dir. Weit drüber. Wenn der will, wirst du nie Feuerwehrmann!*

Aber er konnte nicht zurückweichen. Hatte er nie gekonnt. Sie standen sich gegenüber wie zwei Kampfhähne, nur getrennt von dem dünnen Plastiktisch. Djako schien mit jeder Sekunde zu wachsen. Seine Miene verfinsterte sich, bis er aussah wie eine nahende Gewitterfront.

»Raus«, knurrte er. »Alle. Björn und ich müssen uns unterhalten.«

Hastiges Stiefelscharren. Anscheinend konnten die Kollegen nicht schnell genug aus dem Pausenraum flüchten. Björn beachtete sie nicht. Er war zu beschäftigt damit, nicht zu blinzeln. Weiter in Djakos Augen zu starren. Keine Furcht zu zeigen. Es half, dass er stinksauer war.

Djakos Augen waren hellgrau mit einem dunkleren Ring um die Iris. Wie alt er wohl war? Zehn Jahre älter als Björn bestimmt. Vielleicht fünfzehn? Ein richtiger Mann halt. Ein Stier von einem richtigen Mann. Djako war schon ziemlich heiß, wenn man das so sehen wollte. Wollte Björn natürlich nicht. Dazu war er viel zu sauer. Aber die Gefahr, die von dem Muskelberg vor ihm ausging, der nach Rauch roch und das Gesicht eines Wolfs hatte, der gleich zubeißen würde, war schon ... aufregend.

Nee, dachte er wütend. *Du kriegst jetzt keinen Harten, weil der verdammte Djako mit dir allein sein will. Der will dich doch nur anscheißen, wie immer.*

Was, wenn Djako ihm eine Lektion erteilen wollte? Wenn er Björn angriff, sobald alle den Raum verlassen hatten? Wenn er ihm eine verpasste?

Trau dich doch, dachte Björn. *Echt. Ich mach dich alle.*

Blödsinn. Djako war viel zu korrekt, um seinen Azubi zu vermöbeln.

Ein Bild zuckte in Björns Kopf auf, das er sofort verdrängte. Djako, der ihn packte, ihm die Hose runterriss und ihn versohlte. Er hörte sogar das Klatschen der Schläge auf seinen zitternden Backen.

Bullshit. Totaler Bullshit. Das würde er auch nicht ... Und darauf stehst du doch gar nicht.

»Björn«, knurrte Djako und Björn zuckte zusammen. Mist! »Weißt du, wie kurz ich davor bin, dich rauszuschmeißen?«

Scheiße! Kalte Angst flutete Björns Bauch. Er reckte das Kinn noch höher. »Nee. Erzähl's mir.«

»So knapp.« Djakos Zeigefinger und Daumen waren nur Millimeter voneinander entfernt. »Noch ein dummes Wort und du fliegst.«

Björns Lippen waren ein schmerzender Strich. Er wollte schreien. Er wollte Djako sagen, dass er ein arrogantes, ekliges Arschloch war, das sich nicht so aufspielen sollte, aber ...

Er schluckte. Und senkte den Blick.

»Ich kann was«, brachte er heraus.

»Klar kannst du was.« Djako klang verächtlich. »Das Maul aufreißen und Scheiße bauen, das kannst du. Bei jedem zweiten Einsatz machst du Anfängerfehler. Meinst du echt, ich nehm einen wie dich zu einem Großbrand mit?«

Björn biss sich innen auf die Wange. Seine Fingerknöchel knackten, so fest ballte er die Fäuste.

Jeder macht mal Fehler, wollte er dem Dreckskerl ins Gesicht brüllen. *Na und?*

»Bei der Katze im Baum hast du dein Visier nicht geschlossen«, zählte Djako auf. »Heute Morgen hast du dein Sicherungsseil vergessen. Genau wie vorgestern, als wir zur Hölderlin-Schule gefahren sind.«

War doch eh ein Fehlalarm, wollte Björn sagen, aber er schwieg. Verbissen. Und mit hämmernden Schläfen.

»Bei der Übung am Donnerstag bist du einfach in den Raum gestürmt, ohne dich vorher zu versichern, dass es darin nicht brennt.«

Natürlich hat's da nicht gebrannt. Das war eine Übung.

Aber langsam bekam Björns Selbstsicherheit Risse. Die immer tiefer wurden. Djako zählte eine endlos lange Liste von Fehlern auf, die er gemacht hatte, und keiner davon war eine Lappalie wie »Du hast das falsche Bohnerwachs benutzt«.

Baue ich echt so viel Scheiße?, dachte er. *Echt?*

»Dass dir bis jetzt nichts passiert ist, liegt nur daran, dass wir dich nicht zu gefährlichen Einsätzen mitnehmen.« Djako verschränkte die Arme. »Zeig uns, dass wir uns auf dich verlassen können, sonst wird das nichts mehr. Die ganzen neun Monate lang, wenn's sein muss. Hab keine Lust, dich verkohlt unter einem brennenden Gebäude rauszuziehen.«

Björn sah auf. Bei den letzten Worten hatte Djakos Stimme schwerer geklungen. Noch härter. Irgendwie schien sämtliche Luft den Raum verlassen zu haben.

Björn räusperte sich. »Ich ...« Er wusste nicht genau, was er sagen sollte. »Kann ich dich was fragen?«

»Was?« Das verrauchte Gebirge vor ihm runzelte die Stirn.

»Äh. Warum wolltest du zur Feuerwehr?«.

Djako starrte ihn an, als hätte er einen an der Waffel. »Was?«

»Na ja.« Björn sah auf die Tischplatte. Er wollte eigentlich die Klappe halten. Aber sein Mund bewegte sich wie von selbst. »Ich wollte Feuerwehrmann werden, seit ich so ein kleiner Stöpsel war.« Er hielt die Hand auf Kniehöhe. »Wir haben in der Oststadt gewohnt, im fünften Stock. Und als ich vier war, da hat's da gebrannt. Unten. Wir sind nicht rausgekommen, weil das Treppenhaus voller Rauch war. Wir waren ... Da war überall Rauch und meine Eltern hatten so einen Schiss und ... Und dann hat wer durch die Scheibe geguckt. Ein Feuerwehrmann. Auf der Drehleiter. In voller Montur, der sah für mich aus wie ein Alien oder so. Er kam nicht ganz ran, also hat mein Papa ... hat er meine kleine Schwester rübergeworfen. Der Feuerwehrmann, der hat sie gefangen wie nichts. Und dann mich. In fünfzehn Metern Höhe. Und dann hat er gesagt, ich wäre echt mutig. Ab da hab ich's gewusst. Dass ich zur Feuerwehr will.« Er räusperte sich. Wagte es kaum, aufzuschauen. »Ich muss Feuerwehrmann werden.«

Schweigen erfüllte den Raum. Schweres, trübes Schweigen. Und doch hoffte Björn auf ein nettes Wort. Irgendwas. So ein ‚Ging mir ähnlich' oder ‚Versteh ich doch'.

Er wartete vergebens.

»Noch ein Fehler und du bist raus«, sagte Djako. Seine Stimme war eiskalt. »Hast du das verstanden? Wenn du dich das nächste Mal nicht an eine Anweisung hältst, fliegst du.«

Björn erstickte fast an seiner Antwort. »Ja. Verstanden.«

Er hätte Djako gern eine reingehauen. Oder geheult. Würde er aber nicht. Nichts davon.

Sei brav, dachte er. Und wusste jetzt schon, dass er verloren hatte. Djako würde nie mit ihm zufrieden sein. Der würde ihn bei der nächsten Gelegenheit an die Luft setzen, ob er sich Mühe gab oder nicht.

Was hast du eigentlich gegen mich?, wollte Björn fragen, aber er ließ es bleiben.

Die Alarmsirene schrillte. So durchdringend, dass die Luft vibrierte.

Björn sah auf und sah Djako die Stirn runzeln.

Als er zur Tür rennen wollte, hielt Djako ihn auf.

»Die anderen fahren«, knurrte er. Sein Pfefferminzatem roch inzwischen rauchig-männlich. »Ich bleib hier und pass auf dich auf.«

»Was?!«

Leider geschah genau das. Lisa, Enrico und Roland düsten los, zu einem richtigen Einsatz: Durch den Sturm hatte sich ein Baugerüst losgerissen und drohte, umzufallen. Björn blieb nur, ihren kleiner werdenden Rücklichtern nachzuschauen, dem Verklingen der Sirene zu lauschen und sich zu ärgern.

Der Sturm brauste in die Fahrzeughalle und brachte das Tor zum Klappern. Als es sich endlich geschlossen hatte, hatte der Wind die halbe Straße hereingetragen. Unzählige Blätter und abgebrochene Zweige lagen zu Björns Füßen. Natürlich musste er sie aufkehren.

Danach saß er Djako gegenüber im Pausenraum und der stellte ihm Fragen zur Arbeitssicherheit. Fühlte sich an wie ein Verhör. Zwar kannte Björn fast alle Antworten, aber Djako wirkte trotzdem unzufrieden.

»Was?«, murrte Björn, als die Falte in Djakos Stirn immer tiefer wurde. »Das war doch richtig, oder?«

»Hm?« Djako blickte auf und zum ersten Mal hatte Björn das Gefühl, dass er nicht die Ursache für Djakos schlechte Laune war. »Ja. Ja, war es.«

»Machst du dir Sorgen?«, fragte Björn. »Weil wir nur zu zweit sind und da draußen ...« Er deutete auf das Oberlicht, an dem der Sturm Blätter vorbeitrieb.

»Ist nur eine Frage der Zeit, bis da was passiert«, sagte Djako. Er blickte auf die Tischplatte. »Und wenn die anderen nicht bald zurückkommen ...«

Die Alarmsirene schrillte wieder. So ohrenbetäubend, dass das Heulen des Sturms dagegen ein harmloses Flüstern war.

Djako schloss die Augen. Seine Lippen formten ein Schimpfwort, das Björn fast zum Lachen gebracht hätte.

»He ...«, begann er, aber Djako unterbrach ihn.

»Anziehen! Mitkommen!«

»Was, aber ...«

»Wir sind die einzigen Feuerwehrmänner hier!«, raunzte Djako. »Allein zu fahren wäre noch blöder, als dich mitzunehmen!«

Momente später waren sie unterwegs nach unten, in voller Montur. Djako schoss die Rutschstange hinab. Björns Magen hob sich, als er hinter ihm abwärts sauste, und der Gurt seines Helms schnitt in sein Kinn.

Fuck, dachte er. Das ist ein echter Einsatz, oder? Das ist ein richtiger, echter ...

Ja! Es war ein richtiger Einsatz. Er rannte hinter Djako her und durfte sogar ans Steuer!

Alter!, jubelte er innerlich. So ein Scheiß-Glück! Und eben hat er noch behauptet, dass er mich nie mitnimmt!

Mit heulendem Martinshorn und blinkendem Blaulicht jagte Björn den Löschwagen durch die Innenstadt. Obwohl es Tag war, verdunkelte der Sturm die Straße. Neben ihm telefonierte Djako angestrengt mit der Feuerwehrleitstelle. Seine Stimme klang gepresst. Als er auflegte, war sein Mund ein weißer Strich.

»Ein Mehrfamilienhaus«, sagte er knapp. »Die Nachbarn haben angerufen, weil sie Rauch sehen, und Feuer hinter einem Fenster im ersten Stock. Die Kollegen aus Klusterbach und Werl beeilen sich, aber die brauchen mindestens zehn Minuten. Gab einen Unfall auf der Landstraße, also müssen sie 'nen Umweg fahren.« Er holte tief Luft und sah aus, als würde sein größter Alptraum wahr werden.

Björn war leicht angepisst, dass er selbst Teil dieses Alptraums war. Beziehungsweise, dass er an diesem Einsatz teilnahm. Trotzdem sagte er etwas Beruhigendes, nett, wie er war.

»He«, sagte er. »Wird schon.«

»‚Wird schon' löscht keinen Brand«, knurrte Djako. »Wir müssten mindestens zu fünft sein und wir sind nur zwei.« Er holte tief Luft. »Wir schließen den Schlauch zusammen an und dann müssen wir da rein, wie's aussieht.« Er sah sich zu Björn um. »Bau keine Scheiße, Björn. Du hältst dich an alles, was ich sage, klar?«

»Klar.« Aufregung kribbelte durch Björns Bauch. Die dunkle Straße verschwamm vor seinen Augen und kurz hatte er Angst, dass er spucken würde. Gut, dass er kein Visier vor der Fresse hatte. Er schluckte trocken. Kacke. Das war doch das, von dem er immer geträumt hatte. Warum war er jetzt panisch?

Seine Finger krampften sich um das Lenkrad. Die Luft war zu schwer zum Atmen.

»Was ist?« Djakos Stimme war erstaunlich sanft. Na ja, sanfter als sonst.

Björn schmeckte Galle. »Glaub, ich muss kotzen.«

»Wir sind fast da«, sagte Djako und mit einem Mal spürte Björn seine Pranke zwischen den Schulterblättern, durch die dicke Jacke hindurch. Djakos Berührung kühlte die Panik etwas ab. »Wenn du spucken musst, fahr langsamer, aber halt nicht an. Wir haben keine Zeit.«

»Alles klar«, brachte Björn hervor. Er holte so tief Luft, wie er konnte. Die feste Hand auf seinem Rücken bewegte sich in kleinen Kreisen. Es half. Wie konnte sowas Kleines nur so helfen?

Als sie ankamen, war die Übelkeit verflogen. Es war eine schmale, holprige Straße mit alten, ebenfalls schmalen Häusern, die sich aneinanderlehnten, als würden sie sonst umkippen. Eine Gruppe Schaulustiger sprang zur Seite, als sie mit heulender Sirene ankamen. Björn bremste vor einem Hydranten und Djako sprang sofort aus dem Wagen. Kaum war seine Hand weg, kam die Angst zurück. Wackelig stieg Björn aus. Der Rauchgeruch erwischte ihn wie eine Faust. Mit zitternden Fingern streifte er das Atemschutzgerät über und sah auf. Dick und dunkel krochen die Schwaden aus den gekippten Fenstern im ersten Stock und wurden sofort vom Wind weggerissen. Er sah Flammen. Das Glas des linken Fensters splitterte. Scherben regneten herunter und die Schaulustigen wichen zur Seite.

Eine Papiertüte wehte über Björns Füße. Einen Moment lang stand er wie versteinert vor dem schmalen, rauchenden Haus.

Scheiße, dachte er. *Ich kann das nicht.*

Sein Herz pumpte so hart, dass er helle Lichter sah. Eine Bewegung weckte ihn aus seiner Trance: Djako hatte den Unterflurhydrantenschlüssel gepackt und hebelte damit den Metalldeckel im Boden auf. Das Standrohr, das er einsetzen wollte, lag neben ihm auf dem verdreckten Asphalt. Der Deckel schepperte über das Pflaster. Noch bevor Djako sich danach bücken konnte, hatte Björn das Standrohr schon aufgerichtet. Automatisch überprüfte er, ob die Klauenmutter komplett nach unten geschraubt war, dann setzte er es ein.

Immer überprüfen!, bellte Djako in seiner Erinnerung. *Immer, hast du das verstanden?*

»Mach das Ventil auf, wenn du fertig bist«, bellte der echte Djako und verschwand mit schnellen Schritten.

Björn drehte das Rohr, bis es einrastete. Obwohl seine Finger sich wie Knete anfühlten, schnappte er sich den Schlüssel und öffnete das Ventil. Automatisch. Das hatte Djako ihn ja bis zum Erbrechen üben lassen. Er öffnete es, bis klares Wasser kam, dann machte er es wieder zu. Djako tauchte wieder auf und hatte den Schlauch dabei. Mit zwei Handgriffen hatte er ihn angeschlossen. Er richtete sich auf und sah Björn an.

»Bereit?«

Björn presste die Lippen aufeinander, um nicht zu kotzen. Stumm schüttelte er den Kopf.

Das gibt einen Anschiss, dachte er. *Danach bin ich raus, aber sowas von.* Sollte er auch. Es wurde ernst und er versagte, total.

Doch Djako seufzte nicht mal. Er nickte.

»Okay. Bleib hier und halt die Schaulustigen auf. Ich geh mit dem Schlauch da rein. Informier die Kollegen, wenn die auftauchen.«

Aber, dachte Björn. *Du hast doch selbst gesagt, dass man nie allein in ein brennendes Gebäude geht, und außerdem braucht es zwei Leute, um den Schlauch zu bedienen ...*

»Hilfe!«

Über ihren Köpfen ging ein Fenster auf. Eine bleiche Frau schaute aus dem dritten Stock. Sie trug ein Kleinkind auf dem Arm, das schrill brüllte.

Scheiße. Sie mussten sie da rausholen, aber der Drehleiterwagen war mit den anderen unterwegs und der aus Klusterbach kam erst in zehn Minuten und ... Vielleicht waren zehn Minuten schon vorbei? Björn hörte keine Sirenen, aber das bedeutete nichts, wenn der Wind so heulte ...

»Hilfe!«, brüllte die Frau. Ihre Augen waren riesig, das Gesicht verzerrt vor Panik. Und als wäre das nicht schlimm genug, schob sich ein weiterer Kinderkopf über die Fensterbank. Ein braungelockter Junge sah zu Björn hinunter.

Djako packte den Schlauch. Mit drei Schritten war Björn bei ihm und schnappte sich den Teil hinter ihm. Überrascht sah Djako ihn an, halb unkenntlich durch das Atemschutzgerät und das Visier. Scheiße, das Visier! Hastig klappte Björn seins runter und packte den Schlauch wieder mit beiden Händen. Er nickte.

Auf tauben Beinen folgte er Djako in das brennende Haus. Immerhin stand die Tür offen. Einer der Menschen, die ihnen mit offenen Mündern zuschauten, musste im Erdgeschoss wohnen.

Im Hausflur war der Rauch so dick, dass Björn fast nichts mehr sehen konnte. Der Sauerstoff aus der Atemschutzmaske schmeckte nach Gummi, und der Schlauch und seine Kleidung waren sauschwer, aber das Adrenalin half ihm, sie zu tragen, als wögen sie nichts.

Die Treppe schien unbeschädigt. Später konnte er sich nur noch an Bruchstücke erinnern. An den Rauch, der aus der Wohnungstür mit dem Trockenblumenkranz daran gekommen war. Die Fußmatte: ‚Tretet ein' stand in schnörkeliger Schrift darauf. Das taten sie: Sie traten die Tür ein und die schwang auf, als wäre sie aus Pappe.

Flammen schlugen ihnen entgegen, niedrige, zum Glück, und sie konterten mit Wasser. Zischen, Knacken, wütendes Röhren. Die Wände schienen näher zu kommen und irgendwie war alles, was er sehen konnte, Djakos breiter Rücken vor ihm, der ihm Sicherheit gab. Als Djako ihm winkte, weiterzugehen, traten sie über nasse, verkohlte Holzdielen und platschten durch Löschwasser. Der Flur mit der halb schwarzen, halb geblümten Tapete wurde durch ein Wohnzimmer abgelöst, dessen Vorhänge das Feuer schon fast aufgezehrt hatte. Nun brannte es sich durch die altmodischen Möbel und den Boden. Selbst die Wände loderten. Die Helligkeit tat weh. Björn musste die Augen halb schließen, so grell waren die Flammen. Hitze brannte sich durch seine Schutzkleidung und er fragte sich, was geschehen würde, wenn sie es nicht schafften. Fühlte sich jetzt schon an, als würde seine Haut knusprig verkohlen.

Djakos Wasserstrahl löschte die Flammen und hüllte Björn und ihn in schwarzen Rauch. Eklige, endlose Momente lang sah Björn nichts mehr. Nur Schwärze, absolute Dunkelheit. Der Brechreiz war zu einem Hintergrundrauschen geworden, doch nun drängte er wieder vorwärts. Hilflos umklammerte Björn den Schlauch, atmete Sauerstoff, der rauchig schmeckte und betete, dass Djakos beruhigender Rücken gleich wieder vor ihm auftauchen würde.

Als sich die schwarze Jacke mit den reflektierenden Streifen endlich aus der Dunkelheit löste, hätte Björn fast geheult. Djako löschte immer noch. Ruhig lenkte er den Strahl durch den Raum, bis der Rauch ebenfalls verschwunden war und Licht durch die geborstenen Fenster fiel.

Da ist der Brandherd, dachte Björn, bevor er kapierte, was er wirklich sah.

Eine Ecke des Zimmers war vollkommen verkohlt. Die knochigen Überreste eines Sofas standen dort und darauf …

Fuck.

Ein Körper. Ein schwarz verbrannter, verkrümmter, der die Zähne bleckte und aus leer verschmorten Augenhöhlen an die Decke starrte.

Björn würgte. Er zwang sich, nicht zu kotzen, weil das mit der Atemschutzmaske vor dem Mund eine echt blöde Idee gewesen wäre, aber der Schlauch glitt ihm aus den Händen und er musste sich auf die Knie stützen. Alles verschwamm. Sein Puls hämmerte.

Eine Hand legte sich auf seinen Rücken und der Schwindel besserte sich. Er atmete wieder. Dankbar sah er zu Djako auf. Er nickte und versuchte, trotz der dicken Handschuhe den Daumen nach oben zu zeigen.

Weiter, formte er mit den Lippen und richtete sich auf. Djako ließ die Hand noch einen Moment lang auf seiner Schulter, dann nickte er ebenfalls.

Das Schlimmste war vorbei. Der Brand musste vom Wohnzimmer ausgegangen sein, und es blieb nur noch, nach weiteren Feuern zu suchen. Hintereinander gingen sie durch die gesamte Wohnung, aber bis auf Rauch fanden sie nichts mehr. Björn war viel zu aufgekratzt, um das zu kapieren. Als es vorbei war, stapfte Djako nach oben, um nach den anderen Bewohnern zu schauen. Björn blieb im Flur zurück. Lehnte sich an die Wand. Und merkte, dass sein Schritt nass war und warm noch dazu. Irgendwann während der ganzen Sache musste er sich eingepisst haben.

Wenigstens sieht man das nicht mit der ganzen Schutzkleidung, dachte er. Am liebsten hätte er sich hingesetzt, hier im Hausflur, während er Djakos Stimme in den oberen Stockwerken hörte. Und noch etwas: Sirenen. Die Verstärkung war da.

Zitternd ließ er sich zu Boden sinken. Er konnte nicht mehr. Die manische Energie von eben verließ ihn und sein Körper fühlte sich an wie ein klatschnasses Handtuch. Alles tat weh.

Schritte polterten die Treppe hoch und er wollte sich hochstemmen. Schaffte er aber nicht. Feuerwehrleute, die in ihren Masken wie Aliens aussahen, tauchten auf. Da der Rauch weg war, streifte er sich die Maske vom Gesicht und erstattete Bericht. Seine Stimme zitterte und seine Zunge war im Weg.

Er blinzelte.

Djako war wieder da und half ihm auf. Dann standen sie draußen, zwischen drei Rettungswagen, und Djako führte ihn ins Löschfahrzeug. Alles roch nach Rauch, selbst hier. Schwer ließ Björn sich in die Sitze fallen.

»Ruh dich aus«, sagte Djako und setzte sich ihm gegenüber. Seine grauen Augen musterten Björn. »Wie geht's dir?«

»Mir ist immer noch schlecht«, murmelte Björn. Alles bebte. Seine Lippen, sein Brustkorb, seine Hände. Wütend streifte er die Handschuhe ab. »Sorry. Ich hab's verkackt. Ich konnte nicht ... Ich weiß, dass ich noch weitermachen müsste. Gibt noch viel zu tun. Ich ...«

Djakos Hand legte sich über seine und erstaunlicherweise hatte er ebenfalls die Handschuhe ausgezogen. Seine Handfläche war warm und rau.

»Die Kollegen kümmern sich um alles«, sagte er und selbst seine Stimme war warm und rau. Er sah Björn an. In seinem Gesicht lag eindeutig Sorge. »Du warst da, als es drauf ankam und nur das zählt. Ruh dich jetzt aus. Sobald Lisa oder Roland hier sind, geh ich wieder raus.«

»Kannst du ruhig«, sagte Björn leise. »Ich komm klar.«

Djako schüttelte den Kopf. »Das Feuer ist aus. Um die Anwohner kümmern die Kollegen sich, und die Sanis gehen rein und kümmern sich um die Verletzten. Reicht, wenn ich nachher beim Aufräumen helfe.« Er räusperte sich. »Nach dem ersten richtigen Einsatz lass ich dich nicht allein, klar? Das machen wir nicht.«

Björn nickte. Er wollte sich neben Djako setzen, den Kopf auf dessen Schulter fallen lassen und einschlafen.

»Ich weiß, dass es hart ist«, sagte Djako sanft. »Sowas verdaut man nicht so einfach. Lass dir Zeit. Wenn du ein paar Tage Ruhe brauchst, versteht das jeder ...«

»Wir sind unterbesetzt«, krächzte Björn. »Nee, geht schon. Ich ruh mich jetzt ein bisschen aus und dann geht's wieder.« Er grinste schwach. »Und dann kannst du mich ankacken, weil ich das Visier nicht runtergeklappt hatte.«

Djako lachte, erstaunlicherweise. »Hey, beim ersten Feuer macht jeder Fehler. Geht gar nicht anders, da steht man einfach neben sich. Bei meinem ersten richtigen Verkehrsunfall hab ich erstmal meine Stiefel vollgekotzt. Und alles vergessen, was ich gelernt hab. Na ja, irgendwie ging's dann doch.« Er rieb sich über das Gesicht. Leider entzog er Björn dadurch seine Hand. »Du hast das gut gemacht. Fast besser als jeder von uns. Lass dir mal von Enrico erzählen, wie sein erstes Feuer war.« Er schüttelte den Kopf. Dann klopfte er Björn auf die Schulter. »Danke. Ohne dich hätte ich das nie geschafft.«

Wärme flutete Björns Brustkorb. Er grinste dümmlich. »Ach was.«

»Ist die Wahrheit.«

Djako blieb bei ihm, bis Lisa auftauchte, um ihn zurück zur Zentrale zu fahren.

Auf dem Rückweg schlief er ein und wachte erst wieder auf, als sie ankamen. Er ließ sich im Pausenraum auf das nächstbeste Klappbett fallen.

»Weck mich, wenn was ist«, murmelte er. »Oder falls ich den Alarm nicht höre.«

»Hoffentlich war's das für heute mit Alarmen«, brummte Lisa und tätschelte seine Schulter. »Ruh dich aus, Björn.«

Das tat er. Eigentlich hätte er duschen müssen, die Klamotten wechseln, etwas trinken. Aber bevor er irgendetwas davon machen konnte, pennte er weg.

Er wusste nicht, wie viel Zeit vergangen war, als die Stimmen der anderen ihn weckten. Draußen war es dunkel, und die Deckenlichter waren an. Der Geruch nach Kaffee und frischem Toast kitzelte seine Nase. Roch nach Abendbrot. Wie lange hatte er geschlafen?

Seine Kollegen saßen am Tisch und unterhielten sich leise. Sah aus, als ob alle zurück wären. Nur Djako fehlte noch.

Björn blinzelte matt. Seine Augen waren verklebt und alles an ihm stank nach Rauch.

»Hey«, krächzte er und setzte sich auf. »Wann seid ihr zurückgekommen? Wie war der Einsatz?«

»Björni!« Was? Lisa strahlte ihn an. »Da bist du ja wieder!«

Seine Ohren wurden heiß. »Sorry. Ich war echt weg, was?«

Sie schüttelte den Kopf. »Ging uns fast allen so nach unserem ersten echten Einsatz. Nur mir nicht, natürlich.« Sie warf sich in die Brust. »Verkehrsunfall mit einem Toten. Ich hab mich danach noch vier Stunden lang an den Aufräumarbeiten beteiligt.«

»Dafür hast du mir erst mal quer über das Visier gekotzt«, brummte Roland.

Lisa zuckte mit den Achseln. »War ja meine erste Leiche. Das steckt man nicht so einfach weg. Wenigstens hab ich mich nicht eingeschissen wie Enrico bei dem Feuer damals.«

»Fresse.« Enrico warf einen Toast nach ihr. »Ich war eingekesselt, ja? Und das war mein erstes Feuer.«

»He, das passiert.« Sie zuckte mit den Achseln. »Ist immer hart, am Anfang. Aber hey, Björni ...«

War das jetzt sein Spitzname? »Hm?« Ächzend richtete er sich auf.

»Djako meint, du hast dich gut geschlagen. Ihr wart ja echt in den Arsch gekniffen, so ganz alleine. Habt ihr super gemacht.«

»Wo ist Djako?«, fragte Björn.

»Hilft den Kollegen von der Freiwilligen noch. Wir sollten zurück, falls was Neues reinkommt. Schätze, Djako kommt gleich nach.«

»Björn.« Roland nickte ihm zu. »Setz dich zu uns. Quatschen wir drüber, ja? Danach geht's dir besser.«

Er nickte dankbar. »Ja. Äh. Ich geh besser erst duschen. Ich stinke wie ein Aschenbecher.« Die Schutzklamotten klebten ihm am Körper. Vielleicht gut, dass der Rauchgestank den restlichen überdeckte. »Und dann brauch ich was zu futtern.«

»Tante Lisa schmiert dir ein Wurstbrot«, sagte Lisa großzügig. »Oder sogar zwei.«

Björn hatte das Gefühl, eine schwarze Wolke würde ihn ausfüllen, und doch taten ihre Worte gut. Das Verständnis in den Blicken der anderen. Enricos ermutigendes Lächeln.

Schlapp stapfte er zur Tür. Als er die Hand auf die Klinke legte, verharrte er. Drehte sich um und nahm all seinen Mut zusammen.

»Wird es besser?«, fragte er in die Runde. Er brachte die Worte kaum raus, aber er war froh, dass er es tat.

»Ja.« Roland klang absolut ehrlich. »Wird es. Das nächste Mal ist leichter.«

»Viel leichter.« Enrico nickte.

Und Lisa hob beide Daumen. »Viel, viel leichter. Mach dir keinen Kopf, das Schlimmste ist vorbei.«

Da war Björn nicht so sicher, aber er wollte auch nicht darüber nachdenken, was alles schlimmer war als eine verbrannte Leiche. Lieber unter die Dusche. Den Dreck loswerden, die widerlichen Klamotten, den Rauch.

Die Dusche roch herrlich frisch, nach Zitronenreiniger und Duschgel. Vier Brauseköpfe hingen aus den weiß gekachelten Wänden, die blitzblank waren, weil Djako ihn letzte Woche erst gezwungen hatte, sie zu putzen. Der Boden war nass. Die anderen waren wohl schon hier gewesen. Björn stopfte seine Einsatzklamotten in den Wäschekorb im Vorraum und riss sich Unterhemd, Socken und Unterhose vom Leib. Er stank. Angewidert tapste er zur nächstbesten Kabine. Es gab nur offene, aber immerhin fühlte er sich so ein wenig geschützt.

Bitterkaltes Wasser fiel auf seinen Kopf und er stöhnte. Trotzdem ließ er den Regler, wo er war. Er wusste auch nicht, warum. Irgendetwas an dem eisigen Brennen auf seiner Haut war genau das, was er brauchte. Seine Faust knallte gegen die Fliesenwand und dann schluchzte er trocken auf.

»Trottel«, schniefte er. War doch nur ein ganz normaler Einsatz. Sowas würde er jeden Tag machen, wenn er die Ausbildung überstand ... Er schluchzte erneut.

Kann ich das?, fragte er sich. Das Bild der verkrümmten Leiche tauchte wieder auf und er schüttelte sich. So verkohlt hatte er nicht einmal erkannt, ob es ein Mann oder eine Frau war. Den altmodischen Möbeln nach jemand Älteres. Den Möbeln, die abgefackelt waren ...

Er dachte an die Hölle, in die sie hineingestapft waren. Die lodernden Wände, das böse Zischen der Flammen. Erst jetzt kam es richtig bei ihm an.

Er schluckte. Seine Beine gaben nach. Langsam sank er abwärts, immer noch übergossen von kaltem Wasser. Er legte den Hinterkopf gegen die Fliesen und ließ es auf sein Gesicht prasseln.

Okay, so langsam vereiste er. Sein Hintern fror am nassen Boden fest und seine Klöten versuchten, in den Körper zu flüchten. Langsam rieb er sich über das Gesicht.

Scheiße, dachte er. *Ich hab Hunger. Ich will ein Bier, ein eiskaltes Bier und dann will ich vögeln.* Etwas brannte in ihm, stärker als je zuvor. Sah aus, als wäre er noch am Leben.

Murrend richtete er sich auf und stellte den Regler auf warm.

Nicht mal einen richtigen Zusammenbruch hältst du durch, Björni, dachte er.

Das Wasser wurde warm, dann so heiß, wie er es gerade noch ertrug. Seine Haut brannte und das Leben schoss in seinen Körper. Er wollte alles. Einen Berg Wurstbrote fressen und alles trinken, was er im Dienst nicht durfte und alles, was seinem Trainingserfolg im Weg stand. Wenn schon kein Bier, dann wenigstens Cola. Mit Zucker! Und er wollte jemanden spüren. Nackte Haut unter seinen Händen, einen warmen Körper an seinem. Das Verlangen war so stark, dass er leise stöhnte.

Ich dreh durch, dachte er.

Leider war kein warmer Körper in der Nähe und die Schicht ging noch bis morgen früh. Er würde mit sich selbst vorliebnehmen müssen. Ein Blick bestätigte, dass er immer noch allein war, also griff er sich in den Schritt und begann, hastig zu reiben. Gab nicht viel zu tun, er war eh schon halb steif. Und sobald er seine rauen Handflächen spürte, war nichts mehr mit ‚halb'.

Djakos Hände waren ebenso rau gewesen, als er sie über Björns gelegt hatte. Rau und warm. Es half, sich vorzustellen, dass es Djako war, der ihn wichste, und nicht er selbst, der misstrauisch lauschte, ob noch jemand hereinkam und gleichzeitig Arsch und Oberschenkel anspannte, um endlich den Druck loszuwerden. Endlich die Erlösung zu spüren, das Leben, das noch in ihm war.

Er hörte die Tür zum Vorraum klappen und zuckte zusammen. Mist! Hoffentlich nicht Lisa! Die würde nicht reinkommen, wenn sie wusste, dass er hier war, aber … Obwohl, ganz sicher war er nicht. Hastig stellte er den Regler auf kalt. Ächzte, als das Eiswasser seine Schultern erwischte.

Schritte auf dem nassen Boden. Klang wie nackte Füße. Er verrenkte sich den Hals, um zu schauen.

Djako nickte ihm zu.

Oh, verdammt. Sein Ausbilder war nackt, erschöpft und roch nach Rauch. Auf seinen Wangen zeigte sich bereits ein dunkler Bartschatten, dabei war er heute Morgen noch glattrasiert gewesen. Unter dem Bartschatten lag Djakos Körper und der war nicht gerade, also … Nicht gerade hässlich. Glänzende Haut, unter der sich Muskelstränge wanden und verschlangen, und der Kerl war groß. Überall. Björn verfluchte sich dafür, dass er gerade an ihn gedacht hatte.

»Wie geht's dir?«, fragte Djako und er klang auch noch besorgt. In seinem Gesicht klebten Rußspuren, die Björn gern weggewischt hätte.

»Gut«, brachte er heraus und wandte den Kopf ab, bevor er sich sämtliche Halswirbel ausrenkte. Die Erregung klang auch nicht ab, obwohl das kalte Wasser langsam fies wurde. »Alles okay.«

»Sicher?« Schritte hinter ihm. Djako kam näher. Ein Schauer lief durch Björns Bauch und rann tiefer. Er war so nah. Er hätte Björn einfach packen können, ihn tiefer in die Kabine drängen ... Tat er natürlich nicht.

»Äh.« Björn räusperte sich. »Nein, nicht so richtig. Ich dusch mich noch ab und dann esse ich erst mal was. Die anderen wollten mit mir reden und ich glaub, also ... Ja, das ist eine gute Idee. Wie war's bei dir noch?«

»Okay. Viel zu tun, aber das Gröbste ist geschafft.« Djako hustete.

»Hast du Rauch eingeatmet?«

»Ich hab die Atemschutzmaske zu früh abgenommen«, gab Djako zu. »Weil ich mit den Bewohnern reden wollte. Das war ein Fehler.«

»Trink einen Tee mit Honig«, sagte Björn. Komisch. Vor wenigen Stunden noch hätte er sich diebisch gefreut, dass Djako einen Fehler gemacht hatte. Das wäre das Highlight seines Tages gewesen, mindestens. Jetzt fand er es nett, dass Djako die Leute hatte beruhigen wollen. »Geht's allen gut? Also allen bis auf ...« Er schluckte schwer.

»Ja. Nicht mal 'ne leichte Rauchvergiftung.« Djako klang erleichtert. Immer noch stand er knapp hinter Björns blankem Hintern. »Die Kleinen aus dem dritten Stock sind auch okay.

Hab sie meinen Helm anprobieren lassen, danach bin ich sie nicht mehr losgeworden.«

Björn lachte. »Pass auf, du weißt doch, wie das läuft. In zehn Jahren kreuzen die alle hier auf und wollen Feuerwehrleute werden.«

Djako zögerte einen Moment. »Würd mich nicht stören. Hör mal ...« Er räusperte sich wieder. »Du hast dich echt gut geschlagen. Viel besser als erwartet. Wenn du wieder so weit bist, kannst du zu allen Einsätzen mitfahren.«

»Echt?« Björn drehte sich um und strahlte Djako an.

»Ja, klar.« Ein leises Schmunzeln spielte um Djakos Lippen. Verdammt heiß. »Du hast bewiesen, dass du es kannst. Sorry, dass ich zu streng war. Ich hab mir Sorgen gemacht, weil du so schluderig bist. Aber im Einsatz warst du erstklassig.«

»Ich hab vergessen, das Visier runterzuklappen.«

»Bei Kevins erstem Einsatz hat er vergessen, den Helm aufzusetzen.« Djako lachte. »Und Kevin war bei allen Übungen der Beste. Gibt halt solche und solche. Einige sind in der Theorie die Größten und klappen beim Einsatz zusammen. Und andere sind bei den Übungen die größten Pfeifen, aber wenn's drauf ankommt ...« Er zuckte mit den Achseln.

»Ich hab übermorgen wieder Schicht«, sagte Björn. »Dann kannst du mich bei allen Einsätzen einsetzen.« Er grinste.

»Das freut dich, hm?«

»Ja, klar.«

»Sieht man.« Djako musterte Björn von oben bis unten. Ups. Diese blöde kalte Dusche hatte überhaupt nichts gebracht.

Björn räusperte sich. »Musste ein bisschen Druck ablassen.« Er hätte sich am liebsten umgedreht, aber irgendwie auch nicht. Die Art, wie Djako ihn ansah, kam ihm bekannt vor. Sein Herz setzte einen Schlag aus. Wirkte der etwa ... interessiert? Hunger lag in den grauen Augen und ließ sie fast schwarz wirken, auch, wenn das Gesicht unbewegt blieb. Ja, doch. Djako erinnerte ihn plötzlich an die Typen, mit denen er sich nachts traf, auch, wenn der sein Pokerface fast im Griff hatte. Aber halt nur fast.

»Alles klar.« Djako wandte sich zum Gehen. »Ich dusch mich noch eben, dann kannst du weitermachen.« Er wirkte nicht besonders schockiert. Ging es allen so, dass sie nach einem Einsatz vor Geilheit strotzten?

Auch Djako?

»He.« Björn war ein Volltrottel, ein absoluter Volltrottel. Endlich lief es gut für ihn, und dann musste er so ein Risiko eingehen. Aber die Worte fielen ihm aus dem Mund, bevor er sie herunterschlucken konnte. »Hast du Lust, rumzuknutschen?«

Er war wirklich ein Volltrottel.

Djako verharrte. Sein sonst hartes Gesicht zeigte einen Hauch von Unentschlossenheit. Wieder musterte er Björn. Der kratzte sich am Bauch.

»Äh«, sagte er. »Sorry. Das ist mir so rausgerutscht. Bin wohl noch traumatisiert. Oder so.«

Djakos Zunge erschien und leckte über rußverschmierte Lippen. »Ja. Ich auch.« Er seufzte schwer. »Ich bin dein Ausbilder.«

»Dann kümmer dich doch um mich.« Er musste wirklich lernen, sein Maul zu halten. Irgendwann. »Ich sag keinem was, versprochen.«

Der Augenblick dehnte sich wie ein Gummischlauch. Björns Herz hämmerte und in seinem Unterleib zog es unerträglich. Er fuhr mit dem Daumen über seine Bauchmuskeln. Legte den Kopf schief.

»Echt«, raunte er. »Ich kann die Klappe halten.«

»Solltest du besser.« Djako fletschte die Zähne und trat näher. Seine rauen Hände legten sich auf Björns Wangen, packten sie und dann küsste er ihn. Hart drängte er ihn rückwärts, unter die kalte Dusche.

»Alter«, knurrte Djako, als er das Eiswasser spürte. »Wie hältst du das aus?«

»He, ich musste mich abregen«, keuchte Björn.

»Musst du nicht.« Helle Zähne blitzten. Djako langte um Björn herum und drehte den Regler auf warm.

Besser. Viel besser. Die heißen Schauer auf seiner Haut, die glitschige Nässe, Djakos Bauch, der gegen seinen drängte. Ihre Brustmuskeln berührten sich und ihre Lippen auch. Gierig öffnete Björn den Mund und ließ Djako ein. Ihre Zungen fochten einen schnellen, harten Kampf aus, dann unterbrach Djako den Kuss, um ihm in den Hals zu beißen. Björn stöhnte. Seine Pfoten klammerten sich an Djakos Rücken fest. Als sie tiefer glitten, bekamen sie zwei feste Backen zu fassen, die unter dem Druck leicht nachgaben.

»Mann«, stöhnte Björn.

»Tut gut, was?« Djako lachte. Hier war er entspannter, als Björn ihn je erlebt hatte. Gut gelaunt leckte er über Björns Lippen und packte seine Taille. Ein rauer Daumen strich durch die Rille zwischen Björns Bauchmuskeln. Björn legte den Kopf in den Nacken und spreizte die Beine, um sicherer zu stehen.

Jetzt, dachte er.

Als Djako ihn packte, keuchte er. Die rauen Hände schickten ein Kribbeln durch seinen Unterkörper, das sich in gleißendes Ziehen verwandelte. Sein Ausbilder machte es so, wie er alles machte: zügig und gekonnt wie ein absoluter Profi. Er hatte kaum angefangen, als Björns Oberschenkel sich verkrampften und seine Beine zu zittern begannen. Stöhnend hielt er sich an Djako fest, während der diesen ganzen verdammten Tag aus ihm rausmassierte. Während er ihn mit gezielten Handgriffen über die Schwelle schickte.

Björn unterdrückte ein Brüllen und krallte die Finger in Djakos Fleisch. Nass überströmte er ihn. Dann sank er vorwärts und ließ sich in eine Umarmung fallen, von der er irgendwie gewusst hatte, dass sie ihn fangen würde. So wie er im Feuer gewusst hatte, dass Djako ihn nicht im Stich lassen würde. Dass er für ihn da war.

Er drückte einen nassen Kuss auf Djakos Schulter. Als er ihm näherkam, spürte er die Härte, die sich in seinen Hüftknochen bohrte.

»Ich bin dran«, verkündete er.

Grinsend sank er in die Knie und machte sich an die Arbeit. Es tat gut. Gut, zu saugen und zu lecken, vorsichtig die

Zähne einzusetzen und sich mit den Händen um den Rest zu kümmern. Es war genau richtig, nach allem, was heute passiert war. Er lebte. Er konnte berühren und berührt werden und fast ersticken und doch den Kopf nicht zurückziehen, als Djakos Hände seinen Kopf packten. Er hörte nichts mehr, weil sie seine Ohren zuhielten. Aber er spürte, wie sich Djakos Muskeln verhärteten, wie er erstarrte. Björn schmeckte Salz und Bitterkeit, die aus seinem Mund über die Kehle rann und es tat so gut, dass er leise wimmerte. Er liebte das heisere Keuchen über ihm, als Djako die Hände von seinen Ohren nahm.

Puh, dachte er. Das war nötig.

Einen Moment lang befürchtete er, dass es seltsam werden würde, sobald sie beide fertig waren. Wurde es aber es nicht. Sie seiften sich gegenseitig ein, halfen sich beim Abwaschen und als sie sich im Vorraum abtrockneten, war alles noch genau so entspannt wie unter der Dusche.

»Danke«, sagte Björn und schaffte es nicht, es ironisch klingen zu lassen. »Das tat gut.«

»Mir auch.« Djako grinste. »Ist schon viel zu lange her gewesen.«

»Du hast es noch drauf.«

»Danke.« Heiseres Lachen, dann trockener Husten. »Björn, hör mal …« Djako ließ sich auf die einzige Bank im Raum fallen, ein uraltes Holzding, das Björn an die Umkleide in seiner Schule erinnerte.

»Ich sag nichts davon. Keinem.«

»Das meine ich nicht.« Djako blickte zu Boden. Er sah echt verdammt gut aus, jetzt, wo Björn ihn richtig anschaute. Extrem sexy fuhr er sich durch die dunklen Haare und lehnte dann die Unterarme auf die Schenkel. Alles, was er trug, war ein ordentlich um die Hüften geschlungenes Handtuch. »Wegen vorhin. Im Feuer. Und allem davor. Ich war zu streng zu dir.«

»Gar nicht«, sagte Björn zu seiner eigenen Überraschung. Schlampig wickelte er sein Handtuch um die Hüften und setzte sich neben Djako. »Ich weiß doch jetzt, warum du so ein Arsch... so streng warst. Du hattest Angst um mich, oder?«

Graue Augen musterten ihn. »Ja. Ich ... Also. Man weiß nie, wo man dran ist, bis zum ersten Einsatz. Wirklich nie. Kevin hat ewig gebraucht, bis er damit klargekommen ist. Enrico war ein Naturtalent. Lisa war zu leichtsinnig, die mussten wir ein Jahr lang schleifen, bis sie richtig gespurt hat.« Sein Adamsapfel hüpfte und die nächsten Worte waren fast unhörbar. »Ich hab mal jemand verloren. Ganz am Anfang. Da war ich selbst noch kaum fertig und hab nicht kapiert, was mein Job ist. War mit ihm trinken und zocken und ... hab drüber hinweggeschaut, dass er bei den Übungen Scheiße gebaut hat. Er wollte so schnell wie möglich an einem Einsatz teilnehmen und ich dachte: Klar, warum nicht?« Djako ballte die Fäuste so hart, dass Adern darauf erschienen. Sein Blick wanderte über die Gummimatte auf dem Boden. »Aber er war nicht bereit. Ich hab's einfach nicht gesehen und als ich es kapiert habe, war es zu spät. Er ist in Panik geraten und ... Scheiße.

Ich wollte ihn aufhalten, aber er ist einfach losgerannt. Mitten ins Feuer. Das war meine Schuld, verstehst du?«

»Man kann es vorher nie wissen«, sagte Björn. »Das hast du gesagt.«

»Ja. Nein.« Djako starrte weiter. »Aber deshalb muss man dafür sorgen, dass die Leute wenigstens bei den Übungen alles richtig machen. Dass ihnen die Abläufe in Fleisch und Blut übergehen, dass sie nicht mal drüber nachdenken müssen, wenn es ernst wird.«

»He.« Björn räusperte sich. »Das hast du. Ich hab heute gezittert wie ein Aal, und ich wusste trotzdem noch, dass die Klauenmutter komplett bis unten gedreht sein muss. Ich hab ... Ohne dich hätte ich das nicht geschafft. Ich hab sogar deine Stimme im Kopf gehört.« Er lachte trocken. »Mach dir keinen Kopf. Du bist vielleicht eine Arschkrampe, aber du bist ein guter Ausbilder.«

»Eine ...« Djakos Fingerknöchel bohrten sich in Björns Scheitel. »Nicht frech werden, nur, weil wir eben geschnackselt haben.«

»Ge-was?« Björn lachte. Seine Brust war weit und frei. »Geschnackselt? Wer bitte nennt das so?«

»Verzeihung.« Ein krummes Grinsen erschien. »Ich meinte geschnuffelt.«

Björn wieherte los. Er lehnte sich zurück und schaute Djako glücklich an. »Danke«, sagte er. »Echt. Danke, Djako.«

»Ich danke dir.« Djako stand auf und reckte sich. Das Handtuch rutschte tiefer und ließ die Ansätze seiner Arschbacken erkennen. »Los, anziehen. Im Pausenraum wartet ein Wurstbrot auf dich.«

»Super«, sagte Björn. »Ich verhungere.«

ENDE

Ein Kuss in Ebernau

Die letzte Kiste war endlich ausgepackt und Jennifer stöhnte. Ächzend richtete sie sich auf. Mehrere Wirbel knackten und es dauerte viel zu lange, bis sie aufrecht stand.

»Ich sollte mal Yoga machen. Oder so.« Sie sah sich nach Marie um, die am offenen Fenster stand und rauchte. Vogelgezwitscher drang von draußen herein, und weit entfernt bellte ein Hund. Die Luft schmeckte nach Frühling und Zigaretten. Der köstliche Rauch zog zu Jennifer herüber. Roch nach Jugend. Nach einer sehr kurzen Jugend, nach lauten Partys, geschnorrten Zigaretten hinter der Turnhalle und Küssen auf dem Heuboden.

Marie seufzte, als sie Jennifers Blick bemerkte. Elegant hielt sie ihr die Packung hin. Jennifer nahm sie entgegen und steckte sich einen Stängel zwischen die Lippen. Selbst das Papier fühlte sich genau so an wie früher. Wie kam es, dass sie nicht länger sechzehn war, obwohl sie sich so sehr danach fühlte?

»Yoga wird völlig überbewertet«, sagte Marie und pustete eine Rauchwolke zum Fenster hinaus. Obwohl sie seit Stunden Regale und Schränke einräumten, lagen ihre Haare noch perfekt. Wie ein schwarzer Wasserfall fielen sie über den schmalen Rücken.

Jennifer stellte sich neben sie. Es war eine hübsche Aussicht aus ihrer neuen Wohnung im dritten Stock. Ziegeldächer, die in der Nachmittagssonne rot leuchteten, reihten sich aneinander, stetig abwärts, bis zur Schillerstraße. Ganz weit entfernt konnte Jennifer die ersten Häuser ihrer alten Heimat sehen.

Wirkt, als hätte ich es weit gebracht, dachte sie. Ihre neue Wohnung lag in einem der besseren Viertel von Ebernau. Nicht ganz ‚oben' aber weiter oben als das Fleischhauerviertel, in dem sie die ersten fast fünfzig Jahre ihres Lebens verbracht hatte.

»Das sagst du so einfach.« Sie lehnte sich zurück und betrachtete Maries Hintern in der weißen Skihose. »Dein Arsch ist ja immer noch so hübsch wie mit zwanzig. Meiner braucht dringend ein paar Yogastunden. Und mein Rücken auch.«

»Starr mir nicht auf den Arsch.« Marie grinste und um ihre Augen entstanden entzückende Fältchen. »Sonst mache ich mir wieder Hoffnungen.«

Jennifer starrte ihr weiter auf den Hintern. Dann höher. »Aber die Haare, die sind gefärbt, oder?«

»Ein wenig.«

Jennifer griff sich in die Locken, deren Rot inzwischen von grauen Strähnen durchzogen war. »Sollte ich wohl auch machen. Bald.«

»Es sieht gut aus«, behauptete Marie. »Das Grau verleiht dir eine Weisheit, die du in Wahrheit nicht besitzt.«

»Klappe.« Jennifer zündete ihre Zigarette an. »Wenn deine Gäste wüssten, wie unhöflich du in Wahrheit bist, würden sie scharenweise flüchten.«

»Deshalb zeige ich nur dir mein wahres Gesicht.« Bedauernd betrachtete Marie den Zigarettenstummel. »Wir müssen wirklich damit aufhören.«

»Wir? Ich rauche doch nur, wenn ich mit dir zusammen bin.«

»Du schnorrst, meinst du.«

»He, du bist die Millionärin von uns beiden.«

»Für eine Packung Kippen wird es ja wohl noch reichen.«

Jennifer nahm einen tiefen Zug und sah ins Innere der Wohnung. »Nicht, nachdem ich dieses Luxusappartement hier gekauft habe.«

Marie schmunzelte. »Stimmt schon, du lässt es dir gut gehen. Du feine Dame.«

Die Zweizimmerwohnung war winzig, im Vergleich zu dem Haus, das Marie bewohnte. Aber es war Jennifers eigenes Reich, das nur ihr gehörte. Das nur sie eingerichtet hatte und das fast frei war vom Chaos einer fünfköpfigen Familie.

Nun, ihr Haus im Fleischhauerviertel war ebenfalls frei von Chaos gewesen, als das letzte ihrer Kinder ausgezogen war. Außerdem viel zu leer. Und zu groß, obwohl es ihr früher zu eng vorgekommen war. Ohne die Kinder darin war es riesig und so leer, dass sie das Echo ihrer Schritte auf den Dielen gehört hatte.

»Es war richtig«, sagte sie leise. »Das Haus zu verkaufen, meine ich. Es wurde Zeit.«

Wehmütig dachte sie daran, wie sie alle gemeinsam in der Küche gesessen hatten. »Ich schätze, wenn ich den Wohnzimmertisch ausziehe, haben wir trotzdem alle Platz. Und Weihnachten feiern wir ja eh wieder bei Nils und Henry. Oder bei euch.«

Maries Hand auf ihrem Rücken war warm und fest. »Ja. Es macht keinen Sinn, sich an die Vergangenheit zu klammern. Außerdem hast du hier eine vernünftige Heizung. Eure ist doch ständig ausgefallen, und es hat in allen Zimmern gezogen.«

»Ja.« Jennifer seufzte trotzdem.

Wehmütig betrachtete sie ihre zerkratzten Möbel, in denen unzählige Erinnerungen steckten. Immerhin die hatte sie mitgenommen, und die alte Kommode sah in dem frisch tapezierten Wohnzimmer ganz anders aus als in der windschiefen Küche im Fleischhauerviertel. Die Kommode und die Wand darüber waren mit Bildern übersät. Jennifers Kinder mit ihren Partnern, die gemeinsamen Weihnachtsfeiern, Joshs Zeichnungen, Zeitungsausschnitte über Marc und Flo. Nils und Henrys erstes Familienfoto mit ihrer Kleinen. Gwens Babybauch und Shirleys Hand darauf. Das Leben hielt nicht an.

»Immerhin bin ich eine junge Oma«, sagte sie. »Ich werde noch richtig viel von meinen Enkeln mitbekommen, bis sie mich auf dem Friedhof verscharren.«

Marie lachte. »Ein paar Jahre haben wir schon noch. Wir sind noch nicht mal fünfzig.«

»Sag das doch nicht so laut.« Jennifer ließ das Kinn auf ihre Arme sinken. Deprimiert nahm sie einen Zug und bemerkte, dass sie die Zigarette schon halb aufgeraucht hatte. Ihr Gaumen schmeckte nach Asche. Die Finger, die den Stängel hielten, waren viel zu faltig, und auf ihrem Handrücken zeigten sich dezente Flecken. Entsetzlich. »Das war's, Marie. Wir sind über den Berg.«

»Du vielleicht«, murrte Marie. Auch in ihrem Gesicht zeigten sich Falten, die immer tiefer wurden. Aber im Gegensatz zu Jennifers waren es sehr attraktive Falten, genau an den richtigen Stellen. Die verdammte Marie alterte wie eine französische Schauspielerin. »Außerdem waren wir vorgestern erst im Zünftigen Zacharias feiern.«

»Ja, bis Mitternacht«, klagte Jennifer. »Früher hätten wir bis zum Morgen durchgehalten.«

»Früher hätten wir uns abgeschossen und quer über den Tisch gekotzt«, sagte Marie. »Alter und Weisheit haben ihre Vorteile.«

»Es gibt Leute, die sich schon als Teenager zusammenreißen können«, sagte Jennifer. »Nils und Shirley waren so. Nils ist fast nie besoffen nach Hause gekommen und Shirley nicht ein einziges Mal. Und wir Omis schaffen es nicht einmal, mit dem Rauchen aufzuhören.«

»Sag mal, über was beschwerst du dich eigentlich?« Marie schnaubte. »Darüber, dass wir zu alt zum Feiern sind oder darüber, dass wir früher hätten vernünftig werden sollen?«

»Über alles. Ich habe allgemeinen Weltschmerz.« Jennifer seufzte dramatisch. »Mein Bauchansatz geht auch nicht mehr weg.«

»Thomas steht doch auf Bauch, oder etwa nicht?«

»Mit Thomas ist es schon lange aus. Das war nichts.«

»Ach, echt?« Marie blinzelte. »Euer erstes Date lief doch so gut.«

»Ja, aber beim zweiten hat er gleich gefragt, ob ich mir eine offene Beziehung vorstellen könnte.«

»Und das kannst du nicht?«

»Nein. Mir reicht's, Marie. Mit Männern bin ich durch.«

»Schon wieder?« Marie lachte. »Glaub mir, mit Frauen ist es auch nicht leichter.«

»Wieso?« Jennifer musterte sie. »Diese Schweizer Touristin letztens war ja wohl höllisch süß.«

Marie wiegte den Kopf hin und her. »Die wollte nichts Festes. Für solche Touristinnen bin ich nur ein Snack zwischendurch.«

»Die für dich doch auch.«

»Bitte?«

Jennifer drückte die Zigarette auf dem Fenstersims aus und wandte sich um. »Du willst gar nichts Festes. Sonst würdest du nicht immer etwas mit Touristinnen auf Durchreise anfangen.«

»Die Auswahl in Ebernau ist halt begrenzt, wenn man auf Frauen steht.«

»Du nimmst nicht mal die, die den ganzen Winter über bleiben. Nur die, die eine oder zwei Wochen hier sind.«

Marie schaute ertappt drein. Sie verschränkte die Arme. »Als ob du wirklich was Festes wolltest.«

»Natürlich will ich das!«

»Wann hattest du zuletzt eine Beziehung, die länger als ein

Jahr gehalten hat?«, fragte Marie. Sie legte den Kopf schief. »Hattest du mal eine, die länger als ein Jahr gehalten hat?«

»Ein Jahr und drei Wochen«, murrte Jennifer. »Dann ist Daniel zurück zu seiner Ex.«

»Oh, richtig.«

»Gott sei Dank ist er zurück zu seiner Ex.« Jennifer reckte sich. Die Frühlingsluft strich ihr um die Nase, aber langsam wurde es kühl. »Das Schnarchen war nicht auszuhalten. Und er hat sich die Fußnägel am Küchentisch geschnitten.«

»Siehst du? Wenn er nicht gegangen wäre, wärst du es.«

Jennifer sah sie böse an. »Ich bin oft enttäuscht worden, ja? Von Matze. Von Marcs Vater und von dem von den Zwillingen wollen wir gar nicht reden. Es ist schwer, Vertrauen zu fassen.«

»Ja, ich weiß.« Marie blickte auf die Dächer hinaus. Sie war wirklich unverschämt hübsch. Ganz anders als damals, als Jugendliche.

»Du alterst wie so teurer Wein, du blöde Kuh.«

»Bitte?« Marie hob eine Augenbraue. »Ist das der Dank dafür, dass ich mir frei nehme, um dir zu helfen? Dass du mich beleidigst?«

»Seh halt nicht so gut aus.« Jennifer wusste, dass sie unfair war, aber sie konnte nicht anders. »Neben dir fühle ich mich wie ein fetter Lumpensack.«

Marie lachte. Manchmal dachte Jennifer, dass sie die Einzige war, die ihre Freundin so sah. Sonst war Marie freundlich, aber reserviert. Nur mit ihr verwandelte sie sich in die Frau, die sie einmal gewesen war. Und Jennifer verwandelte sich ebenfalls zurück, mit allen Vor- und Nachteilen. Ihre Zunge schmeckte nach Asche, und der Abend im Zünftigen Zacharias saß ihr noch in den Knochen, zwei Tage später. Grauenvoll.

»Du?« Maries Mundwinkel kräuselten sich. »Du bist eine Naturgewalt. Eine Fruchtbarkeitsgöttin. Wenn du über die Schillerstraße gehst, drehen sich immer noch alle nach dir um.«

»Nach dir doch auch.« Jennifers Ohren wurden heiß. Sie räusperte sich. »Traut sich nur keiner, das offensichtlich zu machen, weil du ihnen dann die Augen ausstechen würdest.«

»Das würde ich nie tun. Ich bin sehr höflich.«

»Damals hast du Jonathan in die Eier getreten, weil er versucht hat, dich zu küssen.«

»Damals ist über dreißig Jahre her. Und Jonathan liefert inzwischen das Brot für das Café.«

»Dreißig ... Sag das doch nicht. Jetzt fühle ich mich wieder alt.«

»Wir sind alt. Nun, mittelalt. Maximal in der Mitte des Lebens.«

»Nur, wenn wir hundert werden.«

»Und das habe ich fest vor.« Marie kramte die Zigarettenpackung wieder heraus. Jennifer packte sie und warf sie aus dem Fenster. »Hey!«

»So wirst du nie hundert«, sagte Jennifer streng. »Wir müssen wirklich damit aufhören.«

»Das waren meine Zigaretten, du Hexe!« Wütend blitzte Marie sie an. »Kauf dir gefälligst deine eigenen, wenn du was wegwerfen willst.«

Jennifer schloss die Fenster.

»Ich meine das ernst.« Ups, Marie war wirklich sauer. Das war selten. »Lass deine Lebenskrise nicht an mir aus.«

»Welche Lebenskrise?«, fragte Jennifer hochnäsig. »Es geht mir großartig.«

»Mach mir nichts vor. An Weihnachten wolltest du noch unbedingt Oma werden. Jetzt klappt es und du fühlst dich alt.«

»Ich will immer noch Oma sein.« Jennifer ging zum Sofa und warf sich darauf. Seufzend legte sie eine Hand über die Augen. »Ich bin nun mal ein komplexes Wesen.«

»Nie zufrieden bist du.« Die Sitzfläche wackelte. Marie hatte sich wohl gesetzt. »Und ich will mit Rauchen aufhören. Nur vielleicht nicht heute.«

»Das sagst du seit zehn Jahren.«

»Ja. Na und?«

Jennifer linste unter ihrer Hand hindurch. Marie hatte den Hinterkopf an die Wand gelehnt und die Augen geschlossen. Selbst ihr Profil war entzückend. Jennifer wusste auch nicht, was mit ihr los war. Früher hatte es sie nicht genervt, wie hübsch Marie war. Aber da hatte sie sich ja selbst noch jung und hübsch gefühlt.

Ja. Das war es, oder?

Sie erinnerte sich an eine Nacht, vor sehr langer Zeit. An hastige Küsse auf dem kalten Heuboden, kratzendes Stroh im

Nacken ihrer Skijacke, harte Bretter unter ihrem Hintern. Eine weiche Hand an ihrer Wange. Volle Lippen, die nach Erdbeerbowle geschmeckt hatten.

Ihr eigenes Herzklopfen. Atemwölkchen, die sich mit ihren vermischt hatten.

»Denkst du manchmal an früher?«, fragte sie, und ihre Stimme war etwas zu rau.

»Nie«, behauptete Marie. »An was genau denn?«

»Na, an ...« Jennifer räusperte sich. »Daran, wie wir Küssen geübt haben. Auf dem Heuboden. Und im Wintergarten. Und nach Erikas Party.«

»Hatte ich total vergessen.« Marie sah sie nicht an.

»Sorry.« Die Erinnerung musste schmerzhaft sein. »Ist mir nur gerade wieder eingefallen.« Jennifer richtete sich auf. »He, warum machen wir das nicht wieder? Das ist viel gesünder als Rauchen. Oder Saufen. Oder nackt Baden im Gremmler.«

»Nein.«

»Warum nicht?«

Marie blickte sie an und ihre Augen schossen Pfeile ab. »Weil wir inzwischen genau wissen, wie man küsst. Weil wir nicht mehr fünfzehn sind. Und weil ich nicht will, dass du mir wieder das Herz brichst.«

Jennifer zuckte zusammen. »Entschuldigung. Ich hab das nicht so gemeint. Ich dachte ... Ich hab nicht nachgedacht. Wie immer.«

»Schon gut.« Marie lehnte sich vor und knetete ihre Nasenwurzel. »Es war nicht deine Schuld, dass ich mir Hoffnungen gemacht habe. Damals.« Sie räusperte sich.

»Ich frag mich, was passiert wäre, wenn Matze nicht aufgetaucht wäre.« Jennifer musterte die Familienfotos. »Ob wir … Ich meine, es hat mir schon gefallen. Ich war nur nicht … Sowas gab's in Ebernau doch nicht. Ich meine, zwei Frauen.«

»Das gab's bestimmt«, sagte Marie sanft. »Nur nicht öffentlich.«

»Stimmt, wenn man darüber nachdenkt. Die Fechner und die Ludwig haben echt lange zusammen gewohnt. Ob die …«

»Ja, waren sie.«

Jennifer lachte. »Mama hat sie immer bedauert, weil sie keinen Mann abbekommen haben.«

Marie schnaubte. »Sie müssen vierzig Jahre lang ein Paar gewesen sein. Bis zu ihrem Tod.« Ein winziges Lächeln erschien auf ihren Lippen. »Beneidenswert, oder?«

Jennifer seufzte. »Ja.« Sie setzte sich auf und zog die Füße unter die Oberschenkel. Selbst das fiel ihr schwerer als früher. Sie zupfte an ihren Locken.

»Es ist gut, dass es so gekommen ist«, sagte Marie leise. »Du hättest Nils nicht, und ich Flo. Es hätte sie alle«, sie deutete auf die Familienfotos, »nie gegeben, wenn du mir nicht das Herz gebrochen hättest.«

»Trotzdem. Ich wollte das nicht.«

»Das weiß ich doch. Das war einfach Pech.« Marie atmete aus. »Damals.«

Jennifer musterte sie. »Aber jetzt sind wir ja beide Single.«

»Bitte?« Maries Kinnlade klappte runter.

»Na ja.« Jennifer räusperte sich. »Ich meine ja nur. Du bist Single, ich bin …«

»Denk nicht mal dran.« Maries Stimme schnitt durch den Raum wie eine Axt durch Fichtenholz.

»Aber ...«

»Nein. Nie wieder, ist das klar?«

Jennifer beugte sich vor und küsste sie. Sie war mindestens so überrascht davon wie Marie. Und die war sehr überrascht, ihren aufgerissenen Augen zufolge.

Ihre Lippen waren immer noch weich. Und sie schmeckten gut. Nicht mehr nach Erdbeerbowle, sondern nach Vanille, Rauch und Frühling. Und so vertraut, dass Jennifers Brust ganz eng wurde.

»Was zur ...« Marie zuckte zurück. »Lass das!«, fauchte sie und nun war sie wirklich sauer. Zu Recht.

»Oh, Scheiße. Tut mir leid.« Jennifer hob die Hände. »Ich hätte das nicht ... Ich hab nicht nachgedacht. Sorry.«

»Wann denkst du schon mal nach?« Marie sprang auf. Sie schnappte sich ihre Handtasche und die Jacke und stapfte zur Tür. »Melde dich, wenn deine Lebenskrise vorbei ist.«

»Das ist keine Lebenskrise!«, rief Jennifer. »Ich bin ... Ich ... Äh.« Ja, super. Bei diesen Worten würde Marie bestimmt nicht stehenbleiben.

Tat sie auch nicht. Die Tür knallte hinter ihr zu. Lauter, als jeder in Ebernau es ihr zugetraut hätte. Bis auf Jennifer. Die hatte immer gewusst, was hinter der dicken Eisschicht lag, die Marie um sich herum aufgebaut hatte. Wärme. Hitze. Ein Feuer, das Marie nur ihr zeigte. So, wie Jennifer nur Marie wirklich zeigte, was sie fühlte.

»Trottel«, murmelte sie und blieb auf dem Sofa sitzen wie ein ... ein Trottel halt.

Immerhin bin ich mit fast fünfzig immer noch jung genug, um mich total zum Arsch zu machen, dachte sie. *Sehr beruhigend. Ja, ausgezeichnet.*

Oder auch nicht.

Sie stieß einen frustrierten Schrei aus. Sprang auf. Marschierte zur Tür. Wieder zurück.

Lass sie in Ruhe, dachte sie. *Du hast dich absolut schäbig verhalten. Entschuldige dich später noch mal und lass sie jetzt zufrieden.*

Mutlos betrachtete sie die Fotos auf der Kommode. Ob sie Nilsi anrufen konnte? Der war sehr beschäftigt mit der Kleinen, aber er würde seiner armen, alten Mutter ja wohl eine Stunde lang zuhören können, oder?

Ein weiteres Bild erregte ihre Aufmerksamkeit. Das Winzigste von allen, ein altes Polaroid, das vor über dreißig Jahren aufgenommen worden war. Etwas verblasst, aber noch gut zu erkennen. Marie und sie grinsten in die Kamera, Arm in Arm im Schnee. Vor der Resi-Piste, die sie danach vermutlich heruntergefahren waren. Sie erkannte die silberne Jacke, die ihr ganzer Stolz gewesen war. Das musste nur wenige Tage vor ihrem großen Streit gewesen sein. Kurz, bevor Jennifer Nils' Vater kennengelernt hatte. Der sie geschwängert und sitzengelassen hatte.

»Blöde Kuh«, sagte sie zu ihrem jüngeren Selbst. »Schau zur Seite. Da ist sie. Die wird noch bei dir sein, hunderttausend Jahre später oder wie viele jetzt schon wieder vergangen sind.« Sie seufzte. »Wahrscheinlich blinzle ich einmal und bin im Altersheim.« Sie versuchte nicht mehr zu blinzeln und schaffte es für zwei Sekunden.

Die junge Marie auf dem Foto war absolut entzückend, und konnte küssen wie eine Göttin. Aber sie war kein Vergleich zu Marie jetzt. Ihr wissendes Lächeln war nur halb so attraktiv wie das sanfte Kräuseln der Mundwinkel der fast fünfzigjährigen Marie, das die Lachfalten hervorlockte und ihre Augen vor Wärme strahlen ließ.

»Oh Maaann«, stöhnte Jennifer, genau, wie sie es vor dreißig Jahren getan hätte. Sie war älter geworden, aber kein bisschen schlauer. Sonst hätte sie ja ... Sonst hätte sie alles anders gemacht. Vorhin. Sie wusste nur nicht, wie. Sie konnte flirten wie eine Weltmeisterin, aber nur, wenn ihr Herz nicht in Gefahr war. Und das war es lange nicht mehr gewesen. Sehr lange.

Das Foto immer noch in den Händen sank sie auf den Teppich.

»Trottel«, sagte sie erneut. Mehr fiel ihr zur aktuellen Situation nicht ein. Der Duft von Maries edlem Parfüm hing noch in der Luft und der nach Rauch klebte an Jennifers Fingern.

Es klopfte an der Tür. Nicht sanft. Wütend.

Sie sprang auf. Ihre Knie knacksten, aber sie ignorierte es. Ihr Puls verdreifachte sich, als sie zur Tür lief.

»Okay«, war das Erste, was Marie hervorbrachte, als Jennifer ihr öffnete. Sie sah stinksauer aus. Die schwarzen Haare hingen ihr wirr um das gerötete Gesicht. Wunderschön. »Noch ein Kuss. Aber mehr nicht. Ist das klar?«

Jennifer blinzelte. Ihr Herz hüpfte. »Okay.« Sie stolperte rückwärts und ließ ihre Freundin herein. Die Tür war kaum geschlossen, als Maries Fingerspitzen ihre Wangen berührten. Sie waren nicht so kalt wie damals auf dem Heuboden, aber noch genau so weich.

Jennifer lehnte sich vor und ließ sich küssen. Warme Lippen legten sich auf ihre und wieder hüpfte ihr Herz, dann noch einmal, bis es sich anfühlte, als würde ein hyperaktives Kleinkind in ihrem Brustkorb Trampolin springen.

Wieder schmeckte sie Vanille und ... Marie. Sie roch Marie, edel und rauchig und viel wärmer, als alle es ihr zutrauten. Jennifers Hände bewegten sich um Maries Taille und verschränkten sich auf dem Rücken. Ihre Finger zitterten. Sie spürte Maries Atem auf der Wange. Ihren Bauch an ihrem eigenen, minimal weicheren.

Als sie sich voneinander lösten, waren Maries Wangen genau so dunkel wie damals auf dem Heuboden.

»Also«, sagte Marie und grinste schwach. »Ich glaube, das können wir jetzt.«

Jennifer lachte laut auf. Genau das hatte ihre Freundin damals gesagt, beim ersten Versuch, vor hunderttausend Jahren. Sie grinste ebenfalls.

»Jetzt mit Zunge«, verlangte sie. »Man muss mit Zunge küssen können. Stand so in der Bravo.«

»Na dann.« Marie lehnte sich vor und verpasste Jennifer einen Zungenkuss, den sie bis in die Zehenspitzen spürte.

Irgendwann vergrub Marie ihre Finger in Jennifers Haaren. Irgendwann hauchte Jennifer Küsse in Maries Halsbeuge, irgendwann lagen sie aneinandergekuschelt auf dem Sofa und sahen sich entsetzt in die Augen.

»Das wollte ich nicht«, murmelte Marie. »Nie wieder.«

»Aber ich will es jetzt. Ich bin … Marie. Diesmal ist es echt, wirklich.« Jennifer sah sie bittend an. »Vielleicht war es das damals schon ein wenig, aber jetzt … Schau mal, keine von uns hält es länger als ein Jahr mit jemandem aus, seit wir wieder Freundinnen sind. Das ist doch kein Zufall.«

»Du hast es eh nie länger als ein Jahr … und drei Wochen mit jemandem ausgehalten«, sagte Marie und versuchte, kühl und gelassen zu schauen. Es misslang. »Ach, verdammt. Verdammte Scheiße. Ich …« Sie schloss die Augen. »Ich hasse dich ein bisschen. Und mich noch mehr.«

Jennifer schmiegte sich an sie. »Ich doch auch. Aber nur, weil ich so lange gewartet habe. Das ist echt, glaube ich. Nein, ich weiß, dass das echt ist. Gib uns doch noch eine Chance.«

Schweigen. Schweres, zögerndes, verständlicherweise sehr grüblerisches Schweigen.

»Bitte.«

Marie biss sich auf die Unterlippe. Sie sah so verwirrt und verletzlich aus, wie nur Jennifer sie kannte.

»Schau mal«, sagte Jennifer leise. »Ich weiß, dass es dir nicht leicht fällt, zu vertrauen. Mir auch nicht. Ich bin so oft auf die Nase gefallen. Was, wenn du mich für die nächstbeste süße Skitouristin verlässt, die feste Brüste und einen faltenfreien Arsch hat?«

»Das ist unwahrscheinlich«, knurrte Marie.

»Echt?« Jennifers Puls beschleunigte.

»Was soll ich mit süßen Skitouristinnen, wenn ich ... Du weißt schon.«

»Wenn du mich haben kannst?« Jennifer richtete sich auf. Verlangend sah sie in Maries Augen. »Du kannst mich haben. Mit Haut und Haaren.«

»Und Herz?« Sie zögerte offenbar immer noch.

»Mit ganzem Herzen.« Jennifer strahlte. Sie nahm Maries Hand und legte sie knapp unter ihr Schlüsselbein. »Fühlst du das? Mann, Marie, ich hatte nicht mehr so ein Herzklopfen, seit ...« Sie überlegte.

»Matze?«

»Noch nie.«

Marie lachte trocken. »Jetzt trägst du aber dick auf.«

»Aber es stimmt. Glaub mir.« Sie packte den Kragen von Maries Kaschmirpullover. »Diesmal ist es wahr.«

»Wirklich?« Der Hoffnungsfunke in Maries Augen war unerträglich. So zaghaft, als wäre sie keine gestandene Frau, die drei Unternehmen gleichzeitig führte. Sondern, als wäre sie noch das Mädchen von damals.

Irgendwie fühlte Jennifer sich auch wie damals. »Wirklich. Das ist keine Lebenskrise. Ich bin nur endlich vernünftig geworden.«

Marie grunzte sehr undamenhaft. »Das glaube ich, wenn ich es sehe.«

»Immerhin habe ich aufgehört zu rauchen.«

»So ein Zufall. Ich auch.« Marie seufzte. »Hör mal. Ich ....« Sie schloss die Augen. »Okay. Okay, versuchen wir es. Eine Weile.«

»Was, wie eine Probezeit?«

»Keine Ahnung. Jenny, wenn das schiefläuft ... Meinst du, wir können Freundinnen bleiben?«

»Es läuft nicht schief.«

»Aber was, wenn?«

»Dann bleiben wir Freundinnen. Natürlich.« Jennifers Bauch krallte sich panisch zusammen, wenn sie daran dachte, wieder ohne Marie zu leben. »Ich will nicht ohne dich sein.«

Maries Stimme war ein sachter Hauch. »Und ich nicht ohne dich.«

Eine Glitzerbombe explodierte in Jennifers Brust. Ein absolut dümmliches Grinsen breitete sich auf ihren Lippen aus. »Mariiiie!«

»Jenny.« Marie richtete sich ebenfalls auf. Sie lehnte die Stirn gegen Jennifers. Ihre Augen in Großaufnahme waren absolut unwiderstehlich. »Küss mich schnell, bevor ich zur Vernunft komme.«

Jennifer küsste sie. Lange. So lange, dass es dämmerte, als sie das nächste Mal aus dem Fenster sahen. Sie schmiegten sich aneinander und nichts hatte sich je richtiger angefühlt als die Finger durch Maries Haare gleiten zu lassen, über ihr Kinn, über die wundgeküssten Lippen.

»Hab keine Angst«, murmelte Jennifer. »Es ist anders als damals.«

»So langsam glaube ich dir.« Maries Atem ging in schweren Schüben. »Ja, bald hast du mich überzeugt.« Sie lachte. »Wie lange, bevor wir es den Kindern sagen?«

»Oh Gott, die Kinder. Die werden so schockiert sein.« Jennifer zögerte. »Frühestens morgen.«

»Frühestens? Ich dachte nicht, dass wir heute noch eine Videokonferenz starten, um zu verkünden, dass wir wieder rumknutschen.«

»Dass wir ein Paar sind, meinst du.«

»Dass wir ein Paar sind.« Es klang, als würde sie die Worte vorsichtig kosten. »Wahnsinn. Ich hätte nie gedacht, dass wir ... Dass das noch mal ...« Sie seufzte wohlig. »Danke.«

»Gerne. Wofür?«

»Dass du den ersten Schritt gemacht hast. Ich hätte mich nicht getraut.«

»Musste ich doch«, murmelte Jennifer. »Bei der Vorgeschichte. Das war sozusagen meine Pflicht.«

»Hast du ...« Marie musterte sie mit diesem wachen Blick, der hinter Steinwände schauen konnte. »Hast du schon länger darüber nachgedacht?«

»Ein wenig«, gab Jennifer zu. »Aber nur rein theoretisch. Mutig genug war ich erst heute.«

Marie gab ihr einen Kuss auf die Nasenspitze. »Gut, dass du es warst. Danke.«

»Gern geschehen.« Jennifer grinste. »Und jetzt?«

Marie hob eine Augenbraue. »Wenn du denkst, dass ich beim ersten Date mit dir in die Kiste hüpfe, hast du dich geschnitten. Ich bin nicht so ein Mädchen.«

»Na gut.« Jennifer überlegte. »Du wirst mir eh alles zeigen müssen. Wie man ... Ich meine, nimmt man die Hände oder die Zunge, oder ...«

»Beides. Und noch mehr.«

»Klingt verlockend.«

»Ist es.«

»Wunderbar.« Jennifer seufzte. »Gut, dass wir das jetzt machen. Jetzt, wo wir noch jung und knackig sind und noch fünfzig gemeinsame Jahre vor uns haben. Mindestens.«

»Mindestens«, stimmte Marie ihr zu.

Draußen bellte der Hund wieder, und ein weiterer stimmte ein. Irgendwo rauschte ein Auto vorbei. Ansonsten war es so ruhig, wie es in einem kleinen Ort wie Ebernau halt war. Friedlich. Zum ersten Mal in ihrem Leben fühlte Jennifer sich ebenso friedlich. An Marie gekuschelt, die Wange auf ihrer Schulter, ihren Herzschlag im Ohr, der sich mit ihrem eigenen vermischte. Die Wärme ihrer Freundin, der vertraute Duft ihres edlen Parfüms. Ja, es fühlte sich absolut richtig an.

Lächelnd schloss Jennifer die Augen.

ENDE

Herzklopfen und Sägespäne

Die Fassade sah noch genau so aus wie früher.

»Tischlerei Klüttner« stand auf einem zerbeulten Messingschild neben der Kiefernholztür, und die Tauben im Hof gurrten noch genau so hohl wie damals. Und, genau wie damals, ging Matteos Herz schneller, sobald er diese Tür erblickte. Er roch bereits den Lavendel, der in zwei Steintrögen unter den staubigen Fenstern wucherte.

Die Sommersonne brannte in seinen Nacken. Ihre Hitze war so drückend, dass seine Arme von Schweiß bedeckt waren und sein locker sitzendes Shirt am Rücken klebte. Er stank nicht, oder? Am liebsten hätte er seine Achseln beschnüffelt, aber es sahen zu viele Leute zu. Na ja, zwei Leute. Zwei Männer in Schwarz, wohl aus dem Bestattungsunternehmen nebenan, betrachteten ihn. Er winkte ihnen zu. Sein Mund war zu trocken, um zu sprechen. Sie grüßten zurück, Zigaretten zwischen die Lippen geklemmt. Der kopfsteingepflasterte Hof war ein guter Ort für eine Raucherpause. Vor allem der Schatten des Kastanienbaums, der genau in der Mitte stand. Der Rauch drang in Matteos Nase, und selbst das erinnerte ihn an früher.

Hier gab es alle möglichen Handwerksbetriebe. Der Goldschmied war neu, und da, wo sich früher die Fahrradwerkstatt befunden hatte, hing ein »Zu vermieten«-Schild hinter halb blinden Fenstern. Auf dem Weg durch die winzige Innenstadt hatte Matteo den neuen Laden gesehen. In der Innenstadt fand man wohl mehr Kundschaft. Hier war es dafür schöner. Der Hof war umringt von alten Kasernengebäuden, die vor langer Zeit umfunktioniert worden waren, von dunkelroten Ziegelsteine und halbrunden, hohen Fenstern mit weißen Streben. Nett.

Svens Vater war mit der Tischlerei hierher gezogen, nachdem er sie von Svens Großvater übernommen hatte. Sven hatte schon in ihrer Schulzeit hier mitgearbeitet. Es war immer klar gewesen, dass er sie eines Tages weiterführen würde. Oder tat er das schon? Sie waren noch jung, aber hier bedeutete das nichts. Da konnte man auch mit vierundzwanzig Jahren eine Tischlerei führen, ein ganzer Mann sein.

Im Vergleich zu den Leuten hier kamen Matteo seine Kommilitonen aus Hamburg wie halbe Kinder vor. Er selbst war sich immer kindisch vorgekommen neben Sven, dessen Weg vorgezeichnet war. Der diesen Weg liebte. Der, vielleicht deshalb, immer sicherer und entspannter gewirkt hatte als andere Gleichaltrige. Als könnte ihn nichts zum Zweifeln bringen.

Sven, der dieselbe Freundin gehabt hatte, seit er vierzehn war. Der sie vermutlich immer noch hatte. Ob sie schon verheiratet waren? Vielleicht war auch ein Kind unterwegs, oder sogar das zweite?

Es hätte zu ihm gepasst. Matteo konnte ihn sich gut als

Vater vorstellen. Schon damals hatte Sven sich immer um andere gekümmert. Auch um Matteo. Sven hatte sich vor ihn gestellt, wenn die anderen ihn wegen seiner großen Klappe rumgeschubst hatten. Es war Sven gewesen, der ihn ins Krankenhaus gebracht hatte, damals, als er mit dem Fahrrad gestürzt war. Der so beruhigend auf ihn eingeredet hatte, dass Matteo sogar ein gebrochenes Bein ertragen hatte. Es war Sven gewesen, der seine Hand gehalten hatte, als der Arzt das Bein geschient hatte, einfach so, ohne sich etwas dabei zu denken.

Kein Wunder, dachte Matteo und zwang sich, die letzten Schritte zu machen. *Kein verdammtes Wunder, dass …*

Die Kieferntür schwang auf.

Sven trat heraus.

So unvermittelt, dass Matteo zurückschreckte.

Nein! Er war noch nicht bereit. Er war nicht … Er konnte nicht …

Sven hielt eine Kaffeetasse in der Hand, ein klobiges Ding, das in seiner Pranke fast verschwand. Er blinzelte in die Sonne. Einen Augenblick lang war er wohl zu geblendet, um Matteo zu erkennen. Einen Augenblick, den Matteo hätte nutzen können, um sich zu sammeln, um Luft zu holen, um sein Gesicht zu entspannen. Tat er aber nicht. Stattdessen versteinerte er, sobald er Sven erblickte. Seine Fußsohlen schlugen Wurzeln im Kopfsteinpflaster und sein ohnehin sonnengewärmter Kopf wurde zu einem Hochofen.

Sven sah noch genau so aus wie früher, nur besser. Sein Schädel mit den kurzgeschorenen blonden Haaren war kantiger geworden, und die Schultern noch breiter. Muskeln spannten sich unter dem grauen T-Shirt und der festen Schürze, die voller Sägespäne war. Seine Füße steckten in riesigen schwarzen Stiefeln.

Er war Matteo immer wie ein Gigant vorgekommen. Okay, Matteo selbst war auch ein magerer Hänfling gewesen, und seine Locken und die großen Augen hatten ihn noch kindlicher aussehen lassen. Mindestens zwei Jahre jünger, vielleicht drei. Erst, seit er in Hamburg angefangen hatte zu trainieren, schlackerten seine Klamotten nicht mehr um ihn herum wie Zeltplanen. Und ab und zu und zu musste er trotzdem noch seinen Ausweis zeigen, um Bier zu kaufen.

Sven blinzelte erneut. Er riss die Augen auf, und der Blick aus diesen Augen bohrte sich genau in Matteos Gesicht.

»Hi«, sagte Matteo und hob ziemlich lahm eine Hand. »Wie geht's?«

Ungläubiges Lächeln breitete sich in Svens Gesicht aus. Sein linker Mundwinkel zeigte immer noch leicht nach unten und seine Zähne waren so kräftig wie der Rest von ihm.

»Matti?« Er lachte. »Was machst du denn hier?«

Ein Kloß versperrte Matteos Hals. Das Sonnenlicht flirrte und ließ Svens Haare aufleuchten und die warmen, braunen Augen, und ohne, dass er es verhindern konnte, war er wieder achtzehn. Und sehr verliebt.

Er zuckte mit den Achseln. »Bin grad in der Gegend und dachte, ich schaue mal vorbei.«

»Das ist ja super!« Sven trat auf ihn zu und schloss ihn in die Arme. »Mensch, ich freu mich. Ich habe dich ja ewig nicht mehr gesehen!«

Fünf Jahre und drei Monate, dachte Matteo, und dann konnte er nicht mehr denken, weil Svens Körper ihn umhüllte. Warm und fest, genau wie früher, bei den seltenen Gelegenheiten, zu denen Sven ihn umarmt hatte. Matteo hatte nie den ersten Schritt gemacht. Er hatte zu viel Angst gehabt, sich zu verraten.

Sven roch wie früher. Nach Regen, Kaffee und frischen Sägespänen. Vertraut und faszinierend zugleich. Matteo erwiderte die Umarmung, fester als früher. Er schmiegte die Stirn in Svens Halsgrube, wenigstens einen Moment lang. Die Zeit stand still. Sein Herz hörte auf zu schlagen.

»So eine Überraschung.« Sven löste sich von ihm und betrachtete ihn strahlend. Die Kaffeetasse hielt er immer noch in der Hand. »Bist du größer geworden?«

»Ein bisschen.« Matteo lachte trocken. »Nicht so groß wie du, aber ein Stück habe ich aufgeholt.«

»Das sehe ich.« Svens Blicke wanderten an ihm auf und ab und Matteos Magen verknotete sich höchst angenehm. »Und kräftig bist du geworden. Mann, wenn die Peggy dich so sehen könnte …«

»Die Peggy?« Matteo hatte seit dem Abiball nicht mehr an ihre alte Klassenkameradin gedacht. »Wieso?«

»Na, die war doch immer hinter dir her.«

Matteo stutzte. »Was?!«

»Bestimmt ein Jahr lang oder so.« Auch Svens Atem duftete nach frischem Kaffee. Er stand so nah, dass Matteo seine Sommersprossen sehen konnte. »Hast du das nicht gemerkt?«

Stumm schüttelte Matteo den Kopf.

»Stimmt, auf dem Auge warst du ja immer blind.« Ein Ausdruck, den er nicht ganz deuten konnte, huschte durch Svens Gesicht. »Na, wäre eh zu spät. Die hat den Dustin aus der Klasse unter uns geheiratet, letztes Jahr. Ich war auf der Hochzeit.«

»Ah.« Matteo räusperte sich. »War's schön?«

»Ja, total.« Sven grinste. »Mann, was machst du hier? Erzähl schon.«

Matteo zuckte mit den Achseln wie ein verschämter Teenager. So langsam sollte er sich wieder einkriegen. Es war lange her, dass er ein unsicherer, unglücklich verliebter Hänfling gewesen war.

»Ich hatte ein Bewerbungsgespräch in der Nähe«, sagte er und steckte die Hände in die Hosentaschen. »Na ja, in Erfurt, so eine halbe Stunde von hier. Da dachte ich, ich komme mal vorbei und schaue, ob du noch hier bist.«

»Na klar bin ich noch hier.« Sven schüttelte den Kopf und deutete hinter sich. »Gibt mehr zu tun als je zuvor.« Ein Schatten legte sich auf sein Gesicht. »Paps hatte einen Bandscheibenvorfall und ich bin ganz allein. Wir haben noch einen Lehrling, aber der ist heute auch krank. Ich komm kaum zu 'ner Kaffeepause.«

»Oh. Ich will dich nicht aufhalten, ich meine ... Wenn so viel zu tun ist.«

»Ach was. Wenn du schon den weiten Weg hergekommen bist. Magst du auch einen Kaffee?«

Matteo konnte nicht anders als zu lächeln. »Gerne. He, wir können es wie früher machen. Du arbeitest und ich labere.«

Sven lachte und haute ihm auf die Schulter. »Guter Plan.«

Matteo betrat die Tischlerei hinter Sven. Angenehme Kühle legte sich auf seine verschwitzte Haut und der Duft der Sägespäne erinnerte ihn so sehr an damals, dass er einen Moment lang die Augen schließen musste. Als er sie wieder öffnete, sah er Staubkörner im Sonnenlicht wirbeln, das durch die Scheiben hereindrang.

Die Tischlerei war aufgeräumter als früher. An einer Wand reihten sich Bretter unterschiedlichster Länge und Farbe, in der Mitte des Raums standen schwere Werk- und Hobelbänke zwischen der Schneidemaschine und einem Regal voller Lacke und Beize in zerbeulten Dosen. Unzählige Meißel, Sägen und Feilen hingen an einer weiteren Wand, sauber aufgereiht. Er sah nach oben und erblickte neue Lampen an den alten Deckenbalken.

Sven marschierte zu einer Kaffeemaschine in der Ecke. »Milch? Zucker?«

»Beides.« Matteo wanderte an den Bänken entlang. Auf einer lag eine lange Leiste, die schon zur Hälfte mit Schnitzereien verziert war. »Arbeitest du gerade daran? Was wird das?«

»Bücherregal.« Kaffeegeruch verbreitete sich im Raum, als Sven eine rote Tasse vollgoss. »Für einen Bekannten von Gerwins Vater. Der hat so eine Villa oben auf dem Berg, und das

Regal wird ... Mann, das wird gigantisch! Das ist nur einer von acht Balken und die muss ich alle so verzieren. Ist eigentlich nicht meine Spezialität, aber Paps ist halt krank. Wahrscheinlich merkt keiner, dass ich das war.«

»Es ist wunderschön«, sagte Matteo und betrachtete die verschlungenen Muster. »Sind das Disteln?«

»Ja. Das Muster ist sogar von mir. Hat 'ne Weile gedauert, aber ich hab's hingekriegt. Paps meinte, ich muss das jetzt lernen, wenn ich den Laden übernehmen will.«

»Du warst schon immer gut in Kunst.« Vorsichtig strich Matteo über die gezackten Blätter, die Sven in das dunkle Nussbaumholz geschnitten hatte. »Worum hast du dir Sorgen gemacht? Das ist großartig.«

»He. Danke.« Auf einmal stand Sven neben ihm und reichte ihm eine dampfende Tasse. »Weiß auch nicht. Die Leute kommen halt, weil Paps diese irren Schnitzereien macht und ich dachte, das krieg ich nie so hin wie er.«

»Ich seh keinen Unterschied«, sagte Matteo wahrheitsgemäß. »Und ich kenne die von deinem Paps noch von früher.«

»Ja.« Sven legte den Kopf schief und sah auf das Distelmuster. »Manchmal bin ich halt ein Schisser, wenn's drauf ankommt.«

»Du? Nie.« Matteo prustete los. »Du hast dich doch in den Weg gestellt, als Plönkens Pferde mit der Kutsche durchgegangen sind.«

»Gibt halt solche und solche Sachen.« Sven nippte an seinem Kaffee.

Matteo spürte die Wärme, die von der Tasse in seine Hände sickerte. Er nahm einen Schluck. »Wie geht's deinem Paps? Kommt er bald wieder auf die Beine?«

»Hoffentlich. Die Ärztin meinte, noch mindestens vier Wochen. Bald darf er mit den Übungen anfangen. Er ist schon richtig mies drauf vom ganzen Nichtstun.«

»Das kann ich mir vorstellen.« Matteo lächelte in seinen Kaffee.

»Was ist mit deinen Eltern? Alles gut?«

Matteo nickte. »Sie sind nach Spanien ausgewandert.«

»Was?« Svens Augenbrauen schossen nach oben. »Ist nicht wahr.«

»Doch, schon. Die konnten nie lange an einem Ort bleiben. Hier haben sie es nur so lange ausgehalten, weil sie mich hatten. Ich bin gern hier zur Schule gegangen.« Nachdenklich schaute er in seine Tasse. Sein eigenes Gesicht sah ihm auf der hellbraunen Spiegelung entgegen. »Sie wollten schon ein paar mal umziehen, aber ich habe so ein Theater gemacht, dass sie es gelassen haben. Die Armen.« Er schnaubte. »Na, jetzt sind sie ja frei und ich komme allein klar.«

»Sieht so aus.« Sven stellte die Tasse auf einer der anderen Werkbänke ab und nahm das Stemmeisen in die Hand. »Ist es echt okay, wenn ich weitermache?«

»Na klar.« Matteo setzte sich neben Svens Kaffeetasse auf das staubige Holz. »Das ist fast wie früher, oder?«

»Ja.« Er sah nur Svens gebeugten Nacken. Die schnellen, präzisen Bewegungen, mit denen er das Distelmuster erweiterte. »Fast wie früher.«

»Ich hab es vermisst«, gab Matteo zu, und dieser Satz drückte nicht einmal ansatzweise aus, was er fühlte. »Hier war es immer so schön ruhig. Ich war ruhiger. Ich war gar nicht die anstrengende Nervensäge, die ich sonst war.«

Sven schnaubte. »Du warst nie nervig. Du konntest nur nicht stillsitzen.«

Hier schon, dachte Matteo. *Bei dir.*

Wohlige Ruhe machte sich in ihm breit. Der Duft der Sägespäne, das warme Sonnenlicht, das über Svens Rücken fiel, die leisen, dumpfen Schläge des Hammers. Hier war alles in Ordnung. So hatte es sich zumindest immer angefühlt. Größtenteils. Bis auf die Sehnsucht, die ihn in Svens Nähe gepackt hatte. Bis auf seinen Herzschlag, der ins Stolpern geraten war, wenn Sven zu nah bei ihm stand.

»He«, sagte er und betrachtete seine Knie. »Wenn ich den Job bekomme, kann ich dann mal wiederkommen? Ich bring süße Brezeln mit.«

»Klar kannst du das. Ich würd mich freuen.« Sven räusperte sich. »Du hättest die ganze Zeit über herkommen können.«

»Ich weiß.« Es fiel ihm schwer, die Worte herauszupressen. Das Gespräch näherte sich dem Punkt, vor dem er panische Angst hatte. Aber dieses Gespräch musste geführt werden. Er konnte so nicht weitermachen.

»Warum bist du dann nicht hergekommen?«, fragte Sven. Seine Stimme klang entspannt, aber Matteo kannte ihn gut genug, um die Unsicherheit herauszuhören. Außerdem hielten Svens Hände immer noch still. »Ich weiß, deine Eltern sind weggezogen, aber ich ... na, ich hätte mich gefreut. Wir waren doch Freunde.«

»Ja.« Matteo schaffte es nicht, mehr zu sagen, und nach einigen Sekunden peinlichen Schweigens sprach Sven stattdessen weiter.

»Du hast nicht auf meine Nachrichten reagiert«, sagte Sven leise. »Und deine Handynummer hat nicht mehr funktioniert. Hast du die gewechselt?«

Matteo nickte stumm. Eine eiserne Klaue drückte seine Kehle zu.

»Warum?« Sven sah ihn bittend an. »Ich hab ... Hab ich irgendetwas getan?«

»Nein«, krächzte Matteo. »Gar nichts.«

»Was war dann los? Die anderen meinten, du wolltest nichts mehr mit uns Dorftrotteln zu tun haben.« Sven verzog das Gesicht. »Dana meinte sogar, du würdest halt ein neues Leben anfangen, in der Großstadt. Sie dachte, na ...«

»Sag es«, krächzte Matteo.

Ein Hauch Rot färbte Svens Ohren. »Na ja, irgendwie gab es das Gerücht. Die Mädels fanden dich ja immer süß und du ...«

»Was fanden die?« Matteo blinzelte.

Sven lachte trocken. »Du hast echt nichts gemerkt, was? Deshalb war Dustin doch immer so gemein zu dir. Weil die Mädels dich mochten. Mit na ja, mit deinen Haaren und den Augen und so ... Du weißt schon. Die fanden, dass du aussiehst wie der eine aus dieser Boygroup.«

Matteo hatte keine Ahnung, wen Sven meinte. Er schluckte hart.

»Aber du hattest nie Interesse, also dachten sie … na ja.« Sven räusperte sich erneut. »Dass du in die Stadt gezogen bist, weil du dich ausleben willst. Mit Männern.«

»Das stimmt auch.« Oh, seine Stimme war zurück. »So viel Klarsicht hätte ich Dana gar nicht zugetraut.«

»Ah.« Sven blinzelte. Das Sonnenlicht ließ seine Wimpern golden aussehen. »Ach … so.«

Matteo atmete tief ein und straffte sich. »Hör mal, ich bin nicht nur wegen des Vorstellungsgesprächs hier. Ich wollte …« Er schloss die Augen. Öffnete sie wieder. »Ich muss dir was sagen. Ich hoffe, das ist okay.«

Sven blinzelte erneut. »Äh, ja. Ja, klar.«

»Super.« Er räusperte sich und dann zwängte er endlich die Worte aus seiner Kehle, die seit fünf Jahren darin steckten, nein, länger. Schon fast, seit er zum ersten Mal hier in der Tischlerei gewesen war, vor einer Ewigkeit. »Ich war verliebt in dich.«

Etwas klirrte. Das Stemmeisen war aus Svens Händen gerutscht und auf den Boden gefallen. Hastig bückte er sich danach. Als er sich wieder erhob, waren nicht nur seine Ohren rot, sondern auch die Wangen.

»Was?«, stotterte Sven.

»Tut mir leid, ich wollte dir das eigentlich nie sagen.« Matteo rieb sich über den Nasenrücken. »Aber ich kann … Ach, Kacke. Es lässt mich irgendwie nicht los. Ich denke immer noch an dich und ich glaube … Ich hätte es dir damals sagen sollen. Mir eine Abfuhr holen, meine Wunden lecken, wieder aufstehen und weitermachen. So ... Ich werde das Gefühl nicht los. Nie. Obwohl ich dich so lange nicht gesehen habe. Ich dachte, wenn ich es dir endlich sage, könntest du mir sehr nett das Herz brechen und ich kann endlich weitermachen. Ich ... ich hatte einen Freund, weißt du? Und ich konnte nie ... Ich habe immer noch an dich gedacht und irgendwann hat er Schluss gemacht, weil er kapiert hat, dass ich nie ganz bei ihm bin und ... ja. Das kommt sicher überraschend, was?«

Verlegen blickte er Sven an. Der starrte. Dann nickte er. Das Stemmeisen wanderte von einer Hand zur nächsten. Wieder stand die Zeit still. Die glitzernden Staubkörner froren ein. Das dumpfe Gurren der Tauben von draußen verstummte.

Matteo räusperte sich. »Sag es ruhig. Ich weiß, dass ich nicht ... Ich weiß doch, dass du eine Freundin hast. Oder ... Habt ihr geheiratet? Habt ihr vielleicht schon Kinder? Ich will nicht ... Ich will nur einen Schlussstrich ziehen, verstehst du?«

Sven starrte ihn weiter an. Sein breiter, wunderbarer Mund stand offen, sein massiger Körper war erstarrt, aber hinter den Augen musste sich ein Feuerwerk abspielen. Schatten und Licht huschten dort hin und her.

»Nein«, sagte Sven schließlich.

»Nein?« Matteo merkte, dass er die Finger in seine Knie gekrampft hatte. »Was meinst du?«

»Wir haben nicht geheiratet«, sagte Sven matt. »Sie hat Schluss gemacht, letztes Jahr.«

»Oh. Oh, fuck, das tut mir leid.«

»Sie hat gesagt«, Svens Adamsapfel zuckte, »dass ich nie richtig bei ihr bin. Dass ich immer …« Seine Finger schlossen sich um das Stemmeisen. »Sie hatte recht. Ich … Sie hat mir noch ein paar Sachen gesagt, über die ich nachdenken musste, und … äh. Sie hat sich in einen anderen verliebt. Der sie wirklich gesehen hat.«

»Oh.«

»Nicht schlimm. Wir sind Freunde geblieben. Ich glaub, das war alles, was wir waren. Freunde. Jetzt ist es wenigstens … äh.« Sven sah zu Boden. »Ich hab dich wirklich vermisst.«

»Ich dich auch.« Matteos Herzschlag beschleunigte. »Echt. Jeden Tag. Ich kam mir so dumm vor, weil ich dich nicht vergessen konnte.«

»Dann tu's doch nicht«, murmelte Sven.

»Was?«

»Mich vergessen.« Sven sah auf. Angst lag in seinen braunen Augen, und Unsicherheit, aber vor allem etwas, das Matteo nur allzu gut kannte. Sein Herz schlug einen Salto, als er die unausgesprochene Frage sah.

»Ich will dich nicht vergessen«, gab er zu. »Ich dachte nur, es wäre besser so.«

»Ist es nicht«, krächzte Sven und machte einen steifen Schritt auf ihn zu. »Gar nicht.«

»Oh.« Langsam rutschte Matteo von der Werkbank und stolperte einen Schritt vorwärts. Zu Sven, dessen Hände ihn vorsichtig packten. Er spürte die Form des Stemmeisens an seinem Oberarm. Roch den Kaffee in Svens Atem und spürte dessen Wärme. Fast hätte er losgeheult, so gut tat es, dass sich der Druck auf seiner Brust löste. Auf einmal, nach all den Jahren. Er legte die Hände auf Svens Schlüsselbein. Spürte dessen Herzschlag, der genau so hämmerte wie seiner.

»Matti?«, raunte Sven. »Kann ich ...«

»Ja«, sagte Matteo und küsste ihn. Svens Lippen waren weich und schmeckten nach Salz und Sägespänen.

ENDE

Fünf Jahre ohne ihn

Sein Duft bleibt bei mir, lange, nachdem er selbst gegangen ist.

Wie ein Geist hängt er über mir, dieser zarte Geruch nach Whisky, Vanille und altem Leder. Manchmal glaube ich, dass Joakim hinter mir steht, wenn ich nachts die Kühlschranktür aufmache. Ich glaube, seine Stimme zu hören, wenn ich mich morgens in die U-Bahn quetsche. Ich sehe ihn aus den Augenwinkeln in der Menge und wenn ich mich umdrehe, ist er nicht da.

Natürlich ist er nicht da.

Er ist weggezogen, schon lange. Nur sein Geist verfolgt mich. Was verdammt dämlich ist, schließlich war ich es, der Schluss gemacht hat. Ich war es, der sich ausleben wollte und der dachte, er wäre zu jung, um sich zu binden. Was gleichzeitig die Wahrheit war und der größte Fehler meines Lebens. Denn als ich mich ausgelebt hatte, als ich mir die Hörner abgestoßen hatte und genug davon hatte, jeden Morgen neben einem anderen aufzuwachen, war er weg. Und ich glaubte immer noch, seinen Duft zu riechen, irgendwo zwischen dem Schweiß und dem Gleitgel, das auf meiner Haut trocknete.

Es war eine geile Zeit, das lässt sich nicht bestreiten. Jede Nacht auf die Jagd zu gehen, all die gierigen Küsse, jeder

Mund schmeckte anders und erst recht jeder Körper ... Wenn ich zurückdenke, ist es ein einziger Wirbel aus warmen Leibern, schnellen Höhepunkten und heiserem Keuchen in meinem Ohr. Salz auf meiner Zunge. Feste Backen in meiner Hand, um meinen Schwanz, feuchte Lippen zwischen meinen Zähnen. Geil halt.

Und immer hing sein Duft über mir wie ein Geist. Ließ mich nicht vergessen, was ich zurückgelassen hatte.

Eines Morgens bin ich aufgewacht und hatte genug. Neben mir schnarchte der neueste Kerl, hinter den Vorhängen dämmerte es grau und ich fühlte mich uralt. Mit Anfang zwanzig. Plötzlich stürzte alles auf mich nieder, was ich zur Seite geschoben hatte. Die Erinnerungen. Ein erster Kuss, der nach See schmeckte. Finger, die sich im Dunkeln fanden. Seine Stimme neben mir, nachts, in genau dem Bett, in dem ich jetzt liege. Mit irgendjemandem. Während er weit weg ist. Ich bin in die Küche getappt, mit überquellenden Augen. Habe fast keine Luft mehr gekriegt.

Joakim.

Das war alles, was ich denken konnte. Ein Name, der mal mein Zuhause war. Der mir alles bedeutet hat. Der mir immer noch alles bedeutete, jetzt, wo der Rausch vorbei war.

Ob ich mich trauen würde, ihn anzuschreiben? Das habe ich mich gefragt, während ich in der dunklen Küche nach meinem Handy gesucht habe. Es war so lange her, über ein Jahr, dass er gegangen war. Darf man seinem Ex nach so langer Zeit schreiben? Klar habe ich noch Fotos gesehen. Wir sind in Kontakt geblieben, ein wenig. Auf meine letzte Nachricht hat er nicht geantwortet. War ja auch nichts Besonderes. Ein Meme zu unserer alten Lieblingsserie, die längst abgeschlossen ist.

Du musst ihm schreiben, habe ich gedacht. *Nur was?*

Das Erste, was ich sah, als Insta aufploppte, war sein Lächeln. Leider nicht nur seins. Auf dem Foto sitzt er Wange an Wange mit einem hübschen Kerl in einem schwarzweißen Ringelshirt und grinst schief in die Kamera.

Er mag es nicht, fotografiert zu werden, denke ich. *Dabei sieht er auf allen Fotos gut aus.*

Dann bricht die Erkenntnis über mich herein.

Er hat einen Neuen.

Natürlich hat er einen Neuen. Es ist über ein Jahr her, warum soll er keinen Neuen haben?

Masochist, der ich bin, schaue ich mir die anderen Fotos der Reihe an. Sieht aus, als wären die beiden im Urlaub. Sieht aus, als hätten sie Spaß. Ich betrachte einen Strand, über den der Sonnenuntergang leuchtende Farben ausschüttet, ich sehe Joakims vertraute Silhouette im Wasser. Die andere Silhouette, die ihre Finger mit seinen verschränkt, erkenne ich nicht. Das muss sein Neuer sein.

‚Luis' steht unter den Fotos, eingerahmt mit zwei Herzen. Schlicht und knapp und jeder weiß, was Sache ist. Das passt zu ihm. Er hat nie Worte verschwendet. Und doch hat er so oft die richtigen gefunden und sie in meinen Nacken geflüstert, wenn er nachts hinter mir lag. Wenn seine rauen Finger über meinen Bauch strichen.

Ich schätze, diese Finger streichen jetzt über einen anderen Bauch.

Ich fange an zu heulen.

***

»Wie waren zu jung, als wir zusammengekommen sind. Viel zu jung. Ich meine, wer bleibt für immer mit seiner ersten Liebe zusammen?«

Die Bar ist halb leer und von der Tür her zieht es, aber immerhin sind wir nicht draußen im Regen. Omar wischt sich ein paar Tropfen von der Glatze und knurrt. Ich nippe an meinem Whisky, was einfach nur dumm ist. Whisky wird mich für immer an ihn erinnern, vor allem der gute. Nicht nur, weil Joakim immer ein wenig danach roch, obwohl er ihn so selten trank. Whisky war unser Running Gag. Wir haben exakt nichts davon verstanden und doch ständig über seichte Honig-Käsenoten und so geschwafelt. Fand sonst keiner lustig, aber das war uns egal.

»Niemand.« Omar sieht mich an, als wäre die Frage keiner Antwort würdig und als würde er mir nur einen Gefallen tun, weil ich sein Kumpel bin. »Absolut niemand bleibt mit seiner ersten Liebe zusammen. Auch nicht mit der zweiten oder dritten. Gibt viel zu viele Fische im Meer.«

»Meinst du?«

»Ja. Und du meinst das auch.« Er schnalzt mit der Zunge und sieht das Whiskyglas in seiner Hand verächtlich an. »Was ist das für ein Zeug? Das schmeckt nach Auspuff.«

»Aber das halbgare Bitteraroma«, sage ich.

»Was?«

»Nichts.« Ich seufze.

»Den nächsten bestelle ich«, beschließt er und kippt den Auspuff mit Bitteraroma hinunter.

»Kennst du niemanden, der noch mit seinem ersten Freund zusammen ist?« Ich trinke langsam, das sachte Brennen auskostend, das der Whisky auf meiner Zunge hinterlässt. Der Geschmack erinnert mich so sehr an unser erstes Date, dass meine Brust sich zusammenkrampft.

Inzwischen sind fünf Jahre vergangen, seit Joakim gegangen ist. Fünf Jahre. Und seit vier Jahren betrachte ich seine Romanze mit Luis auf Insta und leide.

Ich bin ein Trottel.

»Nein, Dave.« Omar rollt mit den Augen. »Ich kenne niemanden, der noch mit seinem ersten Freund zusammen ist. Oder seinem zweiten. Oder dritten. Na, außer Edgar.« Er überlegt. »Und Kai. Aber die sind beide Mitte vierzig oder so. Deren Zeit ist vorbei. Du dagegen«, sein goldlackierter Fingernagel zeigt auf mich, »bist auf dem Höhepunkt deiner Manneskraft und solltest keine Zeit damit verschwenden, deinem Ex aus der Schulzeit hinterherzutrauern. Du bist noch keine dreißig, Kleiner.«

»In drei Jahren bin ich dreißig«, sage ich und fühle mich wieder alt. Vier Jahre war ich mit Joakim zusammen. Fünf Jahre ist es her, dass wir uns getrennt haben. Ich weiß nicht, welche Zeit mir länger vorkommt. »Hey. Ich leb mich doch aus. Ich ... Es ist nur ...«

»Später tut's dir leid, dass du die Zeit nicht genutzt hast. Geh feiern. Geh vögeln. Und hör auf, so zu schauen. Das macht Falten.«

»Sie werden heiraten«, platze ich heraus und es ist mir scheißegal, wie jämmerlich ich dabei wirke. »Heute Morgen hat Luis ein Foto gepostet, auf dem sie Ringe tragen, so richtige Verlobungsringe, und ...« Meine Stimme versagt.

»Und?« Omar zuckt mit seinen Türsteherschultern. »Selbst schuld, wenn sie sich das freiwillig antun.«

»Ich entnehme deinen Worten, dass du dem Konzept der Ehe kritisch gegenüberstehst.«

Er sieht durch mich hindurch. Seine Augen verlieren jeden Glanz. »Ich war mal verheiratet.«

»Was?!« Ich schrecke hoch. »Wann? Und mit wem?«

»Es war ein Fehler.« Er betrachtet das leere Whiskyglas. »Wir waren genau das, was du sagst. Zu jung.«

»Was ist passiert?«

»Nichts.«

»Hast du ihn verlassen, um zu feiern, zu vögeln und dein bestes Leben zu leben?«

Er schweigt.

Ich beuge mich vor. »Omar?«

»Er hat mich für ein kanadisches Model verlassen. Er lebt jetzt in Toronto.« Immer noch sieht er durch mich hindurch.

»Fuck, Omar. Das hast du mir nie erzählt.« Ich lege die Hände über seine. »Das tut mir leid.«

»War doch nichts.« Eine eindeutige Lüge. »Ich bin längst über ihn hinweg. Wie gesagt, das war ein Fehler. Und du solltest aufhören zu heulen.« Er winkt den Kellner herbei und bestellt einen Whisky, der angeblich besser ist als das Zeug, das ich dem Namen nach ausgesucht habe.

»Wie hieß er?«, frage ich. »Und wieso weiß ich nichts über ihn?«

»Ist lange her. Noch in Bonn.« Er will eindeutig nicht mehr darüber sprechen. »Und anders als du spioniere ich ihm nicht nach.«

»Ich spioniere nicht. Wir sind Freunde geblieben und ich kann ja wohl schauen, was er auf Insta schreibt. Oder was dieser Luis so macht.« Ich räuspere mich.

Der Whisky kommt an. Omar schnuppert an ihm und seufzt verliebt.

»So muss das riechen, du Hinterwäldler.«

Joakim hätte jetzt etwas von der dezenten Schmalznote erzählt und mein Herz krampft sich zusammen. Vermutlich hat Omar recht und ich sollte …

Nein. Dazu bin ich zu dumm, äh, hartnäckig.

»Ich könnte ihn besuchen«, sage ich leichthin. »Unter irgendeinem Vorwand. Vielleicht, dass ich ein Vorstellungsgespräch in München habe und einen Schlafplatz brauche. Ich könnte bei ihm und Luis pennen. Und dann erobere ich ihn zurück.«

»Hm-hm. Sicher.« Erneutes Augenrollen. Zicke.

»Ich schaffe das. Ich bin schließlich auf dem Höhepunkt meiner Manneskraft. Und echt hübsch.«

»Ja und ja.« Er nippt an seinem Whisky. »Aber du ziehst das nicht durch.«

»Warum nicht?«

»Du bist einfach nicht der Typ dafür. Trink. Und lerne.«

Ich nippe an meinem Whisky. »Schmeckt genau wie der erste.«

Omar vergräbt das Gesicht in den Händen.

***

Aber warum nicht? Das denke ich, als ich die Haustür aufschließe. Allein. Wir waren danach noch im ‚XY', doch ich hatte keine Lust, jemanden mitzunehmen. Angebote gab es genug, aber ich konnte nicht aufhören, an meinen grausigen Plan zu denken. Was, wenn ich es wirklich tue?

Die Verlobungsringe waren wirklich schön. Breit genug für ihre kräftigen Hände, matt schimmernd und schrecklich.

Joakim macht ernst. Wenn ich nichts unternehme, wird er Luis heiraten, und dann ...

Was dann?

Es ist fünf Jahre her. Sicher denkt er nicht einmal mehr an mich. Ich meine klar, wir schreiben ab und zu. Ich etwas mehr als er, aber nur etwas. Richtig? Doch für ihn ist diese Sache längst beendet. Diese Sache zwischen uns. Diese Sache, dir mir mal alles bedeutet hat. Absolut alles. Die es immer noch irgendwie tut.

Vielleicht sollte ich ihn echt treffen. Ihm von Angesicht zu Angesicht gegenüberstehen, zum ersten Mal seit fünf Jahren.

Und dann? Drei Dinge könnten geschehen:

Möglichkeit eins: Ich merke, dass ich nichts mehr für ihn fühle, und kann die ganze Sache endlich zu den Akten legen. Ich meine, warum nicht? In meinem Herzen ist er immer noch wie damals, aber vielleicht hat er sich verändert. Vielleicht ist er langweilig geworden, oder ein Arschloch oder ... irgendwas, das ich nicht mag. Unvorstellbar, aber na ja ...

Möglichkeit zwei: Wir sehen uns in die Augen, erkennen, dass wir uns immer noch lieben, und er vergisst diesen Luis und wir leben glücklich bis an unser Lebensende ... Ja, ich weiß, wie das klingt. Ja, das wird nicht geschehen, aber ... aber ...

Möglichkeit drei: Ich merke, dass ich ihn immer noch liebe, er liebt mich aber nicht mehr und heiratet Luis.

Bei Möglichkeit drei wird mir schlecht, aber die ersten beiden wirken ganz annehmbar. Zwei gefällt mir sogar ausgezeichnet, doch auch eins wäre ... na ja, wenn das eintrifft, geht es mir immerhin besser als jetzt. Zwei zu eins dafür, ihn zu treffen also.

Ja.

Ich schnappe mir mein Handy und beglückwünsche ihn zähneknirschend zu seiner Verlobung. Dann gehe ich schlafen.

***

Als ich am nächsten Morgen erwache, hat er noch nicht geantwortet. Erst als ich gegen zwölf mein Frühstück beende und auf dem Weg zum Gym bin, kommt eine Nachricht. Ich stolpere und verpasse eine grüne Ampel, weil ich sie lese. Dabei bedankt er sich nur und fragt, wie es mir geht.

Ich schlucke.

Gut, tippe ich und ignoriere die Leute, die sich dezent räuspern, weil ich im Weg bin. *Echt gut.*

Ich hole tief Luft.

Um ehrlich zu sein, habe ich nächste Woche ein Vorstellungsgespräch in München. Echt guter Job, aber ich kenne da niemanden außer dir. Meinst du, ich kann eine Nacht auf eurer Couch schlafen?

Ich überquere die Ampel und mein Puls rast, als wäre ich ein paar Kilometer gerannt.

Er antwortet nicht und ich fühle mich wie ein Trottel. Natürlich nicht. Das war ganz schön unverschämt, oder? Erst Schluss mit ihm machen und dann versuchen, sich bei ihm einzunisten …

Na ja, ich habe nicht so wirklich mit ihm Schluss gemacht. Irgendwie war es auch er … Es ist kompliziert.

Ich hatte versucht, mich zusammenzureißen, trotz aller Möglichkeiten. Weil ich den Studienplatz in Berlin hatte und er in München, haben wir uns nur am Wochenende und in den Ferien gesehen. Neben dem Studium habe ich gearbeitet, hatte also eigentlich gar keine Zeit für irgendwas und doch habe ich Freunde gefunden. Schwule Freunde, die ganz anders waren als die Jungs aus meinem Dorf.

Es war schön, wirklich schön, Gleichgesinnte zu treffen. Überhaupt hat es mir in Berlin mega gut gefallen. Ich hatte das Gefühl, als könnte ich endlich meine Flügel ausstrecken und … ja gut, nicht nur meine Flügel. Ich hätte gern noch mehr ausgestreckt, aber ich hatte ja eine Beziehung. Eine eindeutig nicht-offene Beziehung. Wenn ich Andeutungen fallengelassen habe, dass eine leichte Öffnung ja auch ganz spannend sein könnte, hat er immer abgeblockt. Und dann …

Irgendwann ist es passiert: Ich habe fremd geknutscht. Nicht mehr, aber ich wusste, wie es Joakim damit gehen würde, und ich hatte recht. Als ich es ihm gebeichtet habe, war es, als hätte ich ihm ins Gesicht geschlagen. Wir waren in seiner Wohnung in München und … es war nicht schön.

Ich habe mich gefühlt wie ein Arschloch (war ich ja auch) und wir haben bis spät in die Nacht geredet und geredet und versucht, einen Weg zu finden, aber es gab keinen. Ich wollte mit anderen schlafen. Er nicht. Ich wollte eine offene Beziehung. Er eine geschlossene.

Es gab keinen Kompromiss, keinen Mittelweg oder sonst eine Möglichkeit, wie wir es lösen konnten. Irgendwann sind wir schlafen gegangen, todmüde und todtraurig und haben uns aneinandergeklammert, als wollte man uns auseinanderreißen. Geschlafen haben wir nicht. Irgendwann, als es schon dämmerte, hatten wir zum letzten Mal Sex. Ich kann nicht daran zurückdenken, ohne dass meine Kehle eng wird. Daran, wie ich zum letzten Mal das Gesicht gegen seinen Hals gepresst habe, wie ich zum letzten Mal seinen Duft gerochen habe.

Mir wird kotzübel, wenn ich an den Morgen denke. Er hat mir eine gute Zeit gewünscht. Oder so. Die genauen Worte weiß ich nicht mehr. Ich erinnere mich nur an das Gefühl.

Völlige Panik, Verzweiflung, Trauer. Meine erste Trennung. Und die letzte. Danach habe ich nie wieder ernst gemacht.

Er schon. Passt auch besser zu ihm als zu mir. Er war immer der Ernstere von uns beiden. Ich war das Chaospartikel, das um seinen festen Kern herumgewirbelt ist. Bis ich es nicht mehr war. Bis ich irgendwo ins Universum geschleudert wurde und er zurückblieb und …

»Heul doch«, knurre ich und stelle die Beinpresse auf 400 Kilo. Das wird wehtun. Soll es auch. Warum hört es nicht auf? Wenn ich an unseren letzten Morgen denke, kann ich kaum atmen, dabei ist das so lange her.

Es wäre nicht gutgegangen, denke ich. *Ich war so hungrig. Ich hätte mich irgendwann nicht mehr zusammenreißen können. Ich wäre fremdgegangen. So richtig. Besser, dass wir es beendet haben.*

Es *war* richtig.

Also warum fühlt es sich immer noch an, als würde er hinter mir stehen, wenn ich hier trainiere? Immer noch in dem schrottigen Studio, das ich mir als Student kaum leisten konnte. Jetzt könnte ich längst woanders Sport treiben.

Mein Job ist sicher. Gestern in der Whiskybar haben wir das Bestehen meiner Probezeit gefeiert. Ich könnte es mir leisten, zu einem Fünf-Sterne-Studio zu wechseln, mit Pool und allem, in dem die Griffe nicht mit Panzertape geflickt sind. Mache ich aber nicht. Weil er hier mit mir war. Weil ich ihn hier reingeschmuggelt habe und weil er mir die Hantel gereicht hat.

»Dave, du Trottel«, murmele ich und der Bärtige an der Beinpresse neben mir sieht sich nicht mal um. In Berlin wundert sich niemand, wenn du mit dir selbst redest. Ich hole Luft und bereite mich darauf vor, meine Beinmuskeln zu schrotten. »Du Trottel. Das ist schon nicht mehr sentimental. Das ist einfach nur dämlich.«

Wir hatten eine gute Trennung, sofern es sowas gibt. Warum soll ich das ruinieren? Warum soll ich mich blamieren, indem ich versuche, etwas zurückzuholen, das Joakim längst hinter sich gelassen hat? Warum soll ich ihn in so eine blöde Situation bringen? Er ist frisch verlobt. Er hat Besseres zu tun als sich mit einem anhänglichen Ex herumzuschlagen.

Bestimmt ist er überglücklich. Bestimmt suchen Luis und er gerade ihre Anzüge aus oder so. Bestimmt sieht er toll aus im Anzug. Das hat er immer, bei den wenigen Gelegenheiten, in denen er einen anhatte. Bei seinem Abiball zum Beispiel.

Damals hat er es echt durchgezogen und mich mitgenommen. Als sein Date. Wir waren die ersten Jungs in unserem Kaff, die sowas gemacht haben. Lief ziemlich gut, dafür. Falls jemand was dagegen hatte, hat er es uns nicht ins Gesicht gesagt. Okay, dass wir breit gebaut und muskulös waren, hat bestimmt geholfen. Auch homophobe Arschgeigen haben einen Selbsterhaltungstrieb.

»Wird das heute noch was?«, frage ich mich selbst und schließe die Augen.

Ich schaffe die vollen drei Sätze. Danach fühlen meine Beine sich an, als wären sie Putzlappen und ich kann kaum zum nächsten Gerät wanken.

Als ich auf mein Handy schaue, hat er zurückgeschrieben.

Klar, komm vorbei. Ich würde mich freuen, dich wiederzusehen.

Sofort versperrt ein Kloß meine Kehle.

Ich mich auch, denke ich. *Ich würde mich so freuen, dich wiederzusehen.*

Trottel. Das bedeutet doch nichts. Gar nichts.

Ich mich auch, tippe ich trotzdem. *Ist ja ewig her. Wäre schön, wenn wir mal wieder richtig quatschen könnten.*

Mal wieder. Nach fünf Jahren.

Weil ich, wie gesagt, gerne leide, ziehe ich das Training durch und erhöhe an jedem Gerät das Gewicht.

Am nächsten Tag schaffe ich es kaum zur Arbeit vor Muskelkater und kann nur rückwärts die Treppen hochgehen. Unwichtig. Das habe ich verdient. Dafür, dass ich plane, eine perfekte Beziehung zu zerstören. Egal, was Omar denkt, ich kann das. Ich bin skrupellos genug. Ich meine, es sei denn, Joakim ist echt glücklich mit diesem Luis, was er den Fotos nach ist und überhaupt. Ich will doch, dass es ihm gut geht.

Trottel.

***

Ich fahre im Zug nach München, wie früher. Diesmal allerdings im ICE, statt mich wie damals durch den Regionalverkehr zu quälen. Ab und zu hat Joakim mich überredet, dass er mir ein teureres Ticket kaufen darf, aber meist war ich zu stolz. Ich wollte es alleine schaffen. Immer.

Die vertraute Landschaft zieht an mir vorbei. Wittenberg. Halle. Kurz hinter Erfurt warte ich auf den Anblick der ranzigen Imbissbude »Zum Uli«. Sie liegt fast genau auf halber Strecke und früher habe ich Joakim immer hier geschrieben.

Bin beim Uli. Halb geschafft.

Wir haben immer gesagt, dass wir uns irgendwann beim Uli treffen müssen, genau zwischen Berlin und München. Haben wir natürlich nie gemacht.

Was vermutlich weise war. Der Uli ist noch heruntergekommener als früher. Zwei Plastiktische stehen auf dem Hinterhof voller halb verrosteter Autos und löchriger Planen, die flattern, als der ICE vorbeirauscht. Trotzdem stehen Gäste an beiden Tischen.

Bin beim Uli, schreibe ich Joakim. *Sieht genau so edel aus wie früher.*

Weiß er überhaupt noch, was ich meine? Vermutlich nicht. Vermutlich fragt er sich gerade, wer dieser Uli ist.

Ich bin ein Trottel.

Ist der Volvo noch da?, schreibt er und ich lächle.

Im Hof beim Uli liegt das Skelett eines Volvos, dasselbe Modell wie mein altes Auto, das längst den Geist aufgegeben hat.

Ja, schreibe ich und stelle mir vor, alles wäre wie früher. Das er mich am Bahnhof abholt und wir uns küssen, und dann in seine WG eilen, um uns die Klamotten vom Leib zu reißen und ineinander zu versinken. Dass sein Duft mich so umhüllt, dass ich ihn noch riechen kann, wenn wir uns längst getrennt haben.

In Wirklichkeit muss Joakim bis sechs arbeiten und ich vertreibe mir die Zeit mit unmotiviertem Herumschlendern.

In Wirklichkeit wohnt er längst nicht mehr in seiner WG. Luis und er haben eine nette Zweizimmerwohnung in Schwabing, von deren Balkon man den Englischen Garten sieht. Sehr nett. Das weiß ich, weil Luis den Blick vom Balkon immer wieder in seinen Storys zeigt.

Mein Puls hämmert bis zum Hals, als ich pünktlich um halb sieben auf den Klingelknopf drücke. Ich denke an einen längst vergangenen Abend, an dem ich bei Joakim geklingelt habe und genau so wenig wusste, was mich erwartet.

Atemlos steige ich die Treppen empor. Gut, dass der Muskelkater nachgelassen hat. Ich atme nach Zitronenreiniger duftende Luft ein und bete. Wofür, weiß ich nicht genau, aber ich bete.

Die Haustür ist offen. Joakim wartet auf mich.

Verdammt.

Sobald ich ihn sehe, weiß ich, dass Möglichkeit eins meiner drei möglichen Szenarien vom Tisch ist.

Er sieht aus wie früher. Na, fast. Sein Gesicht ist kantiger geworden und seine Schultern noch breiter. Unter seinen Augen liegen leichte Schatten und seine Haare sind länger als früher. Immer noch zu kurz für die Reicher-Bubi-Frisur, die seine Freunde hatten, aber länger.

Es steht ihm.

In diesem Moment weiß ich, dass ich ihn nicht vergessen werde. Ich werde nicht hier rausgehen und wissen, dass alles, was ich für ihn gefühlt habe, in der Vergangenheit liegt. Nichts liegt in der Vergangenheit. Mein Herz ist überzeugt, dass wir uns gleich in die Arme fallen, uns küssen und ins Innere der Wohnung stolpern.

Das tun wir nicht.

Er lächelt und um seine Augenwinkel entstehen winzige Falten. Ja, er ist erwachsen geworden. Denkt er dasselbe über mich?

»Hey«, sagt er und seine Stimme klingt so sehr wie früher, dass sie einen Erdrutsch in meiner Brust auslöst.

»Hey«, krächze ich und schlucke.

Er breitet die Arme aus, aber statt uns zu küssen, umarmen wir uns nur knapp. Und etwas ungeschickt. Das letzte Mal, das wir uns gesehen haben, waren wir noch ein Paar. Klar, dass wir nicht genau wissen, wie wir uns begrüßen sollen. Oder wie ausdauernd.

Sein Duft erwischt mich, als meine Wange seinen Hals streift. Whisky. Wärme. Vanille und altes Leder. Er hat sich leicht verändert, aber er ist gealtert wie guter Wein.

Fuck.

»Hast du gut hergefunden?«, fragt er, wie ein normaler Mensch, der einen alten Freund begrüßt.

»Ja, kein Problem«, stottere ich wie ein Trottel, der nie über seine erste Liebe hinweggekommen ist und es nie wird. »Ich kenne mich ja noch aus.«

»Stimmt.« Er neigt den Kopf und betrachtet mich. Gründlich, wie er es immer getan hat. »Du siehst gut aus.«

»Du auch.« Lüge. Er sieht nicht gut aus, er sieht atemberaubend aus. Wie ein Krieger in einem weißen Hemd und einer fantastisch geschnittenen Anzugshose. Fantastisch, weil sie trotz des lockeren Schnitts seine Beinmuskeln betont. Seine Beine haben mich immer fasziniert. Sie sehen aus, als könnte er damit die halbe Welt zermahlen.

»Komm rein«, sagt er und geht voraus. Ich überlege, abzuhauen.

Möglichkeit eins ist vom Tisch und gleich werde ich Luis kennenlernen. In echt. Alles, was ich über ihn weiß, habe ich von Instagram. Er wirkt nett, aber ich will ihn nicht sehen. Ich will nicht miterleben, wie sie hier wohnen, wie ihr Leben ist, wie sie sich in ihrem perfekt eingerichteten Wohnzimmer ausruhen.

Die Wohnung kenne ich nur von Luis' Bildern. Joakim ist zurückhaltend wie immer. Von seinen Bildern hätte ich nie erfahren, dass der helle Flur mit Fotos ihrer Liebesgeschichte gepflastert ist, sowie mit Familienporträts und Kinderfotos. Da sitzt Luis auf einem Pony, in voller Reitermontur. Da spielt er Polo. Er ist aus einer ebenso reichen Familie wie Joakim, wobei der mir stets versichert hat, dass sie nicht reich sind, sondern nur wohlhabend.

Am Arsch, habe ich gesagt und geschnaubt. *Ihr habt einen Pool.*

Das fand er immens lustig, warum auch immer.

An meiner derzeitigen Lage ist nichts lustig. Ich zähle die Sekunden runter, bis wir in der Küche ankommen. Gleich werde ich Luis begegnen. Ich bereite mich darauf vor, strahlend zu lächeln und ihm die Hand zu geben. Nett zu sein, wie ich es sollte. Schließlich ist er es, der Joakim glücklich macht.

Der Mistkerl, äh, der Gute.

Aber als wir in die Küche kommen (die ich ebenfalls aus Luis' Storys kenne), ist niemand da. Vielleicht im Wohnzimmer?

»Wo ist dein Zukünftiger?«, frage ich und gebe mir Mühe, locker, gelassen, entspannt und sehr, sehr cool zu klingen.

»Nicht da«, sagt Joakim und holt ein riesiges Glas aus dem Küchenschrank, das in seinen Pranken aussieht wie ein Zahnputzbecher. »Seine Tante ist krank und braucht jemand, der sich um ihre Pferde kümmert.«

»Ihr reichen Säcke und eure Pferde«, sagte ich, als wäre keinerlei Zeit vergangen.

Er sieht mich verdutzt an und lacht. »Du hast dich überhaupt nicht verändert.«

»Sorry.« Ich reibe mir den Hinterkopf. »Ist mir so rausgerutscht. Es ist … Sorry.«

»Kein Problem, du armer Schlucker. Was trinkst du?«

Ich grinse schief. »Wasser. Still.«

Joakim beweist, dass er immer noch ein reicher Bubi ist, indem er das stille Wasser nicht aus der Leitung holt, sondern aus dem Kühlschrank.

»Danke«, sage ich. »Echt. Auch für den Schlafplatz. Ich lad dich dafür zum Essen ein.«

»Ich wollte etwas kochen«, sagt er und lehnt sich an den freistehenden Herd, über dem eine kupferne Dunstabzugshaube schwebt.

»Du kannst kochen?« Als wir zusammen waren, konnte er maximal Pizza bestellen. Nicht, dass ich viel besser gewesen wäre. An meinen besten Tagen habe ich Tomatensoße selbst gemacht statt die aus der Dose warmzumachen.

»Luis hat es mir beigebracht.« Ein schwaches Lächeln. »Was? Traust du mir nicht zu, dass ich ein Steak braten kann?«

»Klar.« Ich betrachte das Glas in meinen Händen. Das Ding war teuer, das sehe selbst ich. Vermutlich hat Luis es ausgesucht. Vermutlich. Vielleicht ist es Joakim auch nicht mehr egal, woraus er trinkt. »Ich traue dir alles zu. Hab mich nur gewundert.« Ich lächle, obwohl es wehtut. »Du hast dazugelernt, hm?«

»Du etwa nicht?« Ich wünschte, ich könnte die Zeit zurückdrehen. Jetzt.

»Klar. Sicher.« Ich grinse. »Ich kann jetzt nicht nur Nudeln kochen, sondern auch Reis.«

»Wow.« Seine Augenbraue wandert hoch. »Du bist ein ganz neuer Mensch, Dave.«

Dave. Wie ich es früher geliebt habe, wenn er meinen Namen gesagt hat. Geflüstert hat. Gestöhnt hat.

Hör auf zu heulen, denke ich. *Du bist erwachsen. Benimm dich auch so.*

»Ich verbessere mich stetig.« Ich deute auf die Küche, die genau so geschmackvoll eingerichtet ist wie in Luis' Storys, aber glücklicherweise nicht ganz so ordentlich. »Nett hier. Ich ... he. Ich freu mich, dass es dir gut geht.«

Was irgendwie die Wahrheit ist und irgendwie überhaupt nicht. Außerdem kam es total seltsam raus. Ich räuspere mich.

»Was kochen wir?«

»Ich koche. Du ruhst dich aus.« Er deutet mit dem Kopf auf die nächste Tür. »Ich hab dir das Sofa vorbereitet. Das Bad ist links. Komm erst mal an.«

»Okay.« Ich stiefele ins Wohnzimmer, das hell und freundlich ist und mit rustikalen Holzmöbeln eingerichtet. Der Geruch des Ledersofas erinnert mich so an Joakims Duft, dass ich mich mit dem Gesicht voran darauf fallen lasse. Es ist ein Ausziehsofa, auf dem ein weißes Laken liegt, und eine ordentlich gefaltete Decke. Ich seufze in den Stoff hinein.

Scheiße, denke ich. *Was tue ich hier?*

Dass ich Joakim nicht zurückerobern werde, ist mir mittlerweile klar. Ich kann das nicht. Omar hatte recht. Ich bin zu anständig dafür und überhaupt. Diese Wohnung. Die Fotos im Flur. Joakims Kinderfotos neben denen von Luis und seiner Familie. Ihre Leben sind miteinander verwoben und es gibt keinen Raum, um sich dazwischenzudrängeln.

Er wirkt glücklich. Als hätte er einen Ort, an den er gehört, für immer. Hierher. Vor langer Zeit hätte ich dieser Ort sein können, aber das ist vorbei.

Bin da, schreibe ich Omar und höre Joakim in der Küche rumoren. *Du hattest recht. Zufrieden?*

Der blöde Omar schreibt auch noch direkt zurück.

Wie ist sein Neuer?

Omar weiß, wie man das Messer in der Wunde rumdreht.

Sein Neuer ist nicht da, schreibe ich. *Aber er scheint nett zu sein.*

Ich lege mich auf den Rücken und starre an die Decke. Eine gusseiserne Lampe starrt zurück. Vermutlich ein Designerstück. Sie passt zu Joakim. Schlicht, aber edel, und schwer genug, um einen Einbrecher damit zu erschlagen. Mein Handy pingt.

Sein Neuer ist nicht da und du heulst rum? Das ist deine Chance!, schreibt Omar.

Was?

Spinnst du? Sie sind glücklich miteinander. Warum soll ich darin rumpfuschen?

Erklär mir noch mal, was du in München machst, Junge. Weil, ein Vorstellungsgespräch hast du nicht. Freunde hast du da auch nicht, bis auf deinen verboten knackigen Ex. Der ganz allein ist. Also hör auf zu jammern und besteig ihn.

Junge. Du hast selbst gesagt, dass ich das nicht schaffe. Was soll die Scheiße, Omar?

Ich warte kurz auf eine Antwort, dann gehe ich ins Bad. Als ich mir gerade Wasser ins Gesicht schütte, pingt mein Handy erneut.

Ich hab ihn mir angesehen. Weil du so viel gejammert hast, hab ich Dustin nach deinem Ex gefragt und der hat mir sein Profil gezeigt. Sauber, Junge. Absolut sauber. Wenn mich so ein Gott entkorkt hätte, würde ich ihm auch hinterherjammern.

Ich jammere nicht. Und sie sind glücklich.

Weißt du das sicher?

Du nervst.

Weil ich die Wahrheit sage. Dein Ex sieht aus wie ein Gott. Und du wirst es bereuen, wenn du ihn jetzt nicht vernaschst.

Ich dachte, du bist dagegen.

Ich bin dagegen, dass du dich an ihn kettest, drei Häuser kaufst und zehn Kinder mit ihm kriegst. Vernaschen sollst du ihn.

Mach's gut, Omar. Schönen Abend noch.

Ich schmeiße mein Handy auf das Sofa und latsche in die Küche. Verdammter Omar. Mein Entschluss, nichts zu tun, steht fest. Und das liegt ganz bestimmt nicht daran, dass ich Angst habe, abgewiesen zu werden, sondern einzig und allein daran, dass es so falsch wäre.

Ähem.

Joakim hat nicht nur kochen gelernt, sondern trägt auch noch eine Schürze dabei. Das könnte lächerlich aussehen. Tut es aber nicht. Es ist ... wow.

»Wow«, sage ich leichthin. »Du siehst kompetent aus.«

»Vielen Dank.« Wie ich den Sarkasmus in seiner Stimme vermisst habe.

»Luis hat einen guten Einfluss auf dich, was?«

»So sieht's aus.« Er wickelt ein Steak in Backpapier ein. »Ich kann jetzt sogar Merlot von Chardonnay unterscheiden.«

»Und einen Glenlivet von einem Lagavullin?«

»Autsch.« Er verzieht keine Miene. »Immer noch nicht. Du etwa?«

»Kein Stück.« Ich seufze. »Letzte Woche hat Omar mich Whisky aussuchen lassen und er meinte, das Zeug schmeckt wie ein Auspuff.«

Sein hellblauer Blick mustert mich. »Wer ist Omar? Dein Freund?«

»*Ein* Freund.« Ich zögere. Er ist nicht eifersüchtig, oder? Nein, natürlich nicht. Wir sind erwachsen. Wir betreiben höfliche Konversation. »Ein guter Freund. Na ja, wir hatten einmal Sex, aber das war furchtbar. Er hat nur an mir rumgenörgelt.«

»Was, echt? Warum?« Joakim wirkt erstaunt. Wärme flutet meine Brust. Joakim war immer zufrieden mit mir. Mehr als zufrieden.

»Hat halt nicht gepasst.« Ich räuspere mich. »Kennst du das? Ab und zu erwischt man einen und die Chemie stimmt einfach nicht. Als wollte man zwei Magneten zusammenbringen, die sich abstoßen. Keine Chance.«

»Ich erinnere mich vage.«

»Was, an mich etwa?«

»Nein.« Ich kann sein Lächeln nicht deuten. Ja, er hat sich verändert. Ich kann nicht mehr in ihm lesen, wie ich es damals konnte. Früher hätte ich es als traurig gedeutet, aber jetzt ... Ich weiß nicht. Ich kann mir selbst nicht trauen, weil ich will, dass er traurig ist. Dass er mich so vermisst wie ich ihn. »Nein, nicht du.«

»Luis?«

»Auch nicht.« Er geht zum Kühlschrank und holt einen gigantischen Salatkopf heraus. Alles hier ist riesig. Wie für ihn gemacht. Klar, hier ist er ja zuhause.

»Was, wie viele Männer gab es denn zwischen mir und ihm?« Ich verschränke die Arme.

»Nur ein paar.« Er legt den Salat auf ein Holzbrett von der Größe Finnlands und schnappt sich ein Messer, das in seinem letzten Leben ein Schwert war. Systematisch zerkleinert er den Salat. Bin ich seltsam, weil ich das sexy finde? Dabei mag ich Salat nicht mal besonders.

»Wie viele?«

Er legt den Kopf in den Nacken und überlegt. »Sieben.«

»Sieben.«

»Zu wenig?«

»Mehr als ich dachte.« Ich räuspere mich. »Ich wusste nicht, dass es überhaupt welche gab.«

»Ich war einsam.« Er sagt es so dahin, als würde er einen Witz machen, aber so gut kenne ich ihn noch: Es stimmt.

»Es tut mir leid«, sage ich, bevor ich es verhindern kann. »Alles. Ich wollte nie ... Ich wollte nicht ...« Meine Kehle brennt. »Ich war so ein Arschloch.«

Er schüttelt den Kopf, ohne mich anzusehen, und macht kurzen Prozess mit dem Salatkopf. »Du warst fair.«

»Was?« Irgendwas will in mir aufsteigen, kämpft sich seinen Weg hoch durch meine Brust. Mit Zähnen und Klauen. Ich halte es unten. Nein. Ich habe kein Recht dazu. Egal, was ich will. Egal, was Omar sagt. Der wechselt seine Meinung eh alle paar Minuten, wie es scheint.

Joakims Blick durchbohrt mich. »Du hast die Wahrheit gesagt.«

»Ich hab mit einem anderen geknutscht.«

»Und du hast es mir sofort gebeichtet.« Er spricht leise, als hätten die Worte lange in ihm gegärt. »Du hast mich nicht belogen. Du hättest hinter meinem Rücken rumvögeln können, ohne dass ich es mitbekommen hätte. Aber du hast es nicht gemacht. Du ... hättest mich behalten und nebenher mit jedem schlafen können, mit dem du willst. Ich weiß, dass du mich behalten wolltest.« Sein Mund verzieht sich, als würde es nicht ganz zu einem Lächeln reichen.

»Ja.« Mehr bringe ich nicht heraus. Mehr gibt es nicht zu sagen. Ich wollte ihn behalten. So sehr.

»Danke«, sagt er. So lässig, dass ich weiß, dass er darum kämpfen muss.

»Nein«, flüstere ich. »Ich danke dir. Für alles. Das ... Ich meine, das wollte ich dir schon ewig sagen.« Ich hole tief Luft. »Ich vermisse dich.«

»Ich dich auch.« Er sieht mich nicht an.

Ich schlucke. Räuspere mich. Und atme aus. Es ist, was es ist.

»Habt ihr schon einen Termin für die Trauung?«, frage ich und in einer Ecke meines Herzens hoffe ich immer noch, dass er antwortet, die Hochzeit wäre abgeblasen.

»Im Mai.« Er packt den Salat in eine Salatschleuder. Eine voll eingerichtete Küche. Sehr erwachsen. »Ganz klassisch. Meine Eltern können es kaum erwarten.«

»Sie mögen ihn, hm?«

»Ja. Sehr.« Er öffnet eine hohe, schmale Schublade, in der Flaschen aufgereiht sind. »Magst du Feigenessig?«

»Bestimmt.«

Er holt den Essig heraus, gießt eine ordentliche Portion in eine Tasse und macht ein Salatdressing mit frischen Kräutern. Frischen Kräutern, die grün und gesund auf dem Fensterbrett stehen. Leider bemerkt er meinen Blick.

»Was ist?«

»Du bist so erwachsen geworden.«

»Meinst du damit langweilig?«

»Nein, langweilig warst du schon immer. Ich meine erwachsen.«

Er schnaubt. »Und du bist immer noch die Rotzgöre von damals.«

»Die Rotzgöre, die dich jede Nacht zum Schreien gebracht hat, meinst du.« Ich betrachte meine Fingernägel.

»Ich war nicht der Einzige, der geschrien hat.« Seine Stimme trieft vor Spott. »Weißt du noch, als Frau Wendling geklingelt hat, weil sie dachte, jemand würde ermordet?«

Ich erinnere mich. Am ganzen Körper.

»Das war nett. Das hatte ich fast vergessen.«

»Glaub ich nicht.« Er knallt eine gigantische Pfanne auf den Herd und wickelt das Steak aus. »Ich glaube nicht, dass du das je vergisst.«

Es ist fast wie früher. Wir frotzeln. Wir ärgern uns und es fühlt sich an, als wäre ich nie weggewesen. Joakim brät ein exzellentes Steak und egal wie eifersüchtig ich auf Luis bin, ich bin ihm auch sehr dankbar dafür, dass er Joakim zum Kochen gebracht hat.

»Das ist super«, sage ich genießerisch. »Köstlich.«

»Danke. Möchtest du noch etwas trinken?«

»Edlen Wein?«

»Ich habe auch Bier da.«

»Gottseidank.«

Wir trinken ein Bier auf dem Balkon und die Straßenlaternen leuchten von unten. Es ist noch warm genug, um draußen zu sitzen, aber nicht mehr lange. Ich betrachte meine Flasche.

»Es geht dir gut, oder?« Ich schaffe es, ihm in die Augen zu sehen. »Du bist glücklich?«

»Ja.« Seine Stimme ist rau. Wahrscheinlich denkt er an Luis.

»Schön.« Ich lächle, obwohl ein Teil von mir weinen möchte. »Das ist echt schön.«

»Was ist mit dir?«

»Mit mir.« Ich stutze. Wann habe ich zuletzt darüber nachgedacht, ob ich glücklich bin? »Tja. Keine Ahnung. Ich arbeite und ich gehe feiern und Omar nervt mich, weil … weil ich nicht aus meiner Wohnung ausziehe und mir was Vernünftiges suche.« Das war knapp. Fast hätte ich gesagt »weil ich nicht über meinen Ex hinwegkomme.«

Trottel.

»Warum sollst du denn ausziehen?«

»Ich wohne immer noch in der Hermannstraße.« Ich lache trocken. »Wie ein Student. Aber ich bin zu faul, um mir was Neues zu suchen.«

»Dann bleib doch.« Er zuckt mit den Achseln. »Mir hat es da immer gefallen.«

Es hat ihn nie gestört, in meiner Bruchbude zu übernachten. Überhaupt war er kein Snob. Bei meiner Familie hat er Kartoffelsalat aus dem Eimer gegessen, als wäre es nichts.

Die Erinnerung ist hart. All die Vergangenheit, alles, was wir zusammen erlebt haben und jetzt das. Jetzt sitzen wir uns wieder gegenüber und er ist mit einem anderen verlobt und ich ...

Tja.

Ist nicht, als wäre mir langweilig. Aber so richtig zufrieden bin ich nicht. Vielleicht bräuchte ich auch so einen Luis, um erwachsen zu werden. Aber das will ich nicht. Weder einen Luis noch erwachsen werden. Ich will Joakim. Doch er ist so weit weg, als würde er nicht direkt vor mir sitzen, sondern auf dem Mars leben.

»Und jetzt?« Ich wackle mit den Augenbrauen. »Whisky?«

Er lacht. »Ich dachte, du würdest nie fragen.«

»Was, hast du etwa einen da?« Ich springe auf. »Lagavullin?«

»Keine Ahnung.« Er grinst. So richtig offen, wie früher. Erst jetzt fällt mir auf, wie zurückhaltend er bisher war. Er war immer ruhig und kontrolliert, aber mit mir ... da hat er losgelassen. Ich habe seine alberne Seite gekannt und seine fröhliche und die ängstliche und ich habe ihn dafür geliebt, dass er sie mir zeigt. Nur mir. Na ja, und Luis halt.

Joakim holt drei Flaschen Whisky und wir verkosten sie. Genau wie früher. Genau so ahnungslos.

»Eine wunderbare Schlammnote«, sagt er und schließt die Augen. »Ausgezeichnet siffig im Abgang.«

Ich kichere. Ist doch egal. Alles egal. Es fühlt sich an wie damals, also stelle ich mir vor, es wäre damals. »Ich würde den Abgang eher als ölig-ordinär beschreiben, mein Lieber.«

»Unfassbar.« Er schnaubt. »Schmeckst du denn das Braunbäraroma nicht heraus? Eindeutig siffig.«

Ich lache. Es ist wie früher. Der Whisky auf meiner Zunge, Joakims Lächeln vor mir, sein Duft, der durch die Spätsommerluft rüberweht. Genau wie früher.

Mein Blick verschwimmt.

»Hey.« Ich sehe ihn nicht mehr richtig, aber er wirkt besorgt. Kein Wunder. Mein Hals wird eng. Ich blinzle und warme Tränen laufen über meine Wangen.

Fuuuuck.

»Hey«, wiederholt er und dann steht er auf und nimmt mich einfach in die Arme. Ich bleibe sitzen und kann mich nicht rühren. Sein Duft ist überall um mich herum. Seine Wärme dringt in meine Haut und ich weiß, dass es wirklich das letzte Mal ist. Es ist ein kurzer, gestohlener Moment und dieser Duft und diese Wärme und dieser wunderbare, riesige Körper gehören einem anderen.

Ich unterdrücke ein Schluchzen. Okay, ich unterdrücke es nicht. Ich würde ja gern, aber es geht nicht. Verzweifelt klammere ich mich an Joakim und presse die Stirn in seine Schulter und heule wie ein Kleinkind.

Was für ein absoluter Trottel ich bin.

Er hält mich fest. Es muss scheiß-unbequem sein, da ich sitze und er halb steht, halb kniet, aber er lässt mich nicht los.

»Was ist denn los?«, brummt er.

»Alles in Ordnung«, lüge ich, wenig überzeugend. Ich mache mich los und wische mir über die Augen. Scheiße. Was nun? »Sorry, ich ... Ich bin nicht ... Mir geht es nicht so gut.« Was eine entsetzliche Untertreibung ist.

Joakim kniet vor mir und sieht zu mir auf. Geduldig wartend, wie immer.

»Magst du darüber reden?«, fragt er.

»Nein«, murmele ich und vergrabe das Gesicht in den Händen. »Sorry, echt. Irgendwie …« Ich darf es ihm nicht sagen. Ich habe kein Recht dazu, er ist verlobt und … Ich hole tief Luft und lüge so überzeugend, wie ich noch nie zuvor gelogen habe. »Ich bin unglücklich verliebt. In einen Freund. Einen sehr guten Freund.«

Er runzelt die Stirn. »Etwa in diesen Omar?«

Um Gottes willen. Eine Woche Beziehung mit dem und wir ersäufen uns beide in der Spree.

»Ja.« Ich räuspere mich. »Schön blöd, was?«

»Gar nicht blöd.« Ich kann seinen Gesichtsausdruck nicht deuten. Er nimmt meine Hand und die Geste ist so vertraut, dass meine Sicht schon wieder verschwimmt. »Hey. Das passiert. Dieser Omar ist ein Trottel, wenn er nicht sieht, dass du …« Er verstummt. Schaut zu Boden. Seine Hand lässt meine los und ich halte mich mit Mühe davon ab, nach ihr zu greifen.

»Dass ich was?« Ich lache unsicher. »Dass ich ein unreifer Depp bin, der nicht treu sein kann? Du warst mit mir zusammen, Joakim. Du weißt, wie es geendet ist.« Ich lache erneut und es klingt genau so unüberzeugend wie beim ersten Versuch. »Omar hat Glück, dass er nichts von mir will. Verdammtes Glück.«

Joakim wirkt böse. Warum? »Überhaupt nicht. Du bist nicht … Du …« Er verstummt.

»Ich bin ein Trottel«, sage ich, um mal wieder die Wahrheit zu sagen.

»Nein. Na ja, manchmal. Ein bisschen. Aber du bist auch nett und lustig und ...« Er seufzt. »Gehen wir schlafen. Du musst morgen früh raus.«

Hä? Ach ja, das erlogene Vorstellungsgespräch.

»Stimmt.« Ich räuspere mich. »Sorry. Echt.«

»Kein Problem.« Er grinst schief. »Ist nicht, als hätte ich dir nie heulend in den Armen gelegen.«

»Ich hab dich immer gern getröstet.«

»Ich dich auch.« Immer noch kniet er vor mir. Als wollte er mir einen Antrag machen .... Ich sollte aufhören zu träumen.

»Danke. Ist echt besser, jetzt schlafen zu gehen.« Ich räuspere mich erneut. »Und danke für das Gesöff mit der Braunbärnote.«

»Du gibst also zu, dass sie siffig ist?«

»Unglaublich siffig.«

Ich stehe auf. Er auch. Einen Moment lang sind wir uns so nah, dass ich nur den Kopf in den Nacken legen müsste, dass ich nur einen Schritt machen müsste, um ihn zu küssen. Ich will ihn küssen.

Ich verharre.

Sein Duft vermischt sich mit dem der Stadtluft und seine hellen Augen sehen auf mich nieder.

Ich schlucke.

Ich will dich, denke ich. *So sehr.*

Stattdessen gehe ich schlafen. Stattdessen wälze ich mich auf dem Ledersofa hin und her und weiß, dass er ein Zimmer weiter in seinem Bett liegt. Stattdessen frühstücke ich morgens mit ihm, als wäre nichts und fühle mich genau wie am Morgen unserer Trennung. Leer und hoffnungslos.

Als wir uns verabschieden, umarme ich ihn ein letztes Mal. Er ist frisch rasiert und riecht nach teurer Seife. Er lächelt.

Und dann ist er fort.

Ich schleppe mich über volle Bürgersteige zum Bahnhof. Der Zug hat 45 Minuten Verspätung, aber schließlich kommt er und erlöst mich von meiner Vergangenheit.

Na ja.

Zumindest habe ich kurz die Hoffnung, als die Türen zischend hinter mir zugehen. Ich habe mich kaum auf meinem Sitz niedergelassen, als ich merke, dass sein Duft noch an mir klebt. Ich seufze, schnuppere am Kragen meines Shirts und schließe die Augen. Um mich herum legt sich das Getümmel der Platzsuche und leise Gespräche und Tastaturgeklacker beginnen. Der Zug verlässt München und schießt durch grüne Wiesen.

Nur noch zwei Stunden bis zum Uli, denke ich. *Dann habe ich es halb geschafft.*

Ich fühle mich wie ein ausgewrungener Lappen.

Joakim, denke ich.

Ich werde ihn nie vergessen. Diese blöden Gefühle werden immer bei mir bleiben, so lange ich lebe.

Nicht melodramatisch werden, Dave. Also, nicht noch melodramatischer. Rational betrachtet gab es drei Möglichkeiten und leider ist die schlechteste wahrgeworden. Er wird heiraten und du wirst nicht über ihn hinwegkommen.

Was wäre geschehen, wenn ich ihm einfach die Wahrheit gesagt hätte? Na, was schon: Wir hätten ein sehr unangenehmes Gespräch geführt. Unangenehm für ihn. Wer erklärt schon gern einem anhänglichen Ex, dass seine Gefühle für ihn längst erloschen sind? Natürlich sind sie das, was ich eigentlich hätte wissen müssen, weil er, wie gesagt, einen anderen heiratet.

Trottel.

Aber jetzt. Jetzt sehen wir uns nie wieder. Jetzt kann ich ihn nicht in diese blöde Lage bringen. Die, in der er mich trösten muss, weil ich ein Trottel bin und ...

Moment, er musste mich trösten.

Ach, ist doch alles egal.

Ich stehe auf und schließe mich in der ICE-Toilette ein, die nicht so eklig ist wie eine Regionalbahn-Toilette, aber immer noch eklig genug, dass ich absolut keine Oberfläche berühren möchte. Ich hole tief Luft. Das Handy in meinen Fingern zittert, doch ich schaffe es, dennoch eine Sprachnachricht zu schicken.

»Joakim. Hey. Ich bin auf dem Weg zurück nach Berlin. Das Vorstellungsgespräch ist ... Ach, scheiß doch drauf. Es gab kein Vorstellungsgespräch. Ich hab gelogen. Es tut mir echt leid. Ich bin ein Trottel.« Ich hole tief Luft. »Ich wollte dich nur wiedersehen. Ich weiß auch nicht, warum ...« Ich atme aus. Keine Lügen mehr. »Doch, ich weiß warum. Ich liebe dich.«

Etwas löst sich in meiner Brust und schwebt nach oben. Ich habe es gesagt. Irgendwie fühle ich mich leichter, obwohl mein Herz wummert und ich mir so dumm vorkomme wie schon lange nicht mehr. Und das will was heißen.

»Willst du was Blödes hören? Die Wahrheit ist, dass ich nie über dich hinweggekommen bin. Ich ... Sorry. Ich weiß, dass du verlobt bist. Ich wollte dich nicht ... Ich musste dich einfach noch einmal sehen, verstehst du? Ehrlich gesagt, habe ich gehofft, dass du dich verändert hättest, aber das hast du nicht. Überhaupt nicht. Du bist immer noch wie früher und ich ... Ich liebe dich. Immer noch.«

Oh Gooott, was tue ich hier?

»Sorry. Echt. Ich wollte nicht ... Ich konnte es dir nicht sagen. Das wäre nicht fair gewesen. Du musst mir auch nicht antworten. Du musst mich nicht trösten oder dich zu irgendwas verpflichtet fühlen. Hey, du schuldest mir ja nichts. Ehrlich gesagt wäre es mir am Liebsten, wenn du nicht antwortest. Dann könnte ich einfach so weiter machen.«

Ich sehe durch das blinde Fenster.

»Weißt du was? In zwei Stunden bin ich beim Uli. Ich glaub, diesmal steige ich aus. Wir wollten uns doch immer da treffen und ... Sorry. Das hast du bestimmt schon vergessen. Aber wir wollten uns immer auf halber Strecke treffen und da eine Currywurst essen. Ich glaub, das mach ich jetzt und dann versuche ich wirklich, dich zu vergessen.« Ich räuspere mich. »Sag Luis, dass er echt Glück hat. Aber ich schätze, das weiß er.«

Bevor es noch peinlicher wird, lasse ich das Mikro-Symbol los und atme aus. Wieder löst sich etwas in meiner Brust, immer mehr festgewachsene Teile schweben hoch. Ich musste es wohl einfach aussprechen. Die Wahrheit.

Ich liebe ihn kein Stück weniger, aber trotzdem fühle ich mich besser.

In Erfurt steige ich aus und nehme ein Taxi zum Uli. Der Taxifahrer weiß sofort Bescheid, als ich ihm erkläre, wo ich hin will. Ob ihm das öfter passiert? Dass Leute zu einem Imbisswagen wollen, den sie vom Zug aus gesehen haben?

»Nee.« Er lacht. »Beim Uli gibt's nur die beste Currywurst von Erfurt. Geheimtipp.«

»Echt?« Ich habe nie mehr als drei Leute vor der Bude gesehen.

»Ja. Erst seit zwei Jahren oder so. Seit seine Tochter den Laden übernommen hat.«

Ah. Nicht mal der Uli ist also noch derselbe. Egal. Uli ist Uli. Wer immer Uli ist.

Ulis Tochter ist auf jeden Fall eine gutaussehende Mittvierzigerin mit zwei blonden Zöpfen. Ich bestelle eine Currywurst und bekomme ein Kompliment für meine hübschen Augen. Sehr nett hier.

Während ich warte, sehe ich mich um und habe das Gefühl, in Schräglage zu träumen. Ich kenne den Hof. Ich kenne eigentlich alles hier, vom fleckigen Asphalt bis zu dem verrottenden Volvo, der meinem alten so ähnlich sieht. Der, den ich vor der Villa von Joakims Eltern geparkt habe und mich bei dem Anblick gefragt habe, ob das je etwas mit uns werden kann.

»Wurde es«, murmele ich und hoffe, dass Ulis Tochter durch das Zischen des Bratfetts nichts hört.

Als ich den heißen Pappteller in der Hand halte, schlendere ich über den Asphalt auf den alten Volvo zu. Autos rumpeln auf den Hof. Es ist Mittag und die Leute haben Hunger. Wagen verschiedenen Alters parken, vom schrottreifen VW Golf bis zum blitzblanken BMW.

Ich setze mich auf die Motorhaube des Volvos und er sinkt quietschend ein Stück tiefer. Ein Motorrad knattert auf den Hof. Das Paar darauf trägt Sonnenbrillen und als die beiden ihre Helme abnehmen, fallen grauweiße Locken über ihre Schultern. Ich seufze. Bratenduft steigt mir in die Nase. Die Currywurst sieht echt gut aus.

Ob es Joakim hier gefallen hätte? Hätte er Spaß daran gehabt, sich in der Mitte zu treffen? Warum haben wir das eigentlich nie gemacht? Okay, wir hatten kein Geld für ein Hotel in Erfurt, das heißt, *ich* hatte kein Geld. Und ich war zu stolz, es von Joakim anzunehmen.

Eigentlich schade. Jetzt, wo ich selbst genug davon habe, verliert Geld seine Bedeutung. Jetzt würde ich es annehmen. Damals war es mir wahnsinnig wichtig, dass ich kein Schmarotzer bin.

Ich schaff das alleine, habe ich gesagt. Immer. Damals wusste ich nicht, was ‚alleine' wirklich bedeutet.

Meines eigenen Selbstmitleids überdrüssig beiße ich in die Currywurst. Und schmelze. Da Ulis Tochter gerade zu mir rüber schaut, gebe ich ihr einen Daumen hoch. Sie grinst zufrieden und reicht einem Bauarbeiter sein Wechselgeld.

Langsam spieße ich das nächste Stück Wurst auf. Und jetzt? Was fange ich mit dem Rest meines Lebens an?

Wahrscheinlich mache ich einfach so weiter wie bisher. Arbeiten, trainieren, vögeln, mit Omar streiten und Joakim vermissen. Es kommt mir weniger schrecklich vor als vorher.

Was er wohl gerade macht? Hat er meine Nachricht schon gehört oder macht er sowas nicht auf der Arbeit? Was denkt er? Wird er Luis davon erzählen, wenn der nach Hause kommt?

Vermutlich nicht. Joakim wird das mit sich selbst ausmachen, wie so viel.

Ein schwarzblitzender Porsche rumpelt auf den Hof. Wow. Hier essen wirklich alle. Der Wagen erinnert mich an den, den Joakim früher hatte. Früher, als wir zusammen waren.

Vor allem, da Joakim daraus aussteigt.

Hä?

Das Stück Currywurst platscht zurück auf den Pappteller. Doch, das ist Joakim. Breitschultrig wie ein Matrose steht er auf dem Asphalt und sieht sich um. Sieht mich.

Ich erstarre. Kurz überlege ich, wegzulaufen, verpasse den richtigen Moment aber, weil ich zu abgelenkt davon bin, wie heiß er in seinem Anzug aussieht. Klar, ich habe ihn erst heute Morgen gesehen, aber mit Ulis Bude als Hintergrund ist er irgendwie noch attraktiver.

Nur, was macht er hier?

Auf mich zukommen, das macht er. Seine hellen Augen fixieren mich und ich versteinere.

Fuck. Er hat die Nachricht gehört. Ich meine, sonst wüsste er ja nicht, wo ich bin, richtig?

Richtig?

Trotz meiner überwältigenden Reife und generellen voll entwickelten Erwachsenheit werden meine Wangen heiß. Er hat meine Nachricht gehört. Er weiß alles.

»Hast du meine Nachricht gehört?«, frage ich, als er vor mir steht.

Er nickt und setzt sich neben mich. Wieder quietscht der Volvo und sinkt ein Stück tiefer. Ich rieche Joakim, zwischen Curryduft und Abgasen. Ich bin so verrückt nach seinem Duft, dass ich ihn selbst hier erschnuppern kann.

Wir schweigen. Ich weiß nicht, was ich sagen soll, also sehe ich nach vorn. Ulis Tochter bedient eine Frau in weißer Uniform. Krankenpflegerin? Ärztin?

Joakim sitzt neben mir.

»Was machst du hier?«, frage ich schließlich. Meine Stimme klingt nicht wie sonst. Sie klingt, wie sie vor neun Jahren geklungen hat, als das alles anfing.

Er schweigt. Als ich ihn ansehe, starrt er zu Boden. Seine Pranke reibt seinen Nacken.

»Ich bin hergefahren, als ich deine Nachricht bekommen habe.« Seine Stimme ist rau. »Ich hab nicht mal Bescheid gesagt. Wahrscheinlich sollte ich auf der Arbeit anrufen und sagen, dass ... irgendwas. Dass ich plötzlich krank geworden bin.«

»Ja, gute Idee.« Ich schlucke. »Sorry. Du musst nicht ... He, fühl dich nicht schlecht, weil ich ein Trottel bin. Bitte. Du bist viel zu nett. Du hättest nicht herkommen müssen, echt nicht.«

»Doch, hätte ich.« Er sieht mich an. Sein Blick lässt elektrische Schauer über meine Haut kitzeln.

»Was, aber wie ...«, stottere ich.

»Ich hab dich angelogen, Dave.« Er schließt die linke Hand zur Faust und öffnet sie wieder. »Ich ... Ist es dir gar nicht aufgefallen?«

»Was?«

Er hält mir seine Hand vor die Nase. Sie ist breit, kräftig und so unwiderstehlich, dass ich überlege, jeden Finger einzeln in Curryketchup zu tunken und abzuschlecken. Und ...

»Oh.« Ich blinzele. »Wo ist der Ring?«

»Fort«, brummt er und sieht zu Boden. »Genau wie Luis.«

»Was?«

»Er hat mich verlassen.«

»Was?!« Ich springe auf. Der Pappteller fällt in den Staub und die Wurstscheiben rollen davon. »Was bildet der sich ein, der ... Was?!«

Er lächelt zu mir hoch. Schief, aber eindeutig amüsiert. »Ist das so erstaunlich?«

»Ja!« Ich baue mich vor ihm auf. »Du bist absolut perfekt. Wie kann er dich verlassen?«

»Danke.« Sein Lächeln wird breiter. »Das tut echt gut. Aber es stimmt. Er hat mich verlassen. Drei Tage nach unserer Verlobung. Ich hab ihm den Ring mitgegeben. Er hat ... Er hat einen anderen. Schon lange.«

»Was?«, frage ich, obwohl ich mir langsam lächerlich vorkomme. Fällt mir noch ein anderes Wort ein? »Aber warum habt ihr euch dann verlobt, ich meine …«

»Keine Ahnung, was er sich gedacht hat«, brummt Joakim. »Er hat mir den Antrag gemacht. Er sagt, er wollte es noch einmal versuchen. Treu zu sein. Ich … Anscheinend war der andere nicht der einzige andere. Er hat mich immer wieder …« Er verstummt. Reibt sich die Stirn. »Er ist nicht wie du, Dave. Wenn er damit durchkommt, lügt er. Ich hätte es sehen müssen, glaube ich. In so vielen anderen Situationen. Ich dachte nur nicht, dass er das mit mir macht.«

»Das reicht.« Ich balle die Fäuste. »Wir steigen jetzt in dein Auto und fahren zu ihm und dann breche ich ihm die Nase. Sofort.«

»Nein.« Er schüttelt den Kopf. Er wirkt gar nicht so unglücklich für einen, der gerade von der Liebe seines Lebens verlassen wurde.

»Aber …«

»Nein.«

»Aber … Ich meine, warum hast du mir nichts davon gesagt?«

»Ich habe mich geschämt.« Er seufzt. »Frisch verlassen und dann kommt mein extrem heißer Ex vorbei und … Ich wollte nicht, dass du es weißt. Dass ich schon wieder nicht genug war.«

Meine Kehle krampft sich zusammen. »Du bist genug, Joakim.« Ich werfe mich vor ihm in den Staub und nehme seine Hände. Ich knie vor ihm, als würde ich ihn anflehen, mich zu lieben, was, ehrlich gesagt, genau das ist, was ich gern machen würde. Aber es geht gerade nicht um das, was ich will. »Du bist mehr als genug. Schon immer. Weißt du, ich … als wir uns getrennt haben, da hab ich mich ausgelebt, so richtig, ungefähr ein Jahr lang, aber du warst immer da. Ich kann's nicht erklären, aber du bist nie weg gewesen. Und als ich … Als ich fertig damit war, mich durch Berlin zu vögeln, da ist es immer schlimmer geworden. Ich wollte dich anrufen, weißt du? Ich wollte dir sagen, wie es mir geht. Damals schon. Aber da warst du schon mit Luis zusammen und ich … ich bin ein Trottel. Aber du bist genug. Du bist mehr als genug. Du bist so fantastisch, dass ich dich nie vergessen konnte. He.« Ich lache verzweifelt. »Schau mich doch an. Fünf Jahre später und ich bin immer noch verrückt nach dir. So fantastisch bist du.«

Er starrt mich an. Sein Mund geht auf, aber kein Laut dringt heraus.

»Überaus absolut fantastisch«, sage ich, obwohl mein Kopf sich inzwischen wie eine Herdplatte anfühlt. »Bitte. Mach dich nie kleiner als du bist.«

»Weißt du«, er klingt, als würde er aus einem Traum erwachen, »eigentlich war es nicht nur Luis. Ich habe ihn auch betrogen. Mit dir.«

»Bitte was?« Wieso habe ich davon nichts mitgekriegt?

Sein Blick lässt mich innerlich verglühen. »Ich habe dich auch nie vergessen. Du warst immer da, wie ein Geist. Er … Luis meint, ich hätte im Schlaf deinen Namen gesagt. Er war nie gut auf dich zu sprechen und ich verstehe ihn. Ich hab versucht, es ihn nicht merken zu lassen, aber ich bin nie über dich hinweggekommen.«

Langsam sinke ich rückwärts. Mein Hintern landet im Staub und garantiert kleben jetzt mehrere Currywurstscheiben daran. Egal. Nur Joakims Hände in meinen verhindern, dass ich ganz umfalle.

»Joakim«, krächze ich.

»Ja.« Er schaut weg, dann sieht er mich wieder an. Sein Blick ist weich. »Ich bin genau so ein Trottel wie du.«

»He«, krächze ich. »Wer sagt, dass ich ein Trottel bin?«

Er lacht trocken. Und rau. Und irgendwie verletzlich.

Meine Finger umklammern seine. Ich weiß nicht, was ich tun soll. Ich bin vollkommen überwältigt und doch schaffe ich es, mich aufzurappeln. Meine Stirn gegen seine zu drücken. Er kommt mir entgegen und wir schließen beide die Augen.

»Fuck«, murmele ich. Ich höre ihn leise lachen. Mein Herz wummert gegen die Rippen und sein Duft umhüllt mich und es ist zu perfekt, um wahr zu sein.

»Joakim«, flüstere ich.

»Hm?«

»Nichts. Ich wollte nur deinen Namen sagen.«

»Das ist nett. Küsst du mich jetzt oder soll ich ewig darauf warten?«

Ich küsse ihn. Langsam und unwirklich und vertraut und so aufregend wie ein Sprung vom Zehn-Meter-Brett. Seine Lippen fühlen sich noch exakt so an wie damals. Etwas rauscht durch meine Brust, wie ein Schwarm aus tausend Krähen.

»Joakim«, murmele ich erneut, als es vorbei ist. »Joakim, Joakim, Joakim.«

»Alles in Ordnung, Jungs?«, ruft jemand hinter uns. Ulis Tochter. Ich drehe mich um und merke, dass wir im Zentrum der Aufmerksamkeit stehen. Alle sehen uns an. Muss eine nette Show sein, die wir hier bieten.

Jemand applaudiert. Jemand schaut finster. Ulis Tochter hält einen Pappteller mit Wurst hoch. »Will dein Freund auch was essen?«

Dein Freund. He. Fast hätte ich gekichert wie ein zwölfjähriges Mädchen.

»Willst du?«, frage ich ihn.

»Klar.« Er räuspert sich. »Und danach will ich dich in ein Hotelzimmer schleppen und schauen, was du dazugelernt hast.«

»Joakim!« Ich tue entsetzt. »Was bist du für ein entsetzlicher Lustmolch geworden.«

»Ein furchtbar entsetzlicher.«

Ich grinse. »Hast du auch was dazugelernt?«

»Du wirst staunen«, sagt er und ich vergehe.

»Ich glaub das nicht«, murmele ich. »Ich ... Das passiert echt, oder?«

»Tut es.« Sein Lächeln ist so zärtlich, dass es weh tut. »Schön, dass wir es endlich geschafft haben.«

»Was, uns wiederzufinden?«

»Eine Currywurst beim Uli zu essen. Hab gehört, die wären gut.«

»Haha.« Ich erhebe mich. Was gar nicht so leicht ist, mit Beinen, die beben wie Zitteraale.

Hand in Hand gehen wir über den Asphalt. Seine Finger sind warm und fest. Der Himmel über Ulis Imbissbude strahlt blau wie das Meer und die Sonne bringt das Metalldach zum Glitzern. Ich seufze leise.

Danke, denke ich. *Einfach danke.*

ENDE